天台佛教學

천태불교학

李永子 지음

개정판에 부쳐

『천태불교학』이 세상에 나온 지 5년이 지났다. 미흡한 점이 많은 책임에도 불구하고 벌써 절판이 되어 그간 책을 구할 수 없느냐는 문의가 이곳저곳에서 많았다. 하지만 경제 악화의 여파로 출판계 사정이 좋지 않아서 처음 출판한 곳에서는 재판을 찍을 수가 없었다. 다행히도 제자가 운영하는 도서출판 해조음에서 별로 수익성도 없는 이 일을 맡겠다고 나서 복사해서 보는 구차함은 면하게 되었다. 참으로 고마운 일이 아닐 수 없다.

돌이켜보면 동국대에서 천태학을 강의한 것이 벌써 20년 전 일이다. 당시 정년하신 홍정식 교수로부터 강의를 물려받았으나 적당하게 사용할 교재가 없었다. 그래서 학부 시절 천태학 강의를 수강하였던 조명기 교수의『고려 대각국사와 천태사상』을 교재로 하면서 그에 덧붙여 이런 저런 자료를 참조하여 만든 카드로 수업을 진행하였으나 아무래도 강의하기에는 불편하였다. 그리하여 천태학 입문서를 내야 한다는 것은 필자에게 늘 하나의 의무처럼 지워진 짐이면서도 이것저것 급한 불을 끄다보니 어언 20년 세월이 흘러 정년의 나이가 되어버린 것이 5년 전이다.

강단을 떠나면서 후진들만큼은 입문서 정도는 갖추어 공부해야 한다는 강박에『천태불교학』을 다른 몇 가지 책과 함께 기획하였다. 당시 강의를 하고 있거나 박사과정에 있던 제자들이 수고를 아끼지 않았다. 특히 이 책이 나오기까지 원고의 정리와 교열 등에서 지금은 각각 동국대와 금강대의 전임인 지창규 교수와 최기표 교수의 도움에 힘입은 바가 많다. 이 자리를 빌어 감사의 뜻을 전한다.

　이번에 출판되는 『천태불교학』은 2001년 불지사에서 출판된 것을 수정, 보완한 것이다. 오자 교정은 물론이고 여러 군데에서 문장을 더 쉽게 풀어 썼다. 또한 제2장 천태 지의의 구도와 교화의 제3절에 『국청백록(國淸百錄)』에 수록되어 있는 「입제법(立制法)」을 번역하여 실었다. 「입제법」은 천태대사가 당시 문하의 수행자들을 위해 제정한 생활 규칙인데, 이는 천태대사 당시에 이미 천태 교단이 성립되어 있었을 가능성을 보여주는 자료일 뿐 아니라 현대 교단에서도 참조할 수 있는 사례라는 점에서 추가한 것이다. 아무쪼록 천태학이 과거 역사로서 연구되는 대상일 뿐만 아니라 현대의 불교 교단과 나아가 일반 불자들에게도 훌륭한 교훈을 줄 수 있는 학문으로 발전하는 데 이 입문서가 하나의 디딤돌이 될 수 있기를 소망한다.

2006(병술)년 2월 **리영자**

차 례

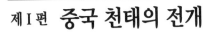

제 I 편 중국 천태의 전개

서언

천태란 원래 산 이름이다. 천태산은 중국 절강성 태주부에 위치한 산으로서 기암괴석으로 이루어진 절경과 수많은 전설, 그리고 유적이 풍부한 곳이다. 예로부터 그 높이는 1만 8천 장이고 넓이는 8백여 리에 달한다고 하는데, 층층으로 여덟 개의 봉우리가 솟아 있으며, 그 모양이 상태·중태·하태의 별자리와 비슷하므로 천태산이라는 명칭을 얻었다고 한다. 천태산은 원래 도교 성지로 널리 알려져 있던 명산이다. 그런데 천하에 이름을 떨친 스님이 이 곳에서 수행한 이후로 천태산은 도교의 성지가 아니라 불교의 성지가 되었다. 그런 위업을 달성한 이가 바로 천태 지의(天台智顗 ; 538~597)이다. 지의는 중국 남북조 말기와 수나라시대에 걸쳐 활약한 대덕고승으로서, 속성은 진(陳)씨이고 자(字)는 덕안(德安)이다. 출가한 후에는 지의(智顗)라고 하였으며, 또 수양제가 하사한 시호에 따라 지자대사(智者大師)라고도 불렸다. 지의를 흔히 천태대사라고 부르는 것은 지의가 천태산에 머물며 수행하였다고 해서 붙인 호칭이다. 또 지의의 종지를 계승하는 교단을 천태종이라고 하는데, 개종조의 이름이 지의이고 호가 지자이므로 '지의종' 또는 '지자종'이라고 해야 할 것이다. 하지만 중국 습성으로는 존귀한 사람의 이름을 부르는 것은 예의가 아니므로 지의가 거주한 산명을 인명에 대신하여 그 종파를 천태종이라고 한 것이다.

진나라 문제(文帝) 천가 원년(560)에 천태 지의가 광주(光州)의 대소산(大蘇山 ; 하남성 남부)에서 남악 혜사(南岳慧思)의 가르침을 받아 보현도량에서 법화삼매를 깨달은 것에서부터 천태는 비롯된다고 한다. 지의는 이후에 혜사선사의 명을 받아 대소산을 나와서 당시의 도읍인 금릉(金陵)에서 포교하게 되었는데, 그 때에 의동삼사(儀同三司)인 심군리(沈君理)가 지의를 와관사(瓦官寺)로 초청하여 『법화경』을 듣기를 청하자 이에 지의는 응하였다. 이 와관사의 설법으로 당시 고승들은 지의를 스승으로 섬기게 되고 왕후장상도 진심으로 제자의 예를 갖추게 되었다. 이것이 지의의 명성을 천하에 날리게 된 계기라고 할 수 있다. 이 때는 진(陳) 선제(宣帝) 대건 원년(569)으로서 지의의 나이 32세였다.

지의는 와관사에서 8년간 교화하고는 천태산으로 들어가 약 8년간을 수행하면서 "화정봉에서 마군을 조복시키고 신승을 만남[華頂降魔 神僧感見]"으로 표현되는 경계를 깨닫는다. 이것이 바로 지의의 사상을 전기와 후기로 가르는 전기를 마련한다. 대소산에서 법화삼매를 깨달은 것이 전기사상을 대표한 것이라면, 천태산에서 깨달은 일실제(一實諦)는 바로 후기사상을 나타낸다고 하겠다. 수행한 지 11년 만에 진제[陳少主]의 청에 의해 다시 천태산을 나와서 진조(陳朝)의 태극전에서 『인왕반야경』을 강론하여 진제로부터 삼배를 받았다. 그런 이후에 형주(荊州 ; 지금의 호북성)와 양주(揚州 ; 지금의 강소성) 등지에서 교화하였는데, 이 때의 강설은 대부분 제자 장안 관정(章安灌頂 ; 561~632)의 기록으로 후대에 전하게 되었다. 여러 강설 중에서 진(陳) 정명 원년(587) 지의의 나이 50세에 금릉의 광택사(光宅寺)에서 『법화경』의 경문을 강설한 것과 수(隋) 개황 13년(593) 3월 나이 56세에 형주의 옥천사(玉泉寺)에서 '묘법연화경'이라는 5자를 강론한 것, 그리고 다음 해 4월 옥천사에서 법화의 관심(觀心)을 강의한 것이 바로 천태종의 소의전적인 『법화문구』·『법화현의』·『마하지관』으로서 법화3대부 또는 천태3대부라고 일컬어지는 것이다. 이런 견지에서 천태교의의 성립시기를 구한다면 3대부 강설을 종료한 때일 것이다. 그러나 3대부는 장안 관정에 의해 여러 차례 다듬어진 것이므로, 천태종의 교의가 확립된 것은 장안 관정이 3대부를 완성한 시기라고 할 수 있다. 또한 천태종이라는 종파의 성립은 형계 담연(荊溪湛然 ; 711~782)이 꺼져 가는 천태산교단을 다시 일으키면서 비롯된 것이므로, 엄격하게 말하면 천태종의 성립은 형계 담연 이후로 보아야 할 것이다. 또한 오늘날과 같은 면모로 천태종이 정착된 것은 송대 사명 지례(四明知禮 ; 960~1028)에 의해 천태종이 재흥된 이후라고 할 것이다. 그리고 천태교의가 불교 일반에 수용되게 된 계기는 고려 사문 제관법사(~961~)가 찬술한 『천태사교의』를 본격적으로 연구하면서부터라고 할 수 있다.

一. 천태교관의 성립배경

　천태 지의가 활동한 시기는 남북조 말기와 수대(隋代)에 걸치고 있지만 그 불교체계를 이루게 한 원동력은 5호16국시대와 동진(東晉)시대에 이미 배태되어 있었다. 중국에 불교가 전래된 것은 후한 때인데 5호16국시대와 동진시대에 들어 불전의 번역과 연구가 가속화되면서 중국의 불교는 점차로 발전하게 된다. 이러한 것이 드디어 남북조불교를 낳게 하고 또 수당불교를 이루게 한 것이다.

　남북조는 송(宋 ; 420～478)·제(齊 ; 479～501)·양(梁 ; 502～556)·진(陳 ; 557～589) 등 4대의 남조와, 북위(北魏 ; 386～534)·동위(東魏 ; 534～550)·서위(西魏 ; 535～556)·북제(北齊 ; 550～577)·북주(北周 ; 557～580) 등 5대의 북조를 가리킨다. 시기적으로는 북위의 태무제가 화북을 통일한 때부터 수(隋)가 남북을 통일하기까지 150년간을 말한다. 이 시대에는 동진시대와 마찬가지로 화북은 호족 지배하에 있었으며 강남지역은 한족에 의해 통치되고 있었다. 왕조의 변천은 어지럽게 행해졌지만 불교는 동진시대를 계승하여 커다란 발전을 이루었던 시대였다.

　이미 많은 수가 한역되어 있던 불전에 대해 본격적인 연구가 이루어져 여러 학파가 성립되었던 것도 남북조시대이다. 반면에 불교교단의 사회적 세력이 강대해졌기 때문에 북조에서는 북위 태무제의 폐불과 북주 무제의 폐불이 단행되기도 하는 등 국가권력에 의한 불교교단의 탄압이 행해지기도 하였다. 이런 맥락에서 종교교단으로 성립된 도교와의 대립이 본격화되었던 것도 남북조 종교사회의 특징이라고 할 수 있다.

1. 천태 교문(敎門)의 성립배경

1) 불교경론의 번역과 연구

중국에 전래된 불교가 후한의 환제 때에 그 세력을 점점 확대하기 시작할 무렵 불교경전을 번역하여 최초의 한역불전을 제공했던 이가 안식국(安息國) 출신의 안세고 (安世高)와 월지국(月氏國) 출신의 지루가참(支婁迦讖)이다. 그런데 이들은 불교사상 사에서 각각 두 계통을 대표하고 있다. 안세고 계통은 소승선학이고 지루가참 계통은 대승반야이다. 안세고와 강승회(康僧會) 계통은 불로장생을 주로 하는 도교적 불교에 가깝고, 반야학을 설한 지루가참과 지겸(支謙)의 계통은 현학(玄學)과 유사하였다. 도교적 불교 계통을 이끈 강승회는 후한의 불교적 흐름을 계승한 것이며, 현학의 흐름에 친근성을 가진 지겸의 반야학은 서진(西晉) 이후의 현학적 불교의 길을 연 것으로 보아도 좋을 것이다.

다음 서진시대에는 축법호(竺法護)가 출현하여 대승경전을 본격적으로 전역하기 시작한다. 그가 역출한 경전은 『광찬반야경』·『정법화경』·『유마힐경』 등 150부 300 권이라고 한다. 양(梁)의 승우(僧祐)는, 경법이 중국에서 널리 퍼진 이유에 대해 축법호의 공헌이었다고 격찬하고 있다. 후한에서부터 진에 이르는 역경승 가운데 후한의 안세고와 지루가참, 그리고 오(吳)의 지겸과 함께 축법호가 가장 뛰어나다고 한다. 특히 축법호가 역출한 경전은 후대의 중국불교계에 커다란 영향을 주었다.

이후 구마라집(鳩摩羅什)에 의해 『법화경』을 비롯한 대승경전과 『중론』과 같은 중관논서가 번역됨으로써 전역활동도 그 종지부를 찍는 듯이 보였다. 천태 지의가 경전을 연구할 때 그 대본이 된 것은 거의 모두 구마라집이 번역한 경론이었다는 사실은 매우 이채롭다. 구마라집삼장을 전후하여 보리류지나 구나발타라 및 진제삼장 등에 의해 대승의 경론 등이 전역되어 구마라집이 다 채우지 못한 공간을 메꾸었다. 그 사이에 아함부경전과 본연부 계통의 경전, 그리고 『아비담론』 등의 소승논서가 거의 번역되었으므로 불교 경론은 거의 모두 전역된 셈이 되었다. 이런 기반 위에 불교연구가 본격적으로 이루어진 것은 당연하다고 하겠다. 그런데 지의가 활동한 시기에는 후기 밀교의 경전과 세친의 유식 계통의 논서가 아직 전역되어 있지 않았다. 그러나 초기 잡밀 계통의 경전과 섭론 계통의 논서는 거의 다 번역되었기 때문에 기초적인 경론부는 다 번역되었다고 해도 과언은 아니다.

(1) 구마라집의 번역

구마라집 이전에 불전을 한역하여 소개하는 데는 안세고와 지루가참 외에 축불삭 (竺佛朔) · 지요(支曜) · 안현(安玄) · 엄불조(嚴佛調) · 강맹상(康孟祥) 등이 활약하였다. 위진(魏晋)에 들어서는 담가가라(曇柯迦羅) · 강승개(康僧鎧) · 백연(帛延)이 전역 활동을 하였다. 담가가라는 『마하승기율(摩訶僧祇律)』의 계본인 『승기계심(僧祇戒心)』을 역출하고 범승을 청하여 갈마(羯磨)작법에 따라 수계(受戒)시켰다. 이것이 중국불교에 있어서 수계의 효시라고 일컬어진다. 강승개는 『욱가장자경(郁伽長者經)』 등 4부를 역출하였다. 이 『욱가장자경』은 후한 영제 때에 안현과 엄불조가 번역한 『법경경(法鏡經)』의 이역으로서 서진시대에는 축법호도 『욱가라월문보살행경(郁伽羅越問菩薩行經)』이라 하여 번역하였는데, 욱가장자를 위하여 재가와 출가의 보살계행을 설한 대승경전이다. 백연은 『수능엄경』 등 3부 4권을 번역하였다.

화북에서 일대의 불교융성기를 가져왔던 요진(姚秦)시대에는 많은 서역승이 계속 건너와서 역경사업에 종사했다. 그 중에서도 중국 역경사상 새로운 시대를 장식하였을 뿐만 아니라 중국불교를 이식시대에서 성장발전시대로 전환케 한 구마라집(鳩摩羅什 ; 344~413)의 등장은 특필을 요한다.

후진(後秦)의 요흥(姚興)은 홍시(弘始) 3년(401)에 후량을 토벌하여 구마라집 삼장을 장안으로 모셔왔다. 삼보를 존중하고 숭배했던 요흥은 국사의 예를 다하여 구마라집을 맞아 서명각(西明閣)과 소요원(逍遙園)에서 경론을 번역시켰다. 그 후 10여 년간 오로지 경론의 번역과 강설에 종사하였으며 수천 명의 영재를 교화했다.

구마라집이 홍시 4년부터 홍시 15년까지 12년 동안에 번역했던 경전을 『출삼장기집(出三藏記集)』에서는 35부 294권이라 하고 『개원석교록(開元釋敎錄)』에서는 74부 384권이라 하는데, 어쨌든 300권 이상의 대번역사업을 완수했음은 분명하다. 그 주된 것을 들어 보면, 반야 계통의 『대품반야경』· 『금강경』, 법화 계통의 『묘법연화경』,

정토 계통의『아미타경』, 방등부의『유마경』등의 대승경전과『좌선삼매경』·『선비요법경(禪秘要法經)』·『선법요해(禪法要解)』등의 선경류, 그리고『십송율』·『십송비구계본』등의 율전,『중론(中論)』·『십이문론(十二門論)』·『백론(百論)』·『대지도론(大智度論)』·『성실론(成實論)』등의 논서를 비롯하여 여러 전기류에 이르고 있다. 그 밖의 저서로는 요흥을 위해『실상론(實相論)』2권을 지었다고 한다. 또 혜원(慧遠)의 질문에 답한 것으로서『구마라집법사대의(鳩摩羅什法師大義)』3권이 있다. 구마라집이 가장 심혈을 기울였던 것은 반야 계통의 대승경전과 용수보살과 제바 계통의 중관부 논서의 번역이다. 이런 점에서 구마라집이야말로 인도 대승불교와 중관불교를 중국에 이식시켰던 최대의 공헌자였다.

　구마라집의 역출경전은 중국불교에 큰 영향을 주었다.『중론』·『백론』·『십이문론』의 삼론은 도생(道生) 등에 의하여 남쪽지방으로 전해져서 승랑(僧朗) - 승전(僧詮) - 법랑(法朗)을 거쳐 가상 길장(嘉祥吉藏)에 의하여 삼론종으로 대성하였다. 또『대지도론』도 삼론과 함께 사론학파를 발생시켰으며,『법화경』과 함께 천태종을 여는 근거를 제공하였다. 또한『성실론』은 성실학파의 기초가 되었다. 그 밖에『아미타경』이나『십주비바사론(十住毘婆沙論)』은 정토교 소의의 경론이 되었고,『미륵성불경』은 미륵신앙의 발달을 촉구하였다.『좌선삼매경』등의 번역은 보살선의 유행을 촉구하였고『범망경』은 대승계를 전하였으며『십송율』은 계율 연구의 자료를 제공했던 것이다.

　구마라집의 제자는 3,000명이라고 하는데 이 중에서 관내의 사성(四聖)이라고 불렸던 승조(僧肇)·승예(僧叡)·도생(道生)·도융(道融)과 여기에 더하여 도긍(道恒)·담영(曇影)·혜관(慧觀)·혜엄(慧嚴) 등의 팔숙(八宿)이 유명하다. 이 밖에 승천(僧遷)·법흠(法欽)·승포(僧苞)·담무성(曇無成)·승도(僧導)·승업(僧業)·승숭(僧嵩) 등 30여 명이 있었다. 구마라집이 입적한 후에 승조나 도융은 그대로 장안에 머물렀으나 도생·혜엄·혜관·승예·승포·담무성·도긍·승도 등은 남쪽지방으로 옮겨갔다. 따라서 구마라집이 전했던 대승불교는 강남지방으로 전파하여 남·북 양쪽 지방에서 연찬되기에 이르렀다. 승도 계통에서는 성실학파가 생겨나고 승숭 계통의 남쪽지방에서는 신삼론(新三論)이 생겨났다.

(2) 구마라집 이후의 번역

구마라집에 의하여 『법화경』·『유마경』·『아미타경』 등의 대승경전이 번역되어 중국의 불교교학이 크게 성행해 갈 무렵, 동진의 불교계에서는 새로운 대승경전이 역출되어 연구되기에 이르렀다. 그것은 담무참(曇無讖 ; 385~433)에 의한 『열반경』 번역이다. 특히 담무참이 번역한 40권 『열반경』(북본)은 법현(法顯)이 가져와서 불타발타라가 집본하고 보운(寶雲)이 전역한 6권 『열반경』과 대교하여 36권 『열반경』(남본)이 완성된 것이다. 이를 계기로 남본 『열반경』에 의하여 불성학설을 연구하는 중국불교에 있어서 최초의 학파인 열반학파가 발생하기에 이르렀다.

담무참에 의하여 역출된 40권 『열반경』(북본)은 송 원가 7년(430) 말에 동진의 도읍인 건강(建康)에 전해졌다. 혜관·혜엄·사령운(謝靈運) 등은 이미 남쪽 지방에 전해진 6권본과 장절이 다른 북본의 개정에 착수하여 436년에 36권 『열반경』(남본)을 완성하였다. 화북지방에서는 북본을 사용하였으나 강남의 열반학자는 남본에 의하여 연구하였다. 북본 『열반경』이 강남에 전해지기 전에는 혜관과 도생이 각각 점오와 돈오를 주장하였는데 6권 『열반경』을 연구한 도생이 6권본에 쓰여 있는 '일체중생은 모두 불성이 있다[一切衆生皆有佛性]'는 설에서 연역하여 일천제성불론(一闡提成佛論)을 제창하였다. 혜관 일파가 이를 망설이라고 송문제에게 진상하여 그 때문에 도생은 소주(蘇州) 호구산(虎口山)으로 은퇴하였다고 한다. 430년 말에 북본 『열반경』이 건강에 전해진 후 도생의 설이 옳았다는 것을 알고 『열반경』의 연구가 급속하게 활발해져 남쪽에 열반학파가 발생하였다.

구마라집에 의하여 『법화경』·『유마경』·『아미타경』 등의 대승경전이 역출되고 담무참에 의해 『열반경』이 번역될 무렵에 불타발타라(佛陀跋陀羅)에 의해 『화엄경』이 번역되어 중국의 불교교학은 더욱 성행하게 되었다.

불타발타라의 역경사업은 매우 활발하여 413년경 여산에서는 『달마다라선경』을, 다시 건강의 도량사에서는 의희(義熙) 12년(416)에 『마하승기율』을, 다음 해에는 『대반니원경』을 법현과 함께 번역하였다. 또 418년부터 420년에 걸쳐서 『대방광불화엄경』을 번역하였으며, 영초(永初) 2년(421)에는 『무량의경』을 번역해 냈다. 이밖에 그가 번역한 경전으로는 『관불삼매경(觀佛三昧經)』·『대방등여래장경』·『문수사리발원경』 등이 있는데 모두 11부에 이른다.

그가 번역한 경전 중에서 가장 중요한 것은 『화엄경』이다. 일찍이 지법령(支法領)이 우전(于闐)에서 얻은 『화엄경』 3만 6천 게를 오군(吳郡)의 내사(內史)였던 맹의(孟顗)와 우위장군(右衛將軍)이던 도숙도(闍叔度)가 불타발타라를 청하여 역장으로 삼고 혜엄(慧嚴)·혜의(慧義) 등 100여 명과 함께 번역하였다. 이 역경사업을 기념하여 도량사에 화엄당이 건립되었다. 불타발타라가 번역한 이 『화엄경』에 의하여 당대에 화엄종이 성립하였던 것이다. 당대의 실차난타(實叉難陀)가 번역한 80권 『화엄경』을 당역(唐譯) 또는 신역이라 하고, 불타발타라역 60권 『화엄경』을 진역(晉譯) 또는 구역이라고 한다. 이러한 『화엄경』을 중심으로 그 부분 해석인 『십지경론』이 주목되면서 지론파가 생겨나게 되고 아울러 『화엄경』이 존숭된 것이다.

구마라집이 번역한 용수 계통의 중관철학과 함께 크게 성행한 것은 보리류지(菩提流支)의 『십지경론(十地經論)』이다. 보리류지(?~527)는 북천축 출신의 사문으로서 도희(道希)라고도 칭한다. 508년 낙양에 이르러 영녕사(永寧寺)에 머물며 『금강반야경』·『입능가경』·『심밀해탈경(深密解脫經)』·『금강반야경론』·『무량수경론』·『법화경론』 등 30여 부의 경론을 번역하였다. 보리류지는 주로 무착과 세친 계통의 불교를 전역하였기에 그로 인해 『십지경론』에 기반을 둔 지론학파가 생겨나게 되었다. 또 『무량수경론』은 담란(曇鸞)의 『왕생론주』를 낳게 하여 정토교가 흥행하는 전기를 가져왔다.

구마라집의 중관논서와 보리류지의 지론과 더불어 시대에 크게 영향을 미친 것은 진제(眞諦)의 『섭대승론(攝大乘論)』이다. 강남의 번역사업은 송대 초기에는 활발했으나 제나 양대에는 완만해지다가 말기에 접어들면서 다시 남해를 경유한 역경가를 맞이하여 옛날처럼 활발해지게 되었다. 그 대표자가 진제이다. 그는 49부 142권의 경론을 역출하였다. 그가 번역한 경론 가운데 특히 『섭대승론』·『섭대승론석』·『대승기신론』·『십지론(十地論)』·『금광명경』·『불성론(佛性論)』·『유식론(唯識論)』·『삼무성론(三無性論)』·『아비달마구사석론』 등은 섭론학파와 구사학파를 낳게 하였다.

(3) 중관과 유가에 대한 지의의 입장

구마라집이 번역한 용수계 중관철학의 논서와 보리류지의 지론 계통 및 진제삼장의 섭론 계통이 전역되어 크게 각광을 받기 시작하면서 양 불교의 대립이 점차 첨예화되었다. 지의는 이 두 논사에 대한 태도가 사뭇 달랐다. 용수보살과 세친보살 계통이 대립하여 다투고 있지만 용수보살이나 세친보살은 내심으로는 서로 통하며 시대의 사정에 맞추기 위해 각각 편의상 한 입장을 주장한 것에 지나지 않는다고 지의는 파악했다. 따라서 그런 것을 전혀 고려하지 않고 서로 다투는 것은 두 논사의 뜻을 모르는 것이며 성도에 크게 어긋난다고 한다. 이것은 『중론』·『지론』·『섭론』 등을 배우는 중국의 불교학자들이 서로 다투고 있는 것을 비판한 것이다. 그러나 저변에는 용수보살·세친보살의 설이라고 해도 결국은 시대적 편의에 따른 것이며 현실적으로 표명된 저술만으로 진의를 판정할 수 없다는 뜻이 내포되어 있다. 이는 암암리에 용수보살이나 세친보살에 의해서도 좌우되지 않는 자신의 주체적 입장을 표명하고 있는 것이다. 천태종의 교의는 지의 자신의 신념이 근본으로 되어 있다. 경을 읽고 경설을 해석한다고 해도, 실은 경으로써 자신의 신념을 보증한다고 해도 과언은 아닐 것이다. 지의는 소승은 물론 대승불교의 양대 교학인 중관과 유식을 뛰어넘는 새로운 중국불교교학 확립에 모든 열정을 쏟았다고 할 것이다.

(4) 중국 성립의 경전과 천태교학

역경 다음으로 중국불교교학에 큰 영향을 끼친 것은 중국에서 찬술된 위경(僞經)이다. 비록 위경이라고 해도 그것이 후대에 미친 영향이 적지 않음은 물론이다. 중국에서 의경(疑經)의 제작은 일찍부터 행해졌음을 알 수 있다. 도안(道安 ; 312~385)이 불경이 아니라고 하여 찬집하였던 『신집안공의경록(新集安公疑經錄)』을 보면, 의경으로 『보여래경(寶如來經)』·『비라삼매경(毘羅三昧經)』·『유무삼매경(惟務三昧經)』·『빈여인경(貧女人經)』 등 26부 30권의 경명을 들고 있다. 양(梁) 승우(僧祐)가 지은 『출삼장기집(出三藏記集)』 제5권 「신집의경위찬잡록(新集疑經僞撰雜錄)」에서는 『결정죄복경(決定罪福經)』·『안묘주경(安墓呪經)』·『관정경(灌頂經)』·『제위파리경(提謂波利經)』·『보거경(寶車經)』 등 합해서 20부 26권을 제시하고 있다. 또 수(隋) 법경(法經)

이 찬술한 『중경목록(衆經目錄)』에는 '의혹(疑惑)'으로 『인왕경(仁王經)』·『범망경(梵網經)』·『점찰선악업보경(占察善惡業報經)』·『대승기신론(大乘起信論)』등 55부 67권을, '위망(僞妄)'으로 『보여래경(寶如來經)』·『노자화호경(老子化胡經)』·『수미사역경(須彌四域經)』·『범천신책경(梵天神策經)』·『관정경(灌頂經)』·『오범부론(五凡夫論)』등 도합 141부 330권을 제시하고 있다. 같은 수대의 인물인 언종(彦琮)의 『중경목록(衆經目錄)』에는 209부 491권으로 증대되어 있는 것은 도안(道安) 이후 양진(兩晋) 남북조시대에 놀랄 만한 숫자의 위경이 찬술되었다는 것을 보여 주고 있다.

지의는 『청정법행경(淸淨法行經)』과 『상법결의경(像法決疑經)』 및 『묘승정경(妙勝定經)』등 경전목록에서는 모두 위경으로 간주하는 경전에 대해서 "뜻이 바르니 어쩌면 실역(失譯)이 아닐까" 하여 이들에 대한 중국불교의 전통적인 입장을 긍정하는 일방 어느 정도 정당성을 주고자 하는 태도를 보이고 있다. 이런 맥락에서 『보살영락본업경(菩薩瓔珞本業經)』이나 『인왕호국반야경(仁王護國般若經)』에서 성립된 삼제삼관(三諦三觀)사상을 천태 교의의 기반으로 한 것은 지의의 의경관(疑經觀)을 볼 수 있게끔 하는 대목이라 할 수 있다. 더구나 위경에서 그 사상적 근거를 찾은 지의의 태도는 무엇이라고 할 수 있을까. 바로 불교의 중국화를 겨냥한 것이 아닐까. 중국불교는 한마디로 한역불전을 비롯하여 중국에서 찬술된 경론을 토대로 독자적인 발전을 이룬 것이다.

2) 불교의 중국 정착과 학파의 성립

(1) 격의불교(格義佛敎)

인도불교와 달리 중국 고유의 사유나 언어에 의해 이루어진 중국불교의 사상적인 특징에 주목하지 않으면 안 된다. 인도불교와 중국불교 사이의 사상적인 차이를 분명하게 한 결정적인 요인은 사유방식의 차이라고 볼 수 있다. 전래된 범어불전을 한자로 번역하는 과정에서 중국 고유의 사유방식으로 해석하여 원전의 원의를 변용시켰다는 점에서, 중국불교를 격의불교(格義佛敎)라고도 한다. 위진시대부터 노장(老莊)의 무(無) 철학이 사상계를 유행하였으므로 한역불전을 이해하기 위해 노장사상을 매개로 하거나 노장사상을 습합시켜서 설명하는 풍조가 생겨났다. 특히 청담(淸談)이 천하를 풍미하는 중에 『반야경』이 계속해서 역출되었기 때문에 반야사상에 관한 이해가 급속히 높아졌다. 그 결과 노장의 용어에 의해 불교의 공(空)이나 반야 등을 이해하는 격의(格義)가 출현하고, 이어서 반야와 공에 대한 여러 이설이 나타나게 되었다.

그러나 이러한 것들에 의하여 공사상의 세련된 이해가 가능하게 된 것을 무시해서는 안 될 것이다. 격의불교를 초기 중국불교의 특징에 한정적으로 쓰는 경우도 있지만, 이후에 전개된 중국불교는 근본적으로 격의의 범주를 벗어나지 못한다는 점에서 중국불교를 격의불교라고 하는 것이다. 물론 중국에서 불교의 원의를 찾고자 하는 노력도 있기는 있었으나 그것은 중국불교의 대세를 거스르지는 못한 채 역사 뒤로 완전히 묻혀버렸다. 즉 중국인들은 그들의 사유방식에 따라 불교를 이해하는 것에 더 애착을 느꼈고, 그러한 노력이 중국불교를 정착시키는 데 결정적인 역할을 하였던 것이다.

(2) 교상판석(敎相判釋)과 학파의 성립

불교가 중국에 정착하는 과정에서 중요한 역할을 한 또 한 가지 작업이 경전에 대한 교상판석(敎相判釋)이다. 교상판석이라고 하는 것은 번역된 경전들 간에 어느 것이 가장 중요한 것이고 그 밖의 경전에는 어떠한 위치를 부여해야 하는가 하는 중국인들의 불교 연구방법으로서, 불교의 수용과정에서부터 비롯된 것이다. 이후에 종파를 세우는 데 없어서는 안 되는 중요성을 갖게 되었다는 점에서 불교가 가장 번성한 시기인 남북조시대나 수당시대에 특히 유행하였다. 교판이 교학에서 차지하는 비중은 절대적이라는 점에서 이론 중심의 종파에서는 교상판석이 우선되고 있음은 물론, 실천 중심의 종파에서도 이것을 무시할 수 없었다. 이런 점에서 교판은 이론불교에서나 실천불교에서나 모두 다 중시되는 중국불교의 특징 가운데 하나로 정착된 것이다. 교상판석에 의해 경전이나 교설을 나열하고 이에 의해 전 불교를 통합하려는 의도는 중국의 불교를 중국불교로 만든 가장 중요한 원동력이 아닌가 한다. 교상판석은 기본적으로 경전을 석존의 친설로 파악한다는 점과, 다양한 경전에 대해서 통일성을 모색한다는 점에 그 특징이 있다. 다시 말하면 소승과 대승의 모든 경설을 부처님의 일생

중에 설해진 것으로 엮는 점에 교상판석의 특징이 있는 것이다. 그런데 남북에서 성립된 교상판석이 각각 경의 부류만을 판석하는 부판(部判)과 경전의 내부적 교설을 판석하는 교판(敎判)으로 고착되기에 이르자 이들을 종합할 판석이 요구되게 되었다.

중국불교는 남북조시대로 집약되는 한 시대에 여러 학파가 여러 측면에서 불교이념을 경쟁적으로 연구하면서 불교의 전반적인 발전을 가져왔다. 즉 강남의 열반학파를 비롯하여 성실학파, 그리고 강북의 지론학파와 섭론학파가 그것이다. 열반학파(涅槃學派)는 최초로 성립된 학파로서 경전을 중심으로 연구하는 특색 있는 학파이다. 열반이 가지고 있는 사상적 결말성은 남쪽 지방의 습성에 합당하였기에 『열반경』의 존중과 함께 유행되었다. 아울러 『성실론』을 중심으로 하는 성실학파(成實學派)는 공(空)에 대한 연구에 몰입하는 것으로서 당시 강남의 불교특색인 청담불교적 경향과 무관하지 않다. 그리고 강북에서는 『섭대승론』과 『십지경론』을 중심으로 섭론학파와 지론학파가 흥기하였는데, 이들의 특징은 모두 무착·세친의 유가행파의 논서를 소의로 한다는 점이다. 그런데 이들 학파는 학적으로 그치지 않고 선관사상과 결부하여 북조불교의 수선적인 특징에 많은 영향을 주었다. 이러한 남북의 학파는 인도불교의 연장으로서 아직은 중국인의 독자적인 사고방식으로 연구하는 단계는 아니었다. 그러나 이러한 학파불교의 성행이 종파불교의 형성을 가져오게 한 원동력이 되었던 것도 부인할 수는 없다.

학파불교가 인도불교의 성격을 완전히 벗어버리지 못한 것이라고 한다면 종파불교는 중국불교로 정착된 불교라고 하겠다. 다시 말해 학파불교를 중국에서 인도의 불교를 연구하는 단계라고 한다면, 종파불교는 불교를 중국적으로 이해하여 연구하는 불교라고 할 수 있겠다. 학파불교에 대한 한계 인식이 종파불교를 창출케 한 요인인 것이다.

(3) 지의의 비판과 교계 경향

천태 이전의 불교계 추세를 보면 남북조 후기에 강남에서는 『열반경』이, 강북에서는 『화엄경』이 각각 열반학파와 지론학파의 소의경전이라는 점에 힘입어 다른 경전을 압도하고 있었다. 남조에서는 『열반경』을 연구하는 열반학파가 성립되어 성행하였고 북조에서는 『화엄경』 가운데 『십지경론』을 중심으로 하는 지론학파가 유행하였다. 물론 이런 가운데에서도 『반야경』이나 『법화경』이 무시할 수 없는 세력을 가지고는 있었지만 남조에서는 『열반경』에게, 북조에서는 『십지론』에게 밀린 감이 있다.

특히 양대에는 진제삼장이 『섭대승론』을 역출하고 그 교세가 아주 성행하여 마침내 『십지경론』의 법성연기(法性緣起)로부터 리야연기(梨耶緣起)의 유행을 보게 된다. 이것은 실제로 화엄의 무진연기에 도달할 단계라고 하더라도 본래부터 진여와 만법, 본체와 현실의 관계를 논하므로 천태불교를 세우는 데에 전혀 관계가 없다고 단언할 수는 없다.

그러나 경전의 구극적인 조화를 설한 지의는 유식을 비롯하여 섭론이나 지론에 대해서는 비판적인 태도를 지녔다. 그것은 지의의 실상론적 입장이 일체 제법의 격별적, 단계적 파악을 거부하기 때문이라고 추정된다. 당시 지론이나 섭론에 대한 논저는 전하지 않고 겨우 남도 지론 계통만이 남아 있지만 지의의 논저 중에서 자주 언급되어 있기 때문에 그것에 의하여 두 학파의 교학을 알 수 있다.

특히 섭론학파에 대한 지의의 비판은 매우 엄중하였다. 당시 중국에서는 양 학파 이외에도 『대승기신론』을 소의로 하는 학파도 유력하였다는 증거가 있고, 또 『능가경』을 중심으로 하는 유식설도 유행했다는 증거도 있지만, 지의의 주된 비판 대상이 된 것은 섭론학파이다. 천태불교가 섭론학파에 대해서는 대결적인 태도를 취했다는 것은 주목해야 할 점이다. 이 태도가 후세 중국천태의 교학상의 성격을 결정짓는 중대한 계기가 되었던 것이다. 특히 유의해야 할 것은 성악설(性惡說)이다. 이것은 분명히 천태 특유의 원교 논리를 전개한 것이다. '구(具)' 자야말로 천태불교의 특색이라고 하지만 엄밀하게 말하면 여래의 성악이야말로 참된 천태 특유의 원리라고 할 수 있다.

혜광율사를 통하여 일찍부터 『섭대승론』 등과 같은 유가유식불교에 접촉하였음에도 불구하고 지의는 이러한 것에 만족하지 않고, 특히 『섭대승론』에 대해서는 두드러지게 비판적인 태도를 지녔던 것 같다. 예를 들면 『법화현의』의 경묘(境妙) 단에서 『섭대승론』의 십승상(十勝相)과 법화십묘(法華十妙)를 대조하여 법화10묘의 법상이 광대한 것을 높이 사고 있다. 또한 『섭대승론』은 수정지(隨情智)의 방편인 아리야식이나 암마라식을 최고의 의지로 하고 약교(約敎)나 약행(約行)이나 사실단(四悉檀)에 보편하는 통일원리를 알지 못하므로 인연을 관하는 법화의 불가사의한 불생불멸(不生不滅)의 사상에 미치지 못하고, 4제·3제·2제·1제의 묘경도 알지 못하며, 또한 본문의 10묘도 설하지 않고 관심의 10묘도 알지 못하므로 도저히 법화설과는 비교가 안 되는 것이라 강조하고 있다.

2. 천태 관문(觀門)의 성립배경

일반적으로 중국 초기 불교계의 인물로 불도징(佛圖澄)과 도안(道安), 그리고 혜원(慧遠) 등을 들지만 그 중에서 중국불교의 지반을 구축하는 데 가장 공헌한 이는 도안과 혜원이라고 할 수 있다. 도안은 일세의 사표로 알려진 인물로서 난세에도 수천 명의 제자를 지도하였으며, 불전의 교정 및 주석과 경록의 편찬, 그리고 의궤(儀軌)의 제정 등을 통해 중국불교의 기초를 다지는 데 큰 공적을 남겼다. 불교의 뿌리를 내리려는 도안의 노력은 후대의 불교인의 귀감이 되었다고 할 것이다. 특히 역동적인 활동 속에서도 계율정신을 잃지 않는 면모는 참다운 불교인이었다고 할 것이다.

제자 혜원도 여산(廬山)에서 백련사를 결성하여 중국 정토교의 개척자로서 역할을 다하였다. 후세 연종(蓮宗)의 조사라고 불리워진 혜원은 원흥(元興) 원년(402)에 123인의 동지와 함께 반야대의 아미타불상 앞에서 염불실천의 서원을 세웠다. 여산의 염불삼매는 지루가참이 번역한 『반주삼매경』에 근거를 두고 있다. 반주삼매를 얻는 방법으로서 아미타불에 전념하여 부처님을 친견한다고 하는 선관을 닦던 사람들은 어느덧 내세의 왕생정토를 위한 염불수행자가 되어 혜원을 연종의 종조로 모시고 여산의 백련사를 탄생시킨 것이다. 이 백련사에는 혜원을 비롯하여 동림(東林)의 18현이라고 일컬어지는 승려와 거사들이 대거 포함되어 있다.

도안과 혜원은 모두 계·정·혜에 능통하였다는 데 공통점을 가지고 있다. 선법에 능통하였을 뿐만 아니라 경론 연구에는 혜안을 지니고 있었으며 게다가 철저한 계율주의자라는 점에서 참다운 불자의 사표(師表)로 존경받아 온 것이다.

1) 천태 선관의 배경

중국에서는 경론이 전역되면서 이론과 더불어 실천수행도 같이 수용되었다. 중국에 선법이 전래된 것은 경전과 같이 후한의 안세고(安世高)부터 시작된다. 또 삼국시대 오(吳)의 강승회(康僧會)도 주목하지 않으면 안 된다. 도안도 선관에 깊이 통달하여 그 만년에는 장안에서 계빈(罽賓)의 승려와 더불어 비담을 번역해서 선교(禪敎)를 중시하게 되었다.

그러나 당시의 선법은 아직 그 뜻이 확실하지 않고 구조도 갖추어져 있지 않았다. 구마라집이 장안에 왔을 때 승예가 선경의 번역을 청하자 구마라집은 『좌선삼매경(坐禪三昧經)』·『선법요해(禪法要解)』·『선비요법경(禪秘要法經)』을 번역하였다. 불타발타라도 혜원의 청에 응해 『달마다라선경(達摩多羅禪經)』을 역출하였다. 유송시대에는 담마밀다(曇摩蜜多)가 『오문선경요용법(五門禪經要用法)』을 역출하였고, 저거경성(沮渠京聲)은 『치선병비요법(治禪病秘要法)』을 역출하는 등 선법이 유행하기에 이르렀다. 후한시대부터 동진시대에 걸쳐서 유행한 선법은 안세고가 역출한 『안반수의경(安般守意經)』에 의거하는 방법이었다.

한편 구마라집이 번역한 『수능엄삼매경』에 의해서 수능엄삼매도 중시되었다. 수능엄삼매는 대승불교의 가장 중요한 선정의 하나로서 그 위력이 절대적인 것이라 알려져 행하는 이가 많았다. 이 밖에 정토교의 소의가 되었던 것으로서 지루가참이나 축법호가 번역한 『반주삼매경』에 바탕한 반주삼매도 있었다. 동진시대에는 혜원이 선법을 중시하여 제자를 서역으로 보내 선경과 계율을 구하도록 하였고, 또 불타발타라에게 선경을 번역케 하였다. 담마야사(曇摩耶舍)는 강릉에서 선법을 널리 보급하였다. 송 초기에 담마밀다(曇摩蜜多)는 선법을 닦아 양주(涼州)에서 촉을 거쳐 형주(荊州)에 이르러 장사사(長沙寺)에 선각(禪閣)을 지었다. 또 건강(建康)의 기원사(祇洹寺)에서 『선법요(禪法要)』·『보현관경(普賢觀經)』·『허공장관경(虛空藏觀經)』·『오문선경요용법(五門禪經要用法)』 등의 선경을 번역하였다. 그 무렵 건강에는 선법에 능통한 구나발마(求那拔摩)와 불타집(佛陀什)이 왔고 저거경성(沮渠京聲)도 송 초기에 건강에 와서 『치선병비요법』을 역출하였다. 이와 같이 동진시대부터 송 초기에 걸쳐 건강·강릉·촉을 중심으로 선법이 왕성하였던 것이다.

그러던 것이 남조에서는 제(齊)와 양(梁)시대에 들어와 구마라집이 번역한 용수불교를 중심으로 『성실론』·『열반경』 등과 같은 경론에 바탕한 학해불교가 성행하면서 선법이 경시되었다. 그러나 이와는 달리 『십지론』이나 『무량수경론』·『법화론』과 같은 세친의 석경론이 번역의 중심이 된 북조불교는 번역된 경전의 내용이나 성격이 선 중시의 경향을 조성하면서 남조에서와 같은 현학적인 이론의 전개는 볼 수 없었다. 경론을 단지 수도의 지침서로서만 보거나 독송에만 전념하였던 것이다. 그리하여 강남불교는 오직 이론만 중시하고 수행은 무시되는 학해(學解) 중심의 불교로 흐르게 되고, 이와는 반대로 강북불교는 수행에서 이론이 완전히 배격된 수선(修禪) 중심의 불교로 변모되기에 이르렀던 것이다. 이와 같은 남조의 학해불교와 북조불교의 수선불교가 모두 반성된 것은 당연한 일이다.

구마라집의 선법과 불타발타라의 선법 및 불타삼장의 선법이 지의가 출세하기 이전에 행해진 대표적인 선법이다. 그렇다면 이 세 선법에는 어떤 차이가 있을까. 그 내용은 상세하지 않더라도 종밀(宗密)이 지은 『선원제전집도서(禪源諸詮集都序)』에 의할 때, 이런 것들은 모두 4선8정의 형식을 가진 소승적인 것 같다. 또 근본사상은 구마라집과 불타발타라의 장안문답의 기록에 의하면 구마라집은 중관적이고 불타발타라는 오히려 화엄적인 것 같다. 그런데 불타삼장의 사상에 관해서는 분명하지 않다고 하더라도 그 제자 광통(光統)이나 혜관(慧觀)의 사상에 의하면 어쩌면 지론적인 것도 같다. 그렇다면 지의 이전의 선법사상은 중관론, 지론, 화엄 등에 의거하지만 그 형식은 모두 소승적인 것 같다.

천태의 지관선은 이상과 같은 세 가지 선 가운데 어느 한 계통에 속하고, 그리고 그 근본사상에서 한 걸음 더 나아간 것이다. 그렇다면 혜사선사나 지의의 선법도 그 형식은 당대 유행하던 선정으로서, 『마하지관』에 나오는 10승관법 같은 것은 오히려 지의 만년에 수립된 것으로 볼 수 있다. 그리고 지의의 선법은 그 형식이 당초 소승적이라 해도 그 사상의 정통적인 연원은 혜사선사에 있고 혜사선사는 이것을 북제 혜문에게 전해 받은 것이다. 그리하여 앞의 세 계통의 선법 중 어떤 것에 의한 것인가 하는 것은 분명하지 않더라도 당시 혜사선사가 강북에서 강남으로 내려왔고 더구나 강남에는 선법이 강북보다는 성행하지 않았으므로 강북에 유포된 것을 채택하였으리라는 것은 의심할 수 없다. 이러한 점에서 천태가에서 선법의 시조는 구마라집으로밖에 볼 수 없는 것이다.

이러한 선법은 송(宋)·제(齊)·양(梁) 시대에 은연 중 큰 세력을 가지고 있었다. 아울러 송 태시(太始) 연간에 여러 이적을 행하며 「대승찬(大乘讚)」·「십이시송(十二時頌)」 및 「십사송(十四頌)」을 지은 보지(保誌)나, 또 양무제 때에 세인의 존경을 받으며 『심왕명(心王銘)』 1편을 지은 부흡(傅翕) 같은 이도 지의의 선관 배경에서 언급되는 이들이다.

2) 천태 정토염불사상의 배경

불교수행은 여러 가지 형태로 발전하였으나 그 기초를 이룬 것은 선(禪)과 염불(念佛)이라고 해도 과언은 아니다. 불교는 본래 선정 중심의 종교이고 염불은 그 일면이 특수하게 발달한 것인데, 이것이 후에 선정과 대립하여 불교의 실제적인 신앙이 된 것은 종교 그 자체의 필연적 요구에 응한 것이며 그것이 바로 정토사상의 염불관이다. 이미 원시경전에서 염불·염법·염승을 설하고, 소승의 오정심관 중에도 염불관이 들어 있다. 이와 같이 관법의 한 형식으로 원시의 여러 경전 중에도 염불이 설해져 있다. 그러나 실천행법으로서의 정토교의 기원은 일찍이 여산에서 열렸다고 하더라도 순수한 정토염불은 아니고, 담란(曇鸞)이 정토교를 개종함으로써 비로소 정토가 남북 모두에서 성행하기는 했으나 이론불교가 큰 세력을 점하고 있는 것에는 비할 수 없었다.

지의의 정토사상은 중국의 정토사상 가운데 여산 백련사 시조인 혜원의 영향을 받았다. 지의가 여산 혜원의 영향을 받아 제법실상의 진리관에 입각한 정토교를 조직할 때에는 정토삼부경보다는 『반주삼매경』을 정토교의 대표적 경전으로 존중하고 반주삼매를 상행삼매의 전형으로 하여 상세히 실천법을 정리하였다. 지의와 혜원과의 관계는 지의가 전란을 피해 여산으로 갔을 때 꿈에 한 노승이 나타났는데 그 노승이 혜원인 것을 알게 되자 반주삼매를 사종삼매(四種三昧)의 한 형식으로 조직한 것으로 보인다.

3. 천태사상의 성립

1) 삼교대립과 삼교융합

외래종교인 불교가 중국에 전래되면서 고유의 종교사상인 유교나 도교와 많은 마찰을 일으켰다. 소소한 대립은 물론 큰 박해도 없지 않았다. 그러한 극단적인 대립의 예가 바로 삼무일종(三武一宗)의 법난으로 표현되는 사태였다. 물론 직접적인 가해자가 유교나 도교의 종교인은 아니더라도 그 배후세력에는 유교와 도교의 인물이 없지 않았다. 양무제 때에나 북제의 선무제 때에 불교가 극성하여 도교가 다른 지역으로 도피한 예를 본다면 불교가 도교나 유교를 박해한 경우도 아주 없지는 않은 것 같다. 삼교 사이의 갈등이 어떤 때는 물밑으로 가라앉기도 하고 어떤 때는 표면화되면서 충돌을 야기하기도 했다. 그러나 이러한 삼교의 대치가 언제까지나 계속된 것은 아닌 것 같다. 남북조의 후기로 오면서 삼교는 융합을 본격화하고, 그것이 가시적으로 통합을 보게 된 것은 수대에 이르러서이다. 지의는 삼교의 통합에 노력을 기울인 인물 가운데 하나이다.

중국에서는 불교와 도교의 논쟁의 결과로서 『청정법행경(淸淨法行經)』이라는 위경이 만들어졌다. 이 경전은 부처가 세 제자를 중국으로 보내 교화하였는데 공자와 안연 및 노자 등 중국의 세 성인이 바로 부처 아래에서 수행한 유동보살 · 광정보살 · 마하가섭이라 설명하고 있다.

지의가 이것을 사실로 믿었는지는 모르지만 어쩌면 지의 자신도 이러한 생각에 동조한 것은 아니었을까. 하여튼 유교의 지위는 불교의 예비적인 단계에 있는 것인데, 예의를 앞에 둔 것은 뒤에 대소승의 불교경전을 믿기 위해서는 필요하다고 본 것이 아닐까. 인의예지신(仁義禮智信)의 오상(五常)이나 목화토금수(木火土金水)의 오행(五行)이나 예악시서역(禮樂詩書易)의 오경(五經) 등도 불교의 5계에 배당되어 이해하므로 세간적인 법도 넓은 의미로는 불교 가르침의 일환이라고 한다. 그러나 이처럼 우선 유교를 긍정해도 최후에는 "세상의 법약으로는 필경에는 치료가 안 된다"고 판정한 것처럼 세간과 출세간의 차이는 고수되고 절대로 혼동하지 않았다. 때문에 노장이 불교와 같다는 설이나 불교보다 낮다는 설에 대해서는 단호히 배격하였다. 이것은 노자의 무(無)나 장자의 무위자연(無爲自然)을 불교의 공(空)과 같은 취지라고 보는 설을 비판한 것이다.

『마하지관』에는 장자의 자연사상에 대한 비판이 나타나 있다. 그러나 그 비판이 반드시 일방적이며 독단적이지만은 않다. 말하자면 지의는 매우 정확히 자연사상을 이해하고 있었으며, 오히려 객관적으로 그 사상의 공과를 밝히고 있다. 특히 그 장점으로서 무욕(無欲)으로 그 묘(妙)를 본다고 하는 사상을 다루면서 이것을 초신(初信)의 경지에 배당시키고 있는 점, 그리고 자연사상이 자칫하면 마음대로 악을 짓는 삶의 방식을 만들어낼 위험을 가지고 있다는 것을 지적하고 있는 점은 각각 다른 이유에서 주목을 끈다. 왜냐하면 전자는 지의가 장자의 사상 가운데에서 불교의 사상과 동질로 인정하여 장자의 세계를 불교의 세계에 도입하고 있음을 의미하며, 후자는 후에 나타난 불교의 자연법이(自然法爾)사상에 대한 경종이 되기도 하기 때문이다.

이상과 같이 지의는 스스로의 불교실천론을 구축함에 있어서 중국 고유의 사상을 전면적으로 배제하지 않았을 뿐만 아니라 오히려 적극적으로 그 가운데서 불교와 통하는 것을 발견하여 그것을 불교의 체계 속에 도입시키려는 태도를 취하고 있다.

2) 불교교단의 번영과 타락

지의가 활동한 중국 남북조 후반기는 왕조가 흥망하는 혼란기였다. 동진(東晋)에 이어서 420년에 건국한 강남의 송(宋), 479년에 제(齊), 502년에 양(梁), 557년에 진(陳)으로 이어졌다. 강북은 439년에 북위(北魏)가 5호(胡)를 평정하였다가 534년 이후에 동서로 분리되어 550년에 북제(北齊)와 557년에 북주(北周)로 되었다. 그리고 577년에 북주에 의해 통일되었다. 그런 이후에 589년 수(隋)가 북주와 진을 멸망시켜 천하가 통일되기까지 매우 혼란한 시기가 2백 년 가까이 이어진 때가 남북조시대이다. 그리고 3무1종의 법난 가운데 두 차례가 이 당시에 있었으므로 불교도 매우 혼란했던 시기였다.

파불법난은 불교교단의 규모가 커지고 국가 안녕에 부정적인 요인이 팽배해짐에 따라 생긴 조치였다는 측면도 부인할 수 없다. 그러나 일반적으로 남북의 여러 왕조는 불교를 보호하였고 불교교단도 왕조의 후광 아래 융성했던 시기였다. 예를 들어 북조의 위나라 때에는 태무제의 폐불(446)을 제외하고는 도무제(道武帝), 문성제(文成帝), 헌문제(獻文帝), 효문제(孝文帝), 선무제(宣武帝) 등이 모두 호불왕(護佛王)이었고, 북제나 북주의 경우에도 북제의 무제 폐불만이 예외였을 뿐 상황은 마찬가지였다. 남조에서는 봉불왕을 대표하는 양무제를 비롯하여 송의 명제(明帝), 제의 명제(明帝), 진(陳)의 무제(武帝) 등이 아주 두드러진 호불왕이었다.

따라서 이미 동진시대에 불도징이나 도안 등에 의해 기반이 구축된 불교교단은 혼란한 정세 속에서도 대단한 발전을 보게 되었다. 즉 북위에서는 국립 대사원이 47개, 왕립사원이 849개, 일반 사원은 3만 개소에 승려가 무려 2백만 명이었다고 하고, 북제에서는 4만 개의 사원에 3백만 명의 승려가 있었다고 하니, 그 당시의 불교 교세를 가히 상상할 수 있다. 이렇듯 교단의 양적인 팽창은 당시 중국사회가 수용할 수 있는 극한치에 육박하고 있었던 것이다. 그런가 하면 수도 낙양을 중국 역사상 제일의 불교도시로 발전시킨 것이나 운강석불이나 용문석굴이 불교미술의 정점에 도달한 것이나 또 승지호(僧祇戶)와 불도호(佛圖戶)같이 사회사업에 진출하거나, 창도사(唱導師)같이 대중교화에 전임하는 승려나 사원의 도시진출 등으로 불교가 사회 속으로 깊숙이 침투하면서 대중화하는 밝은 일면들은 모두 5세기 후반에 이루어진 것이다.

그런데 이와는 반대로 그 이면에는 사회적인 혼란과 퇴폐상과 더불어 야기된 불교교단의 타락이 있음을 간과해서는 안 될 것이다. 거듭되는 전쟁의 소용돌이 속에서 살아남기 위해서, 또는 피폐한 경제여건 속에서 부역이나 세금을 피하기 위한 방편출가가 횡행함에 따라 교단의 구성이 질적으로 떨어지고 끝내 타락하고 만다. 출가한 사문 집단의 반사회적 경제행위나 윤리도덕적인 타락, 나아가 반종교적인 부패는 젖혀 두고라도 국가에 대한 모반이나 종교비적마저도 난립하는 상황에 이르렀다. 이른바 선무제(宣武帝) 연창(延昌) 3년(514)에 유주(幽州)의 승소(僧紹)라는 승려가 왕을 자칭하며 반란을 꾀했는가 하면, 기주(冀州)의 사문 법경(法慶)이 무리를 지어 대승단(大乘團)이라 하며 반란을 도모하는 등, 불교 승려의 봉기가 잦았다. 그런데 이와 관련하여 살펴볼 것은 대승이나 보살이라고 하는 미명하에 자행된 모반이나 봉기가 불교교리 속에서 허용되는가 하는 점이다. 이것으로 민중에 침투한 대승보살사상을 내세워 민중과 영합하려 했던 단면을 엿볼 수 있다.

당시의 대승보살사상의 현상은 여러 면에서 볼 수 있다. 예를 들어 주무제(周武帝)의 폐불로부터 불교를 부흥시킨 선무제 당시 불교부흥의 계기를 마련한 법장(法藏)이라는 이가 환속한 몸으로 선무제를 찾았을 때, "짐이 보살이 되어 교화하고자 한다"고 하면서 장발의 법장에게 보살의 옷을 입혀 절의 주지로 명했다고 하는 기록을 볼 수 있다. 당시로서는 폐불로 인해 파괴된 불교교단을 다시 일으키기 위한 임시 방편으로 보살승을 인정한 것인데, 이것이 오랫동안 유지됨으로써 불교교단 자체가 보살집단으로 변질된 것으로 보인다. 이런 와중에서 대승불교사상을 아예 노골적으로 드러내기 시작하여, 왕이 곧 여래라는 국가불교의 대표적인 사례로까지 발전하게 된 것으로 보인다. 이것이 북조불교의 가장 큰 폐단으로 지적될 수 있다.

3) 남북불교와 그 비판적 수용

(1) 남조의 이론적 불교

남조의 경전 연구는 왕실귀족의 보호에 힘입어 성행하였다. 즉, 송 태조인 문제가 축도생(竺道生)의 『돈오의(頓悟義)』를 서술하였고, 명제가 상궁사(湘宮寺)에서 크게 강연을 하였으며, 남제 문선왕이 승려들에게 현포원(玄圃園)에서 『화엄경』 등 36부의 경전을 발췌하게 하였다. 또 양무제는 화림원(華林園)이나 동태사(同泰寺)에서 스스로 경을 강의하였고, 경읍의 오대사(五大寺)에서 오대법사로 하여금 강의하게 하였으며, 또 보량(寶亮)에게 『열반경소』를 찬술케 한 것 등이 그 두드러진 사례이다.

이처럼 왕실이 역대로 불교 강학을 솔선수범하였으므로 청강자가 운집하였다. 경전을 강의할 때에는 700인이나 800인 정도의 대중이 모인 예가 드물지 않았다. 그 강경의 법회에는 고승을 열 명이나 스무 명 또는 삼십 명을 선발하여 강의케 하는 방법과, 한 경을 2인이 교대로 강의하고 서로 논의하게 하는 방법도 있었다. 이 때에 두각을 보이는 자는 명성이 일세를 덮는 영예를 얻는 것이므로 강경에 노력을 기울이지 않는 이가 없었다. 원래 남조에는 위진(魏晉) 이래 청담의 풍조가 있으므로 강경도 청담과 기풍이 상통하였다. 청담은 재기와 시문으로써 세속을 벗어나는 것을 과시하는 것이다. 그렇다면 남조불교의 공적과 과실은 어떠한가.

첫째, 현담(玄談)의 발달에 의해 철학적 사변력이 진보되었다. 그렇지만 현담은 본래 청담과 같이 재담적 기풍의 산물이므로 자기반성에 기초한 구도심이 없다. 소위 근기의 자각이 없는 것이다. 그러므로 견실한 종교는 이러한 기반 위에 발생하지 않는 것은 당연하다. 지의가 이를 비판한 것은 바로 이런 과실을 논한 것이다.

둘째, 과문(科文)의 발달에 의해 경문 해석이 치밀하게 되고 이에 따라 불전에 대한 일종의 태도가 규정된 것도 주의해야 할 성과이다. 그렇지만 일면 또 이것이 폐풍도 낳았다. 과문도 너무 번잡하게 되면 도리어 부분과 전체의 관계를 간명하게 알게 하는 것을 방해하고, 기교를 응시하여 앞뒤를 너무 재서 정리하고자 하면 견강부회의 해석에 빠질 우려가 있다. 『법화문구』에서는 이에 대하여 비평하였고, 북조불교의 담란(曇鸞)도 남조의 지나친 과문에 반대하는 뜻을 표명하였다.

(2) 북조의 실천적 불교

지의의 기반은 남조에 두고 있지만 북조의 정신도 혼입되어 있다. 다시 말하면 남조불교와 북조불교를 융합한 사상이 바로 천태불교라고 할 수 있다. 지의의 초기사상에 절대적인 영향을 끼친 혜사선사가 역사적으로 구마라집의 공관불교와 함께 도안(道安)으로부터 비롯된 선관(禪觀)불교라는 강북불교의 전통을 따르고 있었으므로 바로 혜사사상의 기반을 이루고 있는 북조불교의 특징을 살펴보아야 할 것이다. 그렇다면 구체적으로 강북불교는 어떠한 역사적 특징을 가지고 있는가. 지의의 사상이 가히 혁명적이라고 한다면 이 혁명적인 천태사상의 배경을 강북불교의 역사적 특징에서 찾아보고자 한다.

북조에서는 좌선과 송경(誦經)을 중시하고 강경(講經)을 비하하였다. 그 사실은 『낙양가람기』와 『속고승전』에 보인다. 북조에서는 남조의 강경 편중에 대응하여 좌선이 매우 중시되었는데 그렇다고 해서 무비판적이나 무반성적으로 좌선한 것은 아니다. 강경은 아집에 기초한 교만이기에 적극적으로 이를 배척하고, 이에 반하여 좌선송경은 무아무심으로 되는 수행이기 때문에 의식적으로 선택하였다는 것이다. 그렇다면 중선경강(重禪輕講)은 북조불교의 일반적인 습속이지만 그 근원은 단순히 세속의 기호를 반영한 것이 아니라 불도의 궁극 목적이 학해(學解)에 머물지 않고 자기 자신의 심성을 밝히는 데 있음을 확인하기 위한 것이다. 이 점에서 남조불교가 근원적인 반성이 없었던 것에 비하여 북조의 교계에는 일면 견실한 점이 있었던 것이다. 그렇다면 북조불교의 공적과 과실은 무엇인가.

첫째, 종교의 가장 근본적 요소를 이루는 근기의 반성이 있었던 것을 그 학풍의 최대의 공이라고 볼 수 있을 것이다. 그러나 수도나 구도는 그렇다고 하더라도 자기반성에 철저하지 않을 때는 그 폐가 왕성하여 상에 집착하는 교만과 아집을 유발시키는 것이다. 지의가 "남방에는 습선자가 적어 발견되는 사람은 적지만 북방에는 많은 이가 이렇게 한다"고 하는 것은 이 때의 상황을 말한다. 그런데 상에 집착하는 자에는 두 종류가 있다. 하나는 탐욕을 끊어 득도한다고 하는 수선자이고, 다른 하나는 제법은 공이기 때문에 도(道)도 비도(非道)도 아니라고 보아 마음을 닦지 않는 수선자이다. 전자는 유견인(有見人)이고 후자는 공견인(空見人)이다. 양자는 차이가 있지만 고집의 과실은 똑같기 때문에 모두 집견(執見)을 면하기 어렵다. 이와 같은 집견자는 모두 배척하지 않으면 안 된다. 그 가운데에서도 세간의 풍조를 더 심하게 해치는 이는 공견자였다. 지의는 이를 엄격하게 책망하였는데 불법을 멸하는 요괴라고 꾸짖고 북주의 폐불도 이 때문에 일어난 것이라고 단정하였다. 대승 공을 잘못 이해하여 '탐욕이 곧 도'라고 해석하면서 욕락에 빠지는 것은 진지한 자세로 매진하는 구도자로 하여금 개탄을 하도록 만들지 않을 수 없는 것이다.

둘째, 문자의 표면을 파악하는 것이 아니고 설하고자 하는 본뜻에 도달케 하는 견식을 갖도록 한 것은 북조불교의 공이라고 할 수 있을 것이다. 그러나 불립문자(不立文字)를 표방하며 경전연구를 무시하는 것은 진지한 수선자에게는 필요한 일일지라도 잘못하면 무학승(無學僧)에게 구실을 주어 무지몽매하게 되는 위험에 빠지게 된다. 본래 불가에서는 구도심을 지닌 수도자로서 출가해야 하지만 북조불교의 사회정세는 교단이 불순한 동기를 가지고 의식과 안전을 구하는 무리의 도피소로 변질되고 있었다. 그들은 본래 구도심이 있는 것은 아니므로 불교도로서의 단결심은 있지만 수도에 전념하는 진실을 기대할 수 없다. 교의의 연찬이 출가자의 본령은 아니라고 해도 형식적인 좌선이나 송경(誦經)만을 일로 삼으면서 그 경문 중에 어떤 교의가 설해져 있는가에 대해서는 전혀 관심이 없다. 불립문자는 문자에의 집착을 부인하는 것이고 강해(講解)는 아심을 배척하는 것이다. 문자가 없이 불도에 들어가거나 강해를 빼고 대오를 얻을 수 있다는 것은 불가능한 것이다. 북조국가에서 누누이 승제(僧制)를 엄격히 하여 무행승(無行僧)과 무적승(無籍僧)을 단속하지 않으면 안 되었던 이유는 사회정세가 이런 발생을 배태했기 때문인 것이다. 학해 경시의 교단이 무학무치의 승려를 기생케 하는 절호의 분위기를 만든 것도 간과해서는 안 된다. 비속한 인과응보의 신앙과 거기에 기초한 복리추구, 그리고 불교의 진실을 생각하지 않는 결과 서민이 불교에서 구하게 된 것은 단지 현세적 욕망 뿐이었다. 『낙양가람기』 등에 보이는 사치스러운 불사의 모습과 죄복사상의 범람은 교의연찬이라는 매개를 잃은 불교가 지식계급으로부터 점차 유리되고 불교도 중에서도 뜻 있는 이로 하여금 말법의 생각을 품기에 이르게 하였던 것이다.

남북조의 불교학풍은 대조적으로 고찰되는데, 수당시대에 흥기한 불교학은 결코 남조불교의 연장도 아니고 북조불교의 발전도 아니다. 그것은 새로운 시대의 새로운 불교이다. 이 새로운 움직임은 전부 남북조의 상이한 학풍에 대한 비판으로부터 일어난 것이라고 해도 좋을 것이다.

(3) 이론과 실천의 병행

불교는 이론과 실천으로 이루어져 있다. 이론불교라면 경론의 연구와 논리적인 사색이 방법이 되고, 실천불교라면 종교의례를 행하고 적정한 가운데 선정을 행하는 것이 그 방법으로 된다. 계(戒)·정(定)·혜(慧)의 차례로 말하면 계율과 선정에 의해 보리의 지혜가 이루어지는 것이고, 문(聞)·사(思)·수(修)의 차례로부터 본다면 법을 들음이 있어야 비로소 사법(思法)과 수법(修法)의 행이 성립하는 것이다. 따라서 실제로는 해(解)에 의해 행(行)이 세워지고 행은 또 해를 진척시키는 것이므로, 어떤 한쪽만 불교라 할 수 없는 것이다. 그런데 중국의 불교는 어느 한편에 치우쳐 왔다. 즉 불전을 연구하여 의리(義理)를 논의하는 것만을 능사로 삼거나 염불·좌선만을 중시하여 경전을 보지 않는 풍조가 만연하는 경우가 있었던 것이다. 이러한 경향은 중국의 남북조시대 불교학계에서 현저하게 드러난다. 남조는 경전연구와 토론에 치우치고 북조는 좌선과 독경에 기울어 있던 것이다.

강남과 강북의 문화적인 차이는 뚜렷한 것으로 보인다. 이런 바탕에 서 있는 두 지역의 불교가 뚜렷한 차이를 갖는 것은 당연한 것이라 할 수 있다. 그런데 이에 대해 지의는 당시의 불교를 비평하여 '암증(闇證)선사'와 '송문(誦文)법사'라 하거나, 또는 '문자(文字)의 법사'와 '사상(事相)의 선사'라고도 불렀다. 이러한 선사와 법사는 남북의 불교경향을 대표하는 것인데, 남방에서는 경전을 강구하는 것으로써 불교의 핵심으로 삼고, 북방에서는 좌선을 실천하는 것으로써 불법의 본령으로 삼았다. 이에 대해 지의는 경전연구만 숭상하는 것은 이론에 그치기 쉽고 좌선만의 실천은 식(識)이 어둡고 지엽적으로 국한되는 폐해를 면치 못한다고 지적하였다. 그러므로 지의가 정과 혜를 함께 갖출 것을 역설한 것은 바로 시대의 편향을 고치고자 한 것임을 알 수 있다.

4) 수(隋)대 불교와 불교이념

북주 무제의 폐불에 의하여 대탄압을 받았던 불교교단은 수(隋)대가 되자 급속히 부흥하기 시작했다. 수대는 불과 30여 년에 지나지 않았으나 중국불교의 전성기였던 당(唐)대 불교의 기초를 다졌던 시기였고 중국불교사에서 보아도 커다란 전환점을 형성한 시기이기도 하다.

대정(大定) 원년(581) 2월에 수의 혁명이 이루어져 개황(開皇)이라 개원한 뒤 문제(文帝)는 칙령을 내려 한족이 신성시하던 오악(五岳)에 절을 한 군데씩 세웠다. 개황 3년(538)에는 칙령을 내려 "살리는 것을 좋아하고 죽이는 것을 싫어하는 것은 왕정의 근본"이라고 하여 불교정신에 입각하여 경성과 여러 지역의 관립사원에서 정월, 5월, 9월에 각각 8일부터 15일까지 행도(行道)케 하여 그 행도일에는 살생을 금하였다. 같은 해 북주의 폐불에 의하여 문을 닫았던 절을 보수하도록 명하였다. 다음 해 7월에 양양(襄陽)·수주(隨州)·강릉(江陵)·진양(晋陽)의 4개소에 절을 세우고 매년 국기일(國忌日)에는 재를 올리고 행도할 것을 명하였다. 또한 위지형(尉遲迥)을 토벌했던 상주(相州)의 전장에도 사원을 1개씩 건립하여 보살을 머물게 하였다. 개황 9년에 진(陳)을 멸하고 천하통일의 패업을 성취한 결과 불교에 의한 치국정책은 한층 더 추진되어 갔다. 개황 10년(590)에는 새로이 승려 50여만 명을 득도케 하였다. 개황 11년(591)에 문제는 조칙을 내려 자신은 왕이지만 삼보를 높이고 지극한 이치를 말하며 대승을 널리 선양한다고 하고 이 이후에 공사를 불문하고 절을 건립하기를 권유하였다. 개황 13년(593) 12월 8일에 북주폐불의 죄를 삼보전에 참회하고 불교부흥을 위하여 황후와 함께 비단 12만 필을 시주하고 왕공 이하 서민은 100만 전을 시주케 하였다.

문제의 불교정책이 점차 진행되어 간 결과 수대불교는 급속히 번영하여 개황에서부터 인수(仁壽) 연간에 걸쳐서 출가한 승니는 23만 명에 이르렀고 사찰은 3,792개소, 사경(寫經)은 46장 132,086권이었으며 경전은 3,853부요, 석상 등의 조성은 크고 작은 것을 합쳐 106,580구, 불상은 1,508,940구를 넘었다고 전해지고 있다.

수문제의 불교보호정책은 문제 한 사람에 그치지 않고 수의 모든 황족, 특히 문제의 장자인 태자 용(勇)과, 둘째 진왕광(晋王廣), 셋째 진왕준(秦王俊), 넷째 한왕량(漢王諒), 다섯째 왕자인 촉왕수(蜀王秀)를 비롯한 일족이 불교를 신봉하였다. 특히 진왕광은 여러 가지 비난을 받는 인물이기는 하지만, 다른 한편 불교신자로서 그가 양주총관이었던 시절에는 지의를 공경하였고 또 낙양에서 혜일도량을 열었던 시절에는 혜승(慧乘)·법징(法澄)·도장(道莊)·법안(法安) 등의 고승을 후히 대접하였다.

문제가 폈던 불교정책은 불교를 통일국가인 수(隋)의 국가이념으로 삼으려는 데 있었다. 그 때문에 수대불교는 국가종교로서의 색채가 농후하였다. 그것은 국사(國寺)인 대흥선사(大興善寺)를 설립한 것이라든지 오중(五衆)과 이십오중(二十五衆)의 설치, 사리탑의 건립 등에서도 나타난다.

수문제의 불교정책은 국가흥륭을 위해 불교를 이용하는 정책이면서도 동시에 불교를 융성케 하려는 정책이기도 하였다. 문제는 사찰을 짓고 탑을 세우는 북조불교의 전통을 계승하였을 뿐만 아니라 한편으로는 남조불교적인 강경(講經)의 전통도 받아들여 총합적인 수대불교를 형성함과 동시에 당대에 중국불교의 전성시대를 이루게 하는 기초를 확립하였던 것이다.

4. 천태사상의 성립기원

1) 천태종의 계보

『마하지관』에 관정(灌頂)이 쓴 서문 가운데 천태에 관한 두 개의 상승(相承)이 있다. 그 하나는 마하가섭부터 사자비구까지 23인을 들고 있는 것인데, 이것은 후위(後魏) 담요(曇曜)와 길가야차(吉迦夜叉)가 함께 번역한 『부법장인연전(付法藏因緣傳)』에 의거한 것이다. 다른 하나는 용수-혜문-혜사-천태 지의의 4대에 걸친 상승계열을 들고 있다. 이에 대하여 담연은 전자를 금구상승(金口相承)이라 하고 후자를 금사상승(今師相承)이라고 한다. 그러므로 천태종에서는 예로부터 이 두 개의 상승이 크게 존중되었다. 그러나 이러한 두 개 사이에 어떤 관계가 있는지는 밝히고 있지 않다. 생각건대, 첫째 『부법장인연전』에 의거하여 23조(祖)를 든 것은 우선 지의의 교학이 멀리 석존의 금구설법에 근원을 두고 특히 제13조 용수보살에 의거한 것이 크다는 것을 나타내고, 금사상승의 제1조 용수보살과 결부시키기 위한 것이라고 추정된다. 그렇다고 한다면 이 두 개를 결부시킬 때 천태불교가 석존의 적통을 이은 것이 입증되는 것이다.

관정이 『마하지관』의 서문을 쓴 것은 지의가 입적하고 상당한 해가 지난 뒤이기 때문에 이미 천태종은 옛 번영을 잃었다고 추정되므로, 어쩌면 이 금구상승이나 금사상승은 천태불교가 삼론종과 마찬가지로 용수보살의 사상에 속하는 것을 나타냄으로써 천태불교의 권위를 나타내고자 한 의도에 의한 것이었으리라고 생각되기도 한다. 그러나 천태불교의 소의경론이 『법화경』과 더불어 『대지도론』이라고 하는 점에서 『대지도론』의 작자인 용수보살을 그 원류에 넣은 것은 당연한 것이 아닌가도 생각해 볼 수 있다.

『대지도론』이 천태의 관심(觀心) 분야에서 차지하는 비중은 절대적이다. 북제 혜문(北齊慧文)선사가 『대지도론』의 "세 지혜를 한 마음 중에서 얻는다 [三智一心中得]"고 하는 글에 의하여 일심삼관(一心三觀)의 요지를 깨달은 것이 천태지관을 실천한 시초라고 한다. 또한 그의 제자인 혜사선사가 이 깨달음을 전하고, 지의도 혜사선사에게서 공관을 깨달았다고 하므로 천태종의 근저는 적어도 관심 방면에서는 『대지도론』에 있다고 할 것이다. 사실 혜문선사의 지관에 대해서는 분명하지 않다고 하더라도, 『대지도론』을 실천지관의 근거로 하는 점에서 혜사선사나 지의의 입장과 일치하므로 혜문선사는 천태불교의 선구자라고 할 수 있다.

그런데 혜문 – 혜사 – 지의를 사자(師資)관계로 하는 금사상승을 넘어 혜문선사 이전의 학계를 구명하는 것은 불가능하다. 『마하지관』에서 "남악선사는 혜문선사를 사사하였다[南岳事慧文禪師]"고 하였으므로 혜문선사와 혜사선사의 사자관계는 확실히 역사적 사실이었다고 할 수 있다. 그러나 관정이 지의에게 사사한 것은 지의가 대소산에서 수행할 때인데, 그는 지의의 전반생을 잘 알지 못하여 『천태지자대사별전』을 저작할 때에 노인에게 많이 물었다고 기록되어 있으므로 혜사선사 이전의 것은 거의 알지 못하는 것으로 볼 수 있다. 그러므로 혜문선사 이전의 사실을 확실하게 구명하기는 거의 불가능하다.

지의가 혜사선사의 문인이고 혜사선사가 지의의 수학기까지 오로지 북제에 머물렀다고 하는 것, 그리고 혜사선사의 스승이 북제의 혜문선사였다고 하는 사실에서 볼 때, 지의의 학계가 북제불교에 근원을 두고 있는 것은 의심할 수 없는 사실이다. 이 점에서 주목되는 것은 『마하지관』 제1권상에 관정이 "혜문은 오로지 『석론』에 의거하여 용심하였다[文師用心一依釋論]"고 기록한 사실이다. 『석론』이란 『대지도론』을 가리키므로 혜사선사는 『대지도론』을 참선하는 전거로 활용하였다고 볼 수 있다.

2) 혜문의 선사상

북제 혜문(北齊慧文)은 혜문(慧聞)이라고도 쓰며 금사상승(今師相承)의 제2조로서 혜사선사의 스승이다. 그의 전기는 상세하지 않다. 『불조통기』 '혜문전'에 의거하면 혜문선사는 동위 효정제(孝靜帝 ; 534~550)와 북제 문선제(文宣帝 ; 550~559) 시대에 불도를 행한 사람이라고 기록되어 있으며, 이와는 달리 일설에는 '오로지 대승만을 행한 사람[專業大乘人]'이라고 한다. 혜문선사에 관한 신빙성 있는 기록은 매우 적은데 『마하지관』 및 『당고승전』에 조금 보일 뿐이다. 우선 『마하지관』에서는 혜문선사가 오로지 『대지도론』을 의지하였다는 것과 제(齊)의 하북과 회남 지방에서 독보적인 고덕으로서 그 법문이 매우 깊었다는 것 등을 기록했을 뿐이다. 『당고승전』은 보다 간단하게 혜사선사가 그에게 사사하여 법화삼매를 발득하였다고 할 뿐이다. 혜사선사가 쓴 「입서원문」에 근거하면, 혜사선사는 혜문선사를 받들어 모시다가 34세를 전후로 그 문하에서 깨달음을 얻었다고 한다.

옛날부터 일심삼관(一心三觀)이나 법화삼매가 혜문선사로부터 전해 내려온 것이라는 설이 있는데, 이 정도 기록만으로는 단정할 수 없다. 그러나 "혜문은 오로지 『석론』에 의거하여 용심하였다"는 『마하지관』의 기록에 의하면 혜문선사가 오로지 『대지도론』에 의거한 선승이었던 것은 확실한데, 이 점에 특별한 주의를 기울여야 할 것이다.

『대지도론』은 『대품반야경』을 풀이한 논서이지만 『대품반야경』 외에 널리 대소승의 경론을 인용하고 특히 『법화경』을 자주 설하고 있다. 『중론』이나 『십이문론』과는 달리 여기에서는 적극적으로 실상론(實相論)을 설하거나 또 삼지일심(三智一心)도 설하기 때문에 혹 혜문선사가 『중론』의 4제게와 결부시켜 일심삼관(一心三觀)의 법문을 창설했을지도 모른다. 또한 『대지도론』의 법화사상에 기초하여 혜문선사가 『법화경』에 관심을 기울여 법화삼매를 제창하였다고 하는 것도 전혀 배제할 만한 것은 아니다. 그러나 이것은 상상의 범위에 그치는 것으로서 결코 간단히 단정할 수 없다. 단지 혜문선사가 그 선법의 소의로 『대지도론』을 의용하였다는 것은 『마하지관』의 기록에 의해 확실하다. 그리고 후대에 지의가 『대지도론』을 중시하고 특히 혜사선사의 법화학이 『대지도론』에 의거하고 있는 것도 분명하다. 어쨌든 혜문선사와 『대지도론』의 교섭이 천태의 학풍으로 되었다고 할 수 있다. 이미 구마라집 문하의 승예와 같이 『대지도론』을 중시한 이도 없지는 않았지만, 이 논은 『대품반야경』만을 풀이한 소위 별신론(別申論)이기 때문에 삼론과 비교하면 예로부터 학계에서 중시되지도 않았고 또 강설된 적도 없었다. 겨우 북위 때 혜광(慧光)이나 보리류지에게 사사한 적이 있던 도장(道場, 道長)이 이 논의 연구에 전념하여 낙양이나 업도에서 강의를 하고 다수의 문인이 옹호하여 사론종을 일으켰다고 전해지고 있다. 그 후 북주의 법난에 즈음하여 분사한 정애(靜藹 ; 524~578)나 그 문인 도안(道安) 및 그의 제자 혜영(慧影)의 학계가 『대지도론』을 종지로 하였다고 한다.

혜문 - 혜사 - 천태 지의의 『대지도론』 연구가 이 북지의 사론종과 관계가 있었는지 없었는지에 대해서는 확실하지 않다. 도장은 매우 오래 산 것 같고 혜문선사가 업도에 있었던 때에 대체로 건재하였으리라고 추정된다. 실제의 교섭은 어떠할지 모르나 그 사이에 사상의 영향이 있었으리라고는 충분히 생각할 수 있다.

3) 혜사의 선관사상

지의의 제자 관정이 쓴 『마하지관』의 서문에는 천태종의 가르침이 석가모니로부터 전해졌다고 하는 금구상승설이 있기는 하나, 실질적으로 천태종과 혈맥 관계는 없다. 천태종은 천태 지의로부터 비롯된다. 그러나 지의의 사상 형성에 절대적인 영향을 끼친 스승 남악 혜사의 존재를 무시할 수 없다. 혜사선사의 정신이 지의에 의해 대체로 계승된다고 하는 점에서, 분명 선사를 천태사상의 개척자로 간주하여도 무방할 것이다.

남악 혜사의 속성은 이(李)이며 후위(後魏) 선문제(宣武帝) 연창(延昌) 4년(515) 11월 11일에 하남 예주(豫州) 여양군(汝陽郡) 무진현(武津縣)에서 태어났다. 인도승이 세속에서 벗어나기를 권하는 꿈을 꾸고는 15세에 출가하였다. 출가해서는 계율을 잘 지켰는데, 홀로 초암에 묻혀 살며 보통 때에는 사람들과 전혀 왕래하지 않았고 수년간을 하루 한 끼로 살았다. 당시 동료가 『법화경』을 읽는 것을 보고는 감격한 나머지 『법화경』을 따라 독송하였는데, 수년 동안 천 번을 독송했다고 전한다. 이것이 혜사의 법화신앙 및 사상을 이루게 한 밑거름이 되었으리라고 생각된다. 기타 대승경전도 읽었음은 물론이고 아울러 미타신앙과 미륵신앙에도 몰두했던 것으로 전한다.

20세가 되어서는 구족계를 받았다. 『묘승정경(妙勝定經)』을 읽고 선관(禪觀)을 찬양하게 된다. 7년 동안 북제의 선사들을 찾아다니며 대승사상을 익히고 선을 닦다가, 당시 북제에서 가장 저명한 혜문선사에게 가서 제자가 된다. 혜문 문하에서의 수행은 불과 두 해로 끝났다. 첫 해의 여름과 겨울 두 차례 안거 동안 스님들의 뒷바라지를 하며 밤낮으로 수행을 하였으나 이 두 차례의 안거에서는 아무 소득이 없었다. 이에 혜사선사는 탄식하기를, "과거에 석존 당시에는 90일을 궁구하여 도를 얻는 자가 많았다고 들었거늘 나는 왜 지금까지 깨닫지 못하는 것인가" 하며 내심 크게 부끄러워 벼랑에 서는 순간 활연히 깨달았다. 법화삼매를 증득하여 대승법문이 일시에 사무치는 순간이었다.

그런데 대승공을 닦는 혜문 문하에서 이루어진 혜사선사의 깨달음이 대승공이 아니라 법화삼매라는 점은 무엇을 의미하는 것인가? 혜사선사는 『법화경』을 오랫동안 지송한 까닭에 『법화경』에 대한 신앙이나 조예가 깊었으므로 비록 대승공을 닦는 혜문 문하에서 수학하고 있는 중이라 하더라도 법화삼매를 깨달았을 것이다. 『법화경』을 가리켜 대승돈각(大乘頓覺)의 성불도(成佛道) 법문이라 한 혜사선사의 법화관을 통해 법화삼매를 깨달은 이유를 찾을 수 있다. 혜사선사는 일찍이 제자 지의에게 『대품반야경』을 대신 강의하도록 하였는데 "일심(一心)이 만행처(萬行處)에 구족하다"는 것을 강술함에 이르러 지의가 막히자 혜사는 "『대품반야경』에서 강술한 것은 차제의(次第義)이고 『법화경』에 이르러 원돈의(圓頓義)를 강술한 것이라"고 설명한 것에서도 분명히 그 이유를 찾을 수 있다. 그렇다면 혜사선사는 반야보다 법화에 더 깊은 의미를 두고 있었던 것이 분명하고 이후로 천태 지의에 의해 『법화경』이 천태종의 중심 경전이 되는 데 결정적인 영향을 끼쳤던 것이다.

혜사선사는 법화삼매를 깨달은 뒤 감(鑑)·최(最) 등 여러 선사를 찾아다니며 자신이 얻은 바를 인가 받았다. 수행에 박차를 가하면서 관도(觀道)가 더욱 증진하자, 마침내 명성이 멀리 퍼졌다. 이후 혜사선사는 여러 지역을 유행하였는데 그로 인해 선법을 배우는 스님들이 끊임없이 증가하였다. 스님들을 모아 놓고 선학을 강습하거나 대소 경론 가운데 관련 있는 법문을 해설하였다. 34세 때(548) 신주(信州)에서 선법을 강의하자 여러 이론이 분분하게 일어나다가 마침내 시비다툼이 생겨 삿된 자들의 시기와 모해를 받았다. 그 이후 강북의 교화를 단념하고 대중을 이끌고 남쪽으로 내려갔다.

당시로서는 불교계의 중심 무대가 분명히 북쪽이었음에도 불구하고 구태여 남하한 까닭은 무엇일까. 20세 이후 10년 동안을 북제에서 보낸 그로서, 더구나 혜문 문하에서 깨달음을 성취하였으므로 남하의 배경이나 독살과 같은 수난의 원인도 그 10년 속에서 찾아볼 수밖에 없다. 그래서 결국은 관정이 『마하지관』에서 "남악(南岳)은 혜문 선사에게 사사하였다"고 표현한 의미를 관심법(觀心法)의 사사라는 한정 속에서 이해할 수밖에 없다.

그렇다면 혜사의 오도(悟道)와 혜문의 관계가 분명하지 않은 것도, 그 증득한 법이 법화삼매라는 점에서 혜문을 비롯한 그 무리들과의 갈등으로 풀이해 보지 않을 수 없다. 혜문 문하에 제자가 수백이었다는 기록이나 하회(河淮) 지역에서 독보적인 존재라는 기록을 보아서도 그들의 현실적인 실세가 매우 컸을 것으로 판단되고 이 실세에 밀린 결과 남하하였으며, 실세의 추격이 그에게 가해진 수난이었다고 할 수 있다. 즉 북쪽의 불교는 대승공관의 불교인이라 하나 공해(空解)를 내는 세속적 선관에서 파계와 파탄을 자행하는 악취공(惡取空) 논사들이었던 것이다. 특히 신변에 위해를 가한 악성논사들이란 그의 정법수호에 대립하고 그를 익히 아는 악성비구들이었을 가능성이 높다. 그 후 39세에도 정주자사 유회보(劉懷寶)의 초청으로 강론을 하게 되는데 이 때에도 다섯 악성논사들이 생금약(生金藥)으로 독살을 기도하였다. 이 때 절박해진 혜사선사는 부처님을 향하여 참회하며 반야바라밀을 염송하여 소생하였다고 한다. 그러나 이 사건에 대해 혜사는 자신의 박덕과 숙업으로 빚어진 사사로운 일이라고 자책하면서 한편으로는 오래지 않아 불법이 멸망할 것이니 어디에 가서 법난을 피할 것인가를 우려하고 있다.

다음 해에 하남에 도착하여 후에 정주(呈州)에 들어갔고 지역에 따라 청에 응해 대승을 강설하였다. 정주에 있을 때는 음식에 독을 넣은 악인을 또 만나 따르던 스님 세 분이 치사하였다. 그리하여 그 다음 해인 554년 40세 때에 따르는 대중을 이끌고 다시 남쪽으로 내려가 남악(南岳)으로 가려 했으나 이 해에 멸망되는 양(梁)나라와 서위(西魏) 간의 전쟁으로 길이 막혀 뜻을 이루지 못하고 광주(光州)에 도착한다. 광주의 개악사(開岳寺)에 머물며 『반야경』을 강설했다. 다음 해 제(齊)나라 천보(天保) 6년에 전란의 어지러움을 피해 대소산(大蘇山)으로 옮겼다. 이곳에 주석하기를 수년, 『대품반야경』을 강의하자 귀의하는 이가 날로 증가하였다고 한다. 다음 해에도 광주의 서관읍사(西觀邑寺)에서 대승사상을 강론하는데 악성논사들이 해치려 하므로 혜사선사는 금자반야경의 조성과 이의 강설로 악성논사들이 신심을 얻어 불퇴전하게 되기를 서원한다. 그리고 이듬해에도 남정주(南定州)의 자사 등이 강론을 청해 왔는데, 이 때에는 50일이 넘게 단월의 시주마저 훼방하여 대중은 탁발로서 연명하였다. 이에 혜사선사는 다시 한 번 금자본(金字本)의 조성을 서원하고 불사를 서두르게 된다. 그리하여 558년, 44세의 나이로 대소산으로 되돌아와서는 금자본을 조성할 이를 찾다가 승합(僧合)이라는 기능자를 만난다. 그리고는 다음 해 559년 1월 15일에서 11월 11일 사이에 금자로 된 『반야경』 1부를 완성했다. 금자반야경을 사경하기를 발원하였을 때가 44세(558)였는데 다음 해 광성현(光城縣)에 있는 제광사(齊光寺)에서 서원을 실현한 것이다. 이것이 완성되자 특별히 「입서원문(立誓願文)」을 찬술하였다.

그런데 『불조통기』와 『속고승전』에서는 『반야경』과 『법화경』의 2부 금자본을 동시에 조성한 것으로 적고 있으나 「입서원문」에서는 『반야경』만을 적고 있다. 그리고 서관읍사 발원 이후 한 차례도 『법화』에 대한 언급이 없을 뿐만 아니라 다음 해 입문하여 법제자가 된 천태 지의가 스승을 대신하여 강의한 내용도 『반야경』이었음이 주목된다. 그러나 무엇보다도 가장 주목해야 할 사항은 「입서원문」을 서술한 배경이요 동기가 아닐까 한다. 앞에서 본 대로 법화삼매를 증득한 스님이 애당초 가려 했던 곳도, 그리고 그를 신봉했던 신주(信州)자사와 같은 이들이 권유한 곳도 북쪽이었고 그 북쪽은 『마하지관』에서 말하는 대로 대승 공관(空觀)의 신자들이 있는 곳이었다. 그러나 그들은 계를 지키거나 선을 닦는 것을 비웃으며 도가 아니라고 하는 이들이었고 사람들에게 악을 짓도록 가르치는 무리들이었다. 혜사는 이렇듯 공(空)을 잘못 이해하여 막행막식하는 사람들에게 시달리고 급기야는 생명마저 잃을 뻔하였기에 온당한 반야공관의 정법을 보존하기 위해 발원한 것이었다. 출가하여 도를 배우고 선을 닦고 각지를 다니며 교화하고 여러 지도를 받았으나 거듭 독해를 받자 발심하여 금으로 사경한 인연으로써 해탈법을 닦고 신통력을 얻어 반야를 선양하고 중생을 제도하기를 서원한 것이다.

그리고 다음 해인 560년은 23세의 천태 지의가 입문한 해이다. 지의는 진(陳) 대광(光大) 원년(567)에 금릉으로 옮겨갈 때까지 8년간을 이곳에서 보낸다. 이때에 혜사선사는 지의에게 금자반야경을 대신 강의하도록 하면서 『대품반야경』의 '차제(次第)'와 『법화경』의 '원돈(圓頓)'의 차이를 일깨워 준다. 그리고 스님의 명성이 사방에 떨치고 대중이 운집함에 따라 잦은 분란이 생기자 혜사선사는 제나라와 더불어 불교가 기울 것을 염려하다가 끝내 광주지역이 양나라의 뒤를 이어 건국한 진(陳)나라와 제나라간의 전쟁터가 되어 버리자 천태 지의에게 법을 부촉하여 금릉(金陵)으로 보냈다. 그리고 혜사선사 자신은 광주에서 교화하며 편력하기를 14년 만에 40여 명을 이끌고 이듬해 54세 때에 남악(南岳)으로 옮겨갔다.

진(陳) 태건(太建) 9년(577)에 혜사선사는 산꼭대기에서 내려와 반산도량(半山道場)에 머물면서 많은 대중을 모으고 근면하게 법화삼매와 반주삼매를 닦다가 이 해 6월 22일에 남악에서 입적하였다. 이는 남악에 머물기 10년, 춘추 63세, 법랍 49세 때였다. 혜사선사는 그곳에 10년간 머물 것을 예고하였는데 과연 10년 만에 입적한 것이다.

일생을 마감하는 신앙인의 결론으로서 법화삼매와 참회와 좌선을 유촉하였고 스스로 부처님을 부르며 서거하는 정토신행마저도 몸소 보여 주었다. 상좌(常坐)하여 선을 닦는 것을 고행이라 한 데에서 좌선에 치우치지 않는 그의 선관(禪觀)을 엿볼 수 있다. 그리고 임종에 임해서 슬퍼하는 제자를 악마라고 야단친 데에서 그가 생애를 바쳐 일궈온 추상같은 정법수호의 정신을 확인할 수 있다.

혜사선사가 남긴 자취 가운데 가장 큰 것은 당시 강남 불교계가 이론에 편중되어 선관을 경시하는 것을 비판하고 이론과 실천에 함께 노력하기를 제창한 것이다. 이것은 드디어 천태 지의에 의해 '교관쌍수(敎觀雙修)'라는 천태종의 기치로 대성되었던 것이다.

또한 혜사선사는 낮에는 강의하고 밤에는 선을 닦아 선수행의 모범을 마련하였는데, 이것이 진(陳)의 왕이 혜사선사를 존경하여 대선사로 모신 이유이자 『속고승전』에서 혜사선사를 선사의 제1위에 두고 있는 이유이기도 하다. 혜사선사는 보통 때에는 면포만을 입고 추운 겨울에도 얇은 옷으로 풍상을 견디었는데, 『속고승전』에서는 특히 혜사선사가 계를 철저히 지킨 것을 높이 평가하고 있다.

그런데 기묘한 것이, 혜사선사가 생전에 예측했던 대로 그가 입적한 해 봄에 제나라가 멸망하고 폐불의 법난이 일어난 것이다. 북주(北周)의 무제가 574년에 폐불한 데 이어 이 해에는 북제를 공략하여 멸망시키고 사원과 경전과 불상들을 훼손하고 300여 만의 승니를 환속시킨 사태였다. 사실 이것은 대승공을 빙자하여 막행막식을 한 강북불교가 자초한 측면도 있으니, 혜사선사의 예언은 오늘 우리에게도 해당되는 엄중한 경고가 아닐 수 없다.

二. 천태 지의의 구도와 교화

1. 지의의 생애

1) 전기 자료

지의의 생애를 살펴보기 위해서는 전기 자료는 물론 이와 관련된 자료를 모두 동원하지 않으면 안 된다. 지의의 생애를 알기 위한 자료는 많지만 그 중에서 가장 중요한 자료가 수제자 관정(灌頂)이 편찬한 『수천태지자대사별전(隋天台智者大師別傳)』(이하 『별전』)과 『국청백록(國淸百錄)』, 그리고 도선(道宣)의 『속고승전(續高僧傳)』이다. 이 가운데 『별전』과 『속고승전』은 지의의 생애에 관한 자료이고 『국청백록』은 지의와 관계된 기록이나 편지 등을 싣고 있는 문집이다. 특히 『국청백록』은 현존하는 자료 가운데 가장 주목해야 할 것으로서 일반 사회와 관계된 객관적인 사료를 담고 있다.

2) 출가와 대소산의 깨달음

지의(智顗 ; 538~597)를 보통 천태대사(天台大師)라고 부르는 것은 그가 오랫동안 수행한 천태산에서 따온 이름이며, 지자대사(智者大師)는 수양제가 『보살지지경』에 의해 하사한 시호이다. 그리고 지의라는 것은 출가 은사인 상주(湘州) 과원사(果願寺)의 법서(法緖)가 지어준 법명이다. 지의는 자(字)가 덕안(德安)이고 속성은 진(陳)

씨로서 이민족의 강북 진출로 인하여 한민족의 대부분이 강남으로 이동하였을 때 남하한 부족 출신이다. 지의는 남조의 양(梁)나라 대동 4년(538)에 태어나 진(陳)·수(隋)에 걸쳐서 생애를 보냈다. 이 시대는 정치·사회적 파란이 끊임없이 연출되었는데 이에 따라 그의 생애도 고난과 역경의 연속이었다. 어릴 때 왕도(王道) 또는 광도(光道)라고 불리던 지의는 남북조시대의 흥망성쇠 및 난세와 변혁의 모습을 목격한데 이어서 양친이 사망하는 등의 풍파를 겪은 뒤 마침내 18세 때 법서에게 출가하였다. 이어 혜광(慧曠)율사에게 구족계를 받고 율과 대승을 익힌 뒤 대현산(大賢山)에서 법화삼부경을 연구한다. 23세 때에는 광주(光州)의 대소산(大蘇山 ; 지금의 하남성 남부)에서 남악 혜사(南岳慧思 ; 515~577)를 만나 『법화경』을 통해 진리에 깨달아 들어가는 법화삼매(法華三昧)를 배워 결국 그것을 증득하였다. 천태교의의 성립은 지의가 대소산에서 남악 혜사의 가르침을 받아 보현도량(普賢道場)에서 법화삼매를 깨달은 것에서부터 비롯된다고 한다.

31세 되던 568년에 지의는 혜사선사의 명을 받고 진의 수도인 금릉으로 간다. 그곳에서 의동삼사(儀同三司)인 심군리(沈君理)가 지의를 와관사(瓦官寺)로 초청하여 『법화경』 강의를 듣기를 청하였다. 이 와관사의 설법으로 당시 고승들은 지의를 스승으로 섬기게 되고 왕후장상도 진심으로 제자의 예를 갖추게 되었다. 이것이 지의의 명성을 천하에 날리게 된 계기라고 할 수 있다. 이때는 진 선제(宣帝) 대건(大建) 원년(569)으로서 지의의 나이 32세였다. 지의는 와관사에서 진조 중신들의 대대적인 후원 아래 8년간 『법화경』과 『대지도론』을 강의하고, 또 『차제선문(次第禪門)』 등을 강설하면서 좌선도 지도하였다. 그 때 이론과 실천을 겸비한 지의의 교화에 감화되어 제자가 된 사람이 제왕으로부터 일반 백성에 이르기까지 수없이 많았다.

3) 화정봉의 대오(大悟)

지의는 38세에 금릉을 뒤로 하고 천태산(天台山)에 들어가 11년간 산상에서 수행생활을 하였다. 그가 돌연히 입산한 까닭은, 제자의 숫자는 증가하면서도 도를 깨닫는 사람은 오히려 적어지는 상황이 주요 원인이라고 보인다. 더욱이 천태산에 들어가기 전해인 574년에 일어난 북주 무제의 폐불사건도 이 일과 무관하지 않으리라고 추측된다. 그런데 이 천태산 은거야말로 일반 법사에게서는 찾아보기 어려운 면모가 아닐 수 없다. 이론만이 아니라 실천까지도 겸비한 지의에게서 전형적인 보살상을 만나볼 수 있는 것이다.

지의는 와관사 생활을 청산하고는 천태산으로 들어가 수행한 지 약 8년 뒤에 "화정봉에서 마군을 조복시키고 신승을 만남[華頂降魔 神僧感見]"으로 표현되는 경계를 깨닫게 된다. 이것이 바로 지의의 사상을 전기와 후기로 가르는 계기이다. 대소산에서 법화삼매를 깨달은 것이 전기사상을 대표한 것이라면 천태산에서 깨달은 일실제(一實諦)는 바로 후기사상을 나타낸다고 하겠다.

천태산에서 수행하고 있던 583년에 지의는 자신의 저작을 후대에 전한 장본인인 장안 관정을 제자로 맞아들인다. 또한 중기 저작이라고 할 수 있는 『법계차제초문』과 『소지관』 등도 이 시기에 저술하였다. 『소지관』은 천태종뿐 아니라 화엄학자에게도 중용되고, 또한 선종에서는 좌선 양식으로 이 책을 본보기로 삼았을 정도로 불교 수행의 대표적인 저작이다.

4) 천태교의의 완성

지덕 3년(585)에 지의는 진나라 황실의 여러 차례에 걸친 간청을 거절하지 못하고 수행생활 11년 만에 천태산을 떠나 수도인 금릉(金陵)으로 가서 광택사(光宅寺)에 머문다. 광택사는 일찍이 양(梁)대 3대법사의 한 사람으로 일컬어지는 광택 법운(光宅法雲; 467~529)이 『법화경』을 강의하여 『법화의기(法華義記)』라는 명저를 내어 유명한 곳이다. 그처럼 『법화경』과 인연이 깊은 곳에서 지의는 587년(50세)에 『법화경』을 주석하고 관정이 그것을 기록하였는데 이것이 바로 『법화문구』이다. 『법화문구』는 『법화경』을 구절대로 주석한 것이지만 4종석이라고 하는 지의의 독창적인 해석법을 가지고 해석한 것으로서 종래의 주석서와는 판이한 성격을 지니고 있다.

그로부터 2년 후인 589년 북에서 일어난 수(隋)가 남하하여 진을 멸망시키고 남북이 통일되는데, 지의는 전란을 피해 여산(廬山)으로 갔다. 이 때 혜원(慧遠)의 정토사상을 세상에 펴겠다는 다짐이나 관운장 천도와 같은 교화담이 전해지고 있다.

이후 수나라의 왕실과 양주총관인 진왕 광(晉王廣)의 간곡한 청으로 591년 양주(揚州)로 가서 진왕에게 보살계를 주었으며 자신은 지자대사(智者大師)라는 칭호를 수여받았다. 후에 수의 양제(煬帝)로 등극한 이 진왕 광은 부모마저도 살해하여 천륜을 어긴 폭군으로 묘사되고 있기도 하지만 지의를 나라의 스승으로 극진하게 모신 점이나 고승대덕을 후하게 대접한 것을 고려해 볼 때에는 이 비난에 대하여 상당한 의혹이 제기되는 것이다.

55세 되던 592년에 여산으로 되돌아간 지의는 혜사선사가 만년을 보냈던 남악(南岳)을 찾아 스승의 은혜를 기리고 다시 고향인 형주로 돌아가 옥천사(玉泉寺)를 건립하고 그곳에서 『법화경』의 이론과 실천을 강의하였다. 이 때의 강설은 대부분이 수제자인 장안 관정(章安灌頂 ; 561~632)의 기록으로 후대에 전하게 되었다. 진 정명(禎明) 원년(587) 50세에 금릉의 광택사에서 『법화경』의 경문을 강설한 것과 수 개황(開皇) 13년(593) 3월 56세에 형주의 옥천사에서 '묘법연화경' 이라는 5자를 강론한 것, 그리고 다음 해 4월 옥천사에서 법화경에 의거한 원돈지관법을 강의한 것이 바로 천태종의 소의전적인 『법화문구』 · 『법화현의』 · 『마하지관』으로서 천태삼대부 또는 법화삼대부라고 일컬어지는 것이다. 이런 견지에서 천태교의의 성립시기를 구한다면 삼대부 강설을 종료한 때일 것이다.

지의는 595년에 진왕 광의 초청으로 다시 양주에 가서 『유마경』에 관한 주석서를 저술하여 증정하고는 천태산으로 돌아간다. 여기서 계속해서 『유마경』에 대하여 더욱 상세하게 정리하였다. 이것이 바로 『유마경소』인데, 이것은 지의가 직접 쓴 거의 유일한 찬술이라는 점에서 자료로서의 높은 가치를 지니고 있다.

세수 60, 임종에 즈음해서 지의는 제자에게 『법화경』과 『무량수경』을 독송케 하고 그것을 들으면서 아미타 · 관음의 영접을 생각했다고 하는데 이것은 지의의 뿌리깊은 정토신앙을 확인케 해준다. 이러한 정토신앙은 훗날 사명 지례(四明知禮) 이후에 전개된 천태불교의 특색으로 뚜렷하게 정착되었다.

지의의 생애를 대략 구분해 본다면 다음과 같이 6기로 나눌 수 있다. 즉 성장기 - 수학기 - 와관사교화기 - 천태산수행기 - 삼대부강설기 - 유마경소찬술기이다. 이를 간략히 도표로 만들면 다음과 같다.

지의의 주요 행적

구 분	나이 및 연도	주 요 행 적
성장기	1세~18세 (538~555)	양친 별세 후 상주 과원사 법서(法緖)에게 출가, 지의라는 법명을 받음.
수학기	18세~31세 (555~568)	혜광(慧曠)에게 구족계를 받음. 23세 때 대소산의 혜사선사 문하에서 수행하여 법화삼매 증득.
와관사 교화기	31세~38세 (568~575)	스승과 헤어져 금릉 와관사에 머물며 법화경·대지도론·차제선문 등을 강설.
천태산 수행기	38세~48세 (575~585)	천태산에 들어가 수행, 화정봉에서 대오함. 불롱에 수선사를 세움.
삼대부 강설기	48세~57세 (585~594)	다시 금릉에 나와 법화문구·법화현의·마하지관 등 강설.
유마경 찬술기	58세~60세 (595~597)	유마경소를 직접 찬술하여 진왕 광에게 증정. 11월 24일 석성사(石城寺)에서 입적.

5) 지의의 업적

이렇듯 파란만장한 지의의 생애를 단적으로 나타내기 어렵지만, 각고의 수행과 그로 인해 얻은 깨달음을 다시 세상에 베푸는 교화를 되풀이하면서 자리이타의 이념을 성취하려는 보살상을 찾을 수 있는 것이다. 남북조 양·진으로부터 수대에 이르는 난세에 천태불교를 구성하여 '가장 정통적인 불교', '가장 중국적인 불교'를 제창한 지의는 석존·용수 이후에 정통불교를 계승한 중국불교의 대성자라고 평가받고 있다. 더구나 격동하는 정세를 확고한 불교관으로 대처하면서 수행과 교화로 일관한 그 생애는 뛰어난 인품과 학식으로 '중국의 작은 석가'라고 불리는 데 전혀 손색이 없다고 하겠다.

지의 입멸 후 대사의 유지를 이어받아 601년 진왕 광은 천태산에 국청사(國淸寺)를 건립했고 지의의 제자들은 국청사를 중심으로 천태교단을 형성했다. 제자들 중에서 후계자로 지목된 관정은 그 동안 필록한 지의의 강술을 수정, 보완하여 지의의 저작을 속속 출간하였다. 이렇게 본다면 지의의 저작이라고 하는 것은 지의와 관정의 합작품이라고 하는 것이 더욱 옳을 듯하다. 아무튼 이후에 천태교단은 지의의 유언대로 유지되어 갔지만 당시의 다른 종파들은 화려하게 발전한 반면 천태종만은 정체기라 할 만큼 침체를 벗어나지 못하였다.

지의가 남긴 자취를 정리해 본다면, 남북불교의 통합에 따른 불교사상의 통합과 불교인의 전형적 자세를 마련한 데에서 찾을 수 있다. 당시 남쪽에서는 이론에만 치중하고 북쪽에서는 실천만을 강조하는 상황에서 편협한 불교를 통합함으로써 천태불교의 종합적 완성을 가져왔다. 이러한 특성이 다른 여타의 종파에게도 많은 영향을 주었다. 화엄종에게는 교학의 전개방식을, 선종에게는 구체적인 수행방식을, 그리고 정토종에게는 신앙의 이론적 근거와 절차를 마련해 주었던 것이다. 또한 천태사상의 의의는 수(隋)라는 통일국가에 불교이념을 제공하여 불교가 출세간법만이 아니라 세간법으로도 활용될 수 있는 여지를 마련한 점이다. 더구나 강의를 통해 불교의 위상을 강화하거나 방생지를 설정하여 민간 수준에 맞는 법을 폄으로써 불교의 사회교화에 있어서 새 모델을 제시한 것도 특필을 요한다. 그리고 스님으로서의 당당한 처신은 새로운 출가자상을 만들었다고 하는 데 의견을 같이한다. 이에 비해 같은 시대 길장(吉藏)과 같은 이는 왕가의 가신에 불과했다는 점을 솔직히 시인하지 않을 수 없다. 이런 점이 바로 당·송대에 삼론종이 역사 뒤로 사라진 이유이기도 하고, 명·청대 이후로 여러 종파 가운데 천태종만이 선종과 더불어 유일하게 명맥을 유지한 이유이기도 하다. 지의는 이질적인 인도불교를 중국불교로 확립시키는 데에 있어서 결정적인 공헌을 하였으며 불교의 이념인 자리이타(自利利他)·지혜자비(智慧慈悲)·반야대비(般若大悲)·선정대자(禪定大慈)를 중국불교사상 그 누구보다도 충실히 실행한 만큼, 지의를 '중국의 작은 석가'라고 부르는 데에는 아무도 이의를 달 수 없을 것이다.

2. 강설과 저작

1) 저작의 성립 문제

지금까지 살펴본 지의의 생애를 통하여 천태의 성립과정을 알았다면 다음은 지의의 저작을 통하여 천태교의의 성립과정을 파악하는 것이 차례일 것이다. 지의의 생애를 기초로 하여 그의 저작을 고찰하기 위해서는 그의 모든 저작을 대상으로 하지 않으면 안될 것인데, 여기서 우선적으로 검토해야 할 것이 저작의 진위 문제이다. 왜냐하면 예로부터 지의의 저작에 대한 진위 문제가 끊임없이 제기되어 왔기 때문이다. 이에 대한 종합적인 연구로는 일본 천태학자 사토 테츠에이(佐藤哲英)의 『천태대사의 연구』가 있다. 이것은 지의의 저작에 대해 그 선후와 진위 문제를 다룬 역작으로서 실증적인 문헌 고증을 통해 이루어졌다는 그 객관적 타당성으로 인해 천태 연구가 비로소 시작되었다고 할 만큼 권위를 인정받은 것이므로, 이것을 대폭적으로 수용하여 지의의 저작 성립문제를 개괄키로 하겠다.

지의의 저작으로 현존하는 것은 46부 188권이고, 목록에 명칭은 보이지만 현재는 전해지지 않는 것도 28부에 이른다. 따라서 그 모든 저작을 합친다면 부수에 있어서는 타의 추종을 불허한다. 그런데 지의의 저작이라고 알려진 것 가운데에서 관정에 의해 필록되었을 뿐만 아니라 어느 정도 가감이 이루어졌으리라고 하는 것은 이미 예전부터 일부에서 예상해 왔다. 이에 대한 사토의 견해는 지의의 저작으로 알려진 거의 모든 저작이 관정에 의해 필록되었을 뿐만 아니라 재삼재사에 걸쳐 수치(修治)가 이루어졌으므로 이것을 액면 그대로 지의의 저작이라고 단정할 수 없다는 결론에 이르고 있는 것이다.

사토는 지의의 저작이라고 하여 현존하는 46부 188권을 성립형태별로 분류하여 진찬(眞撰)·진설(眞說)·가탁(假托) 등 세 가지로 고찰하고 있다. 첫째, 진찬이란 지의가 직접 쓴 것으로서 『삼관의』나 『사교의』 등인데 극히 수가 적다. 둘째, 진설이란 지의가 직접 강술한 찬술인데 여기에는 A와 B의 두 종류가 있다. A류는 『유마경현소』나 『유마경문소』와 같이 지의가 구수(口授)하고 문인에게 필록시킨 뒤 지의가 직접 감수한 것으로서 문필의 책임은 당연히 지의에게 돌아가고 진찬에 준하는 것이다. B류는 지의의 강설을 문인이 듣고서 기록한 것인데, 지의의 재세 중에는 서책이 완성되지 않았으므로 문필의 책임도 문인에게 돌아가는 것이다. 셋째, 가탁은 지의의 저작이라고 하지만 실은 후인이 쓴 것으로서 여기에도 A와 B의 두 종류가 있다. A류는 지의의 이름을 빌어 후인이 저작한 것으로서 이것은 순전히 위작인데 이러한 위작·위찬이 적지 않다. B류는 후인의 저작이 어느 사이에 지의의 저작 안으로 혼입된 것이다. 정토교 관계 저작 같은 것은 어떤 것이든지 지의의 저작이 아닌데 '천태대사설(天台大師說) 문인관정기(門人灌頂記)'의 찬호가 있는 저작은 당연히 관정의 저작으로 돌아가야 할 것이다. 단지 『금광명경현의』나 『금광명경문구』와 같이 지의의 강설과 관정의 저작을 구별짓기 어려운 것도 있지만 『관음현의』『관음의소』『청관음경소』 및 『사념처』 같은 것은 관정의 저작으로 돌아가야 할 것이다.

현존하는 지의의 저작 46부 188권 가운데 진찬과 진설A·B에 속하는 저작을 지의의 생애에 따라 분류하면 다음과 같다.

와관사교화기(568~575)에는 『석선바라밀차제법문(釋禪波羅蜜次第法門 ; 次第禪門으로 약칭)』『방등삼매행법(方等三昧行法)』『법화삼매참의(法華三昧懺儀)』『방등참법(方等懺法)』『육묘법문(六妙法門)』『선문구결(禪門口訣)』 등과 같은 저작이 있다.

천태산수행기(575~585)에는 『각의삼매(覺意三昧)』『법계차제초문(法界次第初門)』『수습지관좌선법요(修習止觀坐禪法要 ; 小止觀으로 약칭)』 등과 같은 저작이 있다. 이들은 전기의 저작이라고 할 수 있다. 후기에 들어 삼대부강설기(585~594)에는 물론 『법화문구(法華文句)』『법화현의(法華玄義)』『마하지관(摩訶止觀)』이 있다.

유마경소찬술기(595~597)에는 『삼관의(三觀義)』『사교의(四敎義)』『유마경현소(維摩經玄疏)』『유마경문소(維摩經文疏)』 등과 같은 유마경소가 있으며, 입적하기 직전에 구술한 『관심론(觀心論)』과 같은 저작도 있다. 이를 도표로 만들면 다음과 같다.

진찬 및 진설A · B의 저작

1. 석선바라밀차제법문	10권	대정장 46
2. 방등삼매행법	1권	대정장 46
3. 법화삼매참의	1권	대정장 46
4. 육묘법문	1권	대정장 46
5. 천태지자대사선문구결	1권	대정장 46
6. 방등참법(『국청백록』중)	1권	대정장 46
7. 석마하반야바라밀경각의삼매	1권	대정장 46
8. 법계차제초문	6권	대정장 46
9. 수습지관좌선법요	1권	대정장 46
10. 법화문구	10권	대정장 34
11. 법화현의	10권	대정장 33
12. 마하지관	10권	대정장 46
13. 유마경현소	6권	대정장 38
14. 유마경문소	28권	만속장경 28
15. 삼관의	2권	만속장경 99
16. 사교의	12권	대정장 46
17. 관심론	1권	대정장 46

이런 저작들이 지의의 것으로서 일단 검토해 볼 만한 저작이다. 그 밖에 금광명경소나 청관음경소 등과 같은 경소류는 성립시기를 단언키 어려운 저작이다. 금광명경소에는 『금광명경현의(金光明經玄義)』와 『금광명경문구(金光明經文句)』가 있다. 그리고 관음경소와 인왕경소 등의 경소류는 지의의 저작으로 볼 수 없는 것으로서 예로부터 문제시되어 온 저작들이다. 관음경소에는 『관음현의(觀音玄義)』와 『관음의소(觀音義疏)』가 있다. 이러한 저작들은 지의의 저작이 아닌 관정의 저작으로 보아야 할 것이며, 그 밖에도 『관무량수불경소(觀無量壽佛經疏)』『아미타경의기(阿彌陀經義記)』

『정토십의론(淨土十疑論)』『오방편염불문(五方便念佛門)』 등과 같은 정토관계 저작도 지의의 저작으로 볼 수 없는 것이다.

2) 전기의 강설과 저작

지의의 전기 저작으로 검토해야 할 것으로 와관사 체류기에는 『차제선문』『방등삼매행법』『법화삼매참의』『방등참법』『육묘법문』『선문구결』 등과 같은 저작이 있고, 천태산 수행기에는 『각의삼매』『법계차제초문』『소지관』 등과 같은 저작이 있다.

지의의 전기 저작을 조사하면 혜사선사의 문하에 있던 수학기에는 단 1부의 저작도 없었던 듯하다. 이어서 와관사 체류기의 강설인 『차제선문』을 검토하면 현행의 것은 대장엄사(大莊嚴寺) 법신(法愼)이 개인적으로 기록하여 서책한 그대로의 것이고 관정이 다듬은 사실은 거의 인정하기 어려운 것이므로 지의의 전반기 사상을 연구하는 가장 확실한 기초문헌이라고 할 수 있다. 『차제선문』은 인도 이래 행해져 온 여러 종류의 선법을 '선바라밀(禪波羅蜜)'로 총괄하고, 이것을 세간선 · 역세간역출세간선 · 출세간선 · 비세간비출세간선 등 네 가지로 분류한 것이다. 이 『차제선문』을 기초로 하여 이것과 본문적 사상적 연관을 가진 것은 『법화삼매참의』『육묘법문』『각의삼매』『방등삼매행법』『소지관』『법계차제초문』『선문구결』이다. 또 이외에 『증심론』이라든가 『청관음참법』(광본)과 같은 저작도 있는데 모두 실천법에 관한 것이다.

지의의 전기 저작이 상술한 바와 같이 『차제선문』을 비롯하여 8부 내지 9부라고 확정한다면 이들을 소재로 하여 그 시기의 지의 교학을 연구할 수 있다.

초기의 지의 교학은 실천적인 성격을 가지고 있다. 『차제선문』을 중심으로 하는 일련의 저작이 선법(禪法)의 실천에 관한 것인 사실을 미루어 보아도 명백한데, 이는 3대부를 중심으로 하는 후기의 지의 교학이 교상(敎相)과 관심(觀心)의 쌍벽을 설한 것과 대비된다. 전기의 지의 교학이 혜사선사의 사상적 영향 아래 있었던 것은 틀림없는 사실인데, 특히 주의해야 할 것은 이 때의 교학이 용수보살의 『대지도론』을 중심으로 구성된 점이다. 이것은 후기의 교학이 『법화경』을 중심으로 하는 것과 대비되고, 지의가 『차제선문』에서 선(禪) 또는 선바라밀이라는 용어를 가지고 모든 실천법을 통괄하는 것도 그 근원을 찾으면 『대지도론』에 기초한 것이다. 지의가 후기에 이르러 천태불교의 체계를 대성하였지만 그 전기에서 이미 실천법의 체계를 수립하고 있는 것이다. 즉 『차제선문』에는 용수보살을 승계하고 혜사선사를 잇지 않았더라도 지의에 의해 수립된 점차지관의 체계가 보이고 『육묘법문』에는 10문 조직에 의한 부정지관의 체계가 설해지며 『각의삼매』에도 세간삼마제(世間三摩提)·출세간삼마제(出世間三摩提)·출세간상상삼마제(出世間上上三摩提)의 삼매로 선법이 통섭되고 있다.

후기가 되면 지의의 사상에는 비약적인 진전이 보이지만 초기에도 그 사상의 발전이 보인다. 즉 『육묘법문』의 10문 조직은 『차제선문』 제7권의 6묘문 3단 조직이 확충된 것인데, 『차제선문』에서는 아직 증득을 상사증(相似證)과 진실증(眞實證)으로밖에 설하지 않았지만 별행본의 『육묘법문』에 이르면 차제증(次第證)·호증(互證)·선전증(旋轉證)·원돈증(圓頓證)의 네 가지로 나눈다. 이 중 차제증과 호증은 모두 3승의 증득이고 선전증은 오로지 보살의 증득이며, 원돈증은 이근대사(利根大士)의 증득으로 하고 있다. 이러한 『육묘법문』의 4종 증상설은 후기에 이르러 조직된 장·통·별·원의 화법4교의 수증론의 선구를 이루는 것으로 보인다. 후기에 이르러 대성된 '일즉일체(一卽一切)'의 원돈사상도 이미 전기에 확립된 것이다. 혜사선사의 『법화경안락행의(法華經安樂行義)』에서는 외도, 2승 및 둔근보살(鈍根菩薩)의 차제행과 이근보살(利根菩薩)인 법화행자의 불차제행 등으로 구분하는데, 『육묘법문』에는 일심을 관하면 일체심일체법을 보고 일체중생을 관하면 일체불과 일체중생을 본다고 하는 원관(圓觀)이 설해진다. 게다가 범부·2승·보살의 공통행과 이근보살만이 행하는 원관(圓觀)의 중간에 별교의 보살행인 선전육묘문(旋轉六妙門)을 두기 때문에 혜사선사보다도 일보 더 나아간 것으로 보인다. 『영락경』에 대한 관심은 혜사선사에게도 희미하게나마 보이지만 지의는 그 보살행위설(菩薩行位說)을 이미 전기에 활용하고 있다. 즉, 『육묘법문』에서는 상사증상(相似證相)을 육근청정, 진실증상(眞實證相)을 10주·10행·10회향·10지·등각·묘각에 배대하여 10신을 수행계위라고 보지 않지만, 『각의삼매』에 오면 10신을 외범 철륜위, 초발심주를 내범 동륜위라고 한다. 그러나 오품제자위를 외범(外凡), 육근청정위(10신)를 내범(內凡)으로 하고 초발심주 이상을 성위(聖位)로 하는 원교행위론은 아직 어떤 저작에도 보이지 않는다. 또 『영락경』의

삼관설(三觀說)에는 전기에 이미 다소의 관심을 보이지만 그 삼제설(三諦說)에 대해서는 전혀 주의를 기울이지 않고 있다. 『영락경』에 기초한 원교의 행위론 이외에 후기가 되면 지의에게 독특한 육즉설(六卽說)이 완성되는데, 『각의삼매』에는 그 선구라고도 볼 수 있는 인문(因聞)·수행(修行)·회리(會理)·기방편(起方便)·입법문(入法門)·원극(圓極) 등 여섯 가지 칠각설(七覺說)이 있는 것에는 주목할 필요가 있다.

지의는 대건(大建) 7년에 천태산에 입산한 이래 11년 동안을 그곳에서 지냈는데, 이 천태산 수행기에서 가장 주의해야 할 것은 화정봉 정상의 두타행(頭陀行)이다. 즉 불타의 항마성도에 비기는 일실제(一實諦)야말로 지의의 사상을 전후의 2기로 나누는 분수령이라고 볼 수 있다. 천태산 수행기에 강설된 것으로 보이는 저작에는 『각의삼매』 『법계차제초문』 『소지관』 등이 있다. 이 가운데 『소지관』은 천태종 뿐만 아니라 화엄학자에게도 중용되고 또한 선종에서는 좌선양식으로 이 책을 본보기로 삼았을 정도로 불교수행의 대표적인 저작이다.

이 시기는 와관사 교화기의 연장으로서 전기에 속하지만 지의의 사상이 전기에서 후기로 비약적인 발전을 하는 태동기이기 때문에 이 시기의 저작인 『소지관』과 『법계차제초문』 등에는 후기에 이르러 대성된 3관·4교 등의 사상의 편린이 서서히 나타나기 시작한다.

이처럼 천태산 수행기는 한편으로는 와관사 시기의 연장으로서 전기의 결산기인 동시에, 다른 한편으로는 화정봉 정상의 두타각오(頭陀覺悟)를 통해 지의의 사상에 일대전환을 가져 온 태동기였다. 따라서 이 시기에 만들어진 저작에는 『차제선문』에 의해 대표되는 와관사 시기의 사상이 그대로 수용된 것과 함께 3관이라든가 4교라는 후기에 대성된 사상의 편린이 나타나기 때문에 이 시기야말로 지의의 사상이 전기에서 후기로 진전하는 전환기로서 중요한 의미를 지니는 것을 알 수 있다.

3) 후기의 강설과 저작

지의 저작의 후기강설에 해당하는 저작으로는 삼대부 강설기에는 『법화문구』 『법화현의』 『마하지관』이 있고 유마경소 찬술기에는 『삼관의』 『사교의』 『유마경현소』

『유마경문소』 등이 있으며, 입적하기 직전에 구술한 『관심론』과 같은 저작도 있다.

천태종이 종파로서 성립된 것은 지의의 강설을 그 제자 장안존자 관정이 정리하여 발표한 것에 의해서이다. 그 중 가장 중요한 것은 3대부와 5소부이다. 3대부는 『법화현의』 10권, 『법화문구』 10권, 『마하지관』 10권이다. 이것은 천태 3대부 또는 법화 3대부라고 한다. 지의는 이것으로 천태종의 교관체계를 조직한 것이다.

『법화문구』 10권은 『묘법연화경』 28품의 내용을 구절을 따라 해석한 것이니 『법화현의』가 개론이라 하면 이것은 주석서이다. 그리고 한 자 한 구절을 해석하면서 네 가지 측면으로 나누는데 이것은 사종석(四種釋)이라 하여 지의의 특유한 해석법이다. 첫째 인연석(因緣釋)은 불타가 경을 설하는 인연으로써 『법화경』의 견지를 밝히고, 둘째 약교석(約敎釋)은 설교에 깊고 낮음이 있음을 밝혀 『법화경』의 위상을 드러낸다. 셋째 본적석(本迹釋)은 『법화경』이 설하고자 하는 귀착점을 설하고, 넷째 관심석(觀心釋)은 그 실천관법 즉 『법화경』을 체험하는 방법을 나타낸 것이다. 그리고 28품을 본문과 적문의 둘로 나누고 각 문을 서분 · 정종분 · 유통분으로 나누어 이 경의 과문을 명료하게 하였다.

『법화현의』는 『법화경』 연구의 본론으로 그 중에서도 천태학의 이론적 방면, 즉 교상이 논술되어 있으므로 천태학의 견지에서 보면 일종의 불교총론이라고 할 만한 것이다. 그 내용은 석명(釋名) · 변체(辨體) · 명종(明宗) · 논용(論用) · 판교(判敎)의 5강목으로 나누어져 있다. 명 · 체 · 종 · 용 · 교는 오중현의(五重玄義)라고 하여 지의의 독특한 연구법이다. 제1 석명에서는 묘 · 법 · 연 · 화 · 경의 5자를 해석하여 묘(妙)로 그 안목을 삼고, 제2 변체에서는 철학적 원리로서의 실상(實相)을 논하며, 제3 명종에서는 실천적 원리로서의 인과(因果)를 설하고, 제4 논용에서는 실천 수행에 의한 그 진전을 논하며, 제5 판교에서는 교상판석(敎相判釋)을 설하여 법화의 지위를 논하였다.

『마하지관』 10권은 천태의 실천적 방면을 조직적으로 설한 것이다. 대의(大意) · 석명(釋名) · 섭법(攝法) · 편원(偏圓) · 방편(方便) · 정관(正觀) · 과보(果報) · 기교(起敎) · 지귀(旨歸)의 10장으로 나누어 설명하고 있는데 제7 정관에서 끝맺고 있다. 그러나 제1 대의에서 전체의 대강이 명시되어 있기 때문에 이에 의하여 지의의 의도를 알 수 있다. 『마하지관』에 있는 좌선방법은 여러 선경에 있는 것을 집대성한 것이므로 지의의 독창적인 견해는 아니다. 그러나 그 정신은 지의의 종교적 체험으로부터 나온 독특한 견식이므로 "지관명정(止觀明靜) 전대미문(前代未聞)"이라 하는 것이다.

『유마경』에 관한 지의의 저작은 『유마경현소(維摩經玄疏)』 6권, 『유마경문소(維摩經文疏)』 28권, 『유마경현의(維摩經玄義)』의 별행본인 『삼관의(三觀義)』 2권, 『사교의(四敎義)』 12권이 있다. 여기에 담연(湛然)의 『유마경문소』 약초본(略抄本) 10권을 더하면 현존하는 저작은 58권에 이른다.

유마경소는 지의가 수나라 진왕 광(뒤의 수양제)의 청을 받아들여 만년에 심혈을 기울여 찬술한 것으로서 양과 질에서 3대부와 함께 쌍벽을 이루는 저작이다. 또 현행의 3대부가 지의의 교설 그대로가 아니고 관정에 의해 수차의 교정을 거친 것임에 비하여 이 유마경소는 모두 지의가 직접 찬술한 것이든가 그에 준하는 가치 높은 자료로서, 특히 만년의 지의사상을 연구하는데 있어서 더없이 귀중한 자료이다.

유마경소의 저술 과정을 조사해 보면, 몇 차례에 걸쳐 진왕 광에게 헌상을 하고 있는데, 전후 2회의 헌상으로 보는 학자도 있고 3회의 헌상으로 보는 학자도 있지만 요즘에는 3회헌상을 통설로 하고 있다.

제1회 헌상본은 지의 자신이 친히 붓을 들어 쓴 것으로서 10권으로 이루어진 듯싶다. 이것은 정리된 형태로는 현존하지 않지만 지금 남아 있는 『삼관의』 2권과 『사교의』 12권이 그것의 주제별 별행본으로서 별도로 분리되어 유포된 것이다. 제2회 헌상본은 처음의 『정명현의(淨名玄義)』 10권을 다듬어 6권으로 한 것 같으나, 이것은 지의가 만족하지 않았기 때문에 그의 부탁에 따라 소각 처리되었다고 한다. 제3회 헌상본은 현존하는 『유마경현소』 6권과 『유마경문소』 28권(이 가운데 뒤의 3권은 관정의 보충)이다. 이처럼 두세 번에 걸친 수치로 이루어진 만큼 이 유마경소는 지의 자신의 친찬이라 할 만한 것이다. 지의의 감수 아래 개정이 되고 게다가 재세 중에 완성하였다고 본다면 자료적으로 확실한 것은 분명할 뿐더러, 더욱이 지의의 최만년의 작품인 만큼 사상 형성의 종극에 있는 교학사상을 전하기 때문에 3대부와 함께 자료적으로 극히 중요한 위치에 있는 작품이라 하겠다.

이미 서술한 바와 같이 지의의 사상적 생애는 화정봉 정상의 두타행을 분수령으로 하여 전후 2기로 나누어지는데, 그 후기의 대표적인 사상을 유마경소에 의하면, 첫째 4교와 둘째 3관이라 할 수 있다. 아울러 최후 저작인 『관심론(觀心論)』은 지의의 유언적 성격을 갖는 저작이다. 1권으로 이루어져 있는데 관심을 중심으로 하는 4종삼매를 찬탄하고 권고하기 때문에 '관심론'이라고 하지만 확실하지 않다. 일명 '전유론(煎乳論)'이라고도 하는 것은 법을 펴는 이는 많으나 우유에 물을 붓는 격이 되어 듣는 이로 하여금 도의 진미를 잃게 하는 경우가 많으므로 이를 염려하여 제자들을 채찍질하려고 이 논을 짓는다고 하는 서문에 기초한 것이다.

지의에게는 법화경소와 유마경소 이외에 『금광명경소』 『관음경소』 『청관음경소』 인왕경소 등의 주석서가 있는데, 이러한 경소류 가운데 제목을 중심으로 경전 전체에 담긴 뜻을 풀이한 것을 '현의(玄義)'라 하고 구절을 따라가며 주석한 것을 '문구(文句)'라 하며 이 두 개를 합한 것을 '소(疏)'라 하는 것이 통례이다.

이러한 주석서 가운데 중요한 것 다섯 가지를 오소부(五小部)라 하며 예로부터 3대부 다음으로 존중되고 있다. 5소부는 『법화경』 제25 「관세음보살보문품」을 개괄적으로 논한 『관음현의』 2권과 구절을 따라 주석한 『관음의소』 2권, 『금광명경』의 개설인 『금광명경현의』 2권과 같은 경전을 해석한 『금광명경문구』 6권, 그리고 『관무량수불경(觀無量壽佛經)』의 주석인 『관무량수불경소』 1권 등이다. 천태종 제17조인 사명 지례(四明知禮 ; 960~1028)는 이 5소부에 주석서를 지어 자신의 견해를 밝히면서 후학들의 이해를 돕고 있다.

이 가운데 『관음현의』와 『관음의소』, 그리고 인왕경소 등과 같은 경소류는 지의가 직접 저술하거나 강설한 것이 아니고 제자인 관정의 저작일 것이라는 의견도 있다. 또한 『관무량수불경소』 『아미타경의기』 『정토십의론』 『오방편염불문』 등과 같은 정토 관계 저작도 지의의 저작으로 보기 어렵다는 견해가 있다.

이들 외에 천태대사의 저작은 아니지만 천태종의 교리를 밝히는 주요 문헌으로서 고려 제관법사의 『천태사교의』와 담연의 저작들이 있다. 『천태사교의(天台四教儀)』는 1권으로서 5시8교를 중심으로 교관 2문의 대강을 기술한 것이다. 먼저 교문에서 5시8교를 밝히는 가운데 5시 5미 및 화의4교에 대하여 그 명의(名義)·근기(根機)·설교(說教) 등을 들고 있다. 이것을 『화엄경』의 삼조(三照), 『열반경』의 오미(五味),

『법화경』의 장자궁자의 비유에 대응시켜 비유하고 있다. 그리고 화법4교에 대하여 그 명의·교설·행인·행위·증과 등을 약술하고 있다. 다음으로 관문을 밝히는데, 4교에 각각 방편(方便)과 정수(正修)가 있으나 그 명수가 별다른 것이 아니기 때문에 이제 총괄하여 논한다고 하고, 방편으로 25방편과 정수로 10승관법을 설하고 있다. 이것은 가장 요령 있고 간명한 저술이기 때문에 예로부터 천태 입문서로 널리 사용되고 있다. 때문에 그 주석서도 약 250가지로서 현존하는 단행본의 주석서로는 가장 수가 많다.

또한 천태종을 부흥시킨 제9조 형계 담연(荊溪湛然 ; 711~782)은 『법화현의석첨』 『법화문구기』 『지관보행전홍결』 등 천태삼대부에 대한 주석서를 지어 이해를 돕는 한편, 자신의 견해를 밝힌 저술도 다수를 남겼다. 이 가운데 『십불이문(十不二門)』 1권이 중요하다. 『법화현의』에서 '묘' 자를 적문 10묘와 본문 10묘의 측면에서 논하였는데 담연은 이 20묘의 기초원리라고 할 열 가지를 거론하였다. 그것을 불이(不二)로 표시하니 ①색심불이(色心不二) ②내외불이(內外不二) ③수과불이(修果不二) ④인과불이(因果不二) ⑤염정불이(染淨不二) ⑥의정불이(依正不二) ⑦자타불이(自他不二) ⑧삼업불이(三業不二) ⑨권실불이(權實不二) ⑩수윤불이(受潤不二)이다. 이것은 천태의 교관 2문이 요약된 걸작으로서 『법화현의』와 『마하지관』의 핵심을 드러내고 있다. 이것을 사명 지례가 주석한 것이 『십불이문지요초(十不二門指要鈔)』 2권이다.

3. 천태 이후의 교세

1) 교단의 운영

지의는 생전에 자신만의 종단, 혹은 종파를 개립하려고 노력한 것 같지는 않다. 그가 자신의 문하에 모여든 제자들을 다른 종파와 의식적으로 구별하려고 하거나 당시에 천태종이라는 종명이 쓰인 흔적을 찾을 수 없기 때문이다. 하지만 천태산에 모여든 제자들이 수행자로서 대중과 함께 원만하게 수행할 수 있도록 이끌기 위해 지의는 별도의 생활 규범을 마련하고 있다. 제자인 장안 관정이 편찬한 『국청백록(國清百錄)』 첫 머리에 실려 있는 「입제법(立制法)」이 그것이다. 이는 지의가 소승의 계율을 수용하지 않음에 따라 율장에 세세하게 규정되어 있는 생활 규범 및 위반시의 제재방법을 대신할 목적으로 제정하였던 것으로 생각된다. 이는 또한 훗날 선종에서 제정한 생활 규범인 「청규(清規)」의 선구적 성격을 갖는 것이기도 하다. 모두 열 가지 조목으로 되어 있는 「입제법」을 소개하면 다음과 같다.

서문

무릇 구멍나지 않은 새 의복은 헝겊으로 기울 필요가 없고 오래도록 두텁게 선을 쌓은 사람에게는 벌을 가할 필요가 없다. 내가 처음 승려가 되어 중간에 금릉(金陵)에 머물기 전에 천태산에 들어갔을 때는 여러 곳에서 모인 법도(法徒)들이 각각 도업(道業)이 갖추어져 다시 부드러운 말로써 권할 필요도 없었으니 하물며 제법(制法)을 만들어 경계하였겠는가? 그러나 나중에 천태산에 돌아와 만학들을 보니 마치 내버려둔 원숭이나 말과 같아서 만약 사슬로 묶지 않으면 날로 심해질 상황이었다. 불도를 성취하기 위해서는 둘을 잃어도 하나를 고쳐야 한다. 부들채찍을 들어 부끄러움을 보이려는 것이지 쓸데없이 문도를 괴롭히려는 것이 아니다. 지금 여러 배우는 이들에게 대략 다음 10조를 훈시하고자 한다. 후에 혹 장애가 생기면 대중들이 함께 이를 재량하여 조목을 늘이거나 줄이기 바란다.

①무릇 사람의 근성은 같지가 않다. 어떤 사람은 혼자서 수행을 하여 도를 얻고 어떤 사람은 대중의 힘에 의지하여 해탈한다. 만일 대중과 함께 수행할 때는 다음의 세 가지를 수행해야만 한다. 첫째는 선방에서 좌선을 하는 것, 둘째는 별도의 도량에서 참회를 하는 것, 셋째로 승단의 일을 관장하는 것 등이다. 이 세 가지는 수행인이 삼의육물(三衣六物)의 도구를 갖추고 이중 한 가지를 수행하면 천태교단의 구성원으로서 인정된다. 그러나 만일 삼의육물 가운데 빠진 게 있거나 한 가지라도 행하지 않는다면 함께 머물 수 없다.

②선방에서 수행하는 승려는 원래 하루 네 번의 좌선과 여섯 번의 예불을 일과로 삼아야 한다. 열 차례의 좌선과 예불은 한 번이라도 결여해서는 안 된다. 별도로 수행

하는 승려의 행법도 3일을 넘을 수 없고 그 외에는 대중이 함께 하는 10번의 수행에 따르지 않으면 안 된다. 만일 예불에 한 번 늦으면 벌칙으로 세 차례 예배하고 대중에게 참회해야 하고 한 번을 완전히 빠지면 열 번 예배하고 대중에게 참회해야 한다. 만일 여섯 번을 모두 빠지면 벌로써 1회 유나(維那)의 일을 해야 한다. 네 차례의 좌선도 이와 같다. 질병 등의 장애가 있는 경우는 예외로서, 미리 담당 승려에게 말하면 벌하지 않는다.

③여섯 차례의 예불 때에는 비구는 입중의(入衆衣)를 입어야 한다. 옷에는 인롱(鱗隴)이 없어야 하며 만의(縵衣)는 일체 안 된다. 종이 세 번 울리면 신속히 모여 방석을 깔고 향로를 손에 들고 호궤(互跪)한다. 독송은 대중과 함께 해야지 두드러지게 해서는 안 되고 말을 해서도 안 된다. 머리를 조아릴 때 손가락을 튀기거나 신을 끌거나 일어나고 엎드릴 때 흐트러져서는 안 된다. 이를 어기면 모두 벌로써 열 번 예배하고 대중에게 참회해야 한다.

④별행(別行)하는 이유는 대중과 함께 수행하면 이완되기 때문에 정진하여 4종삼매를 힘써 수행하기 위하여 별도의 도량에 잠깐 의탁하려는 데 있다. 그러나 이러한 본래 의미에 맞지 않게 별행한다면 사실을 조사하여 벌로써 유나의 일을 1회 하도록 한다.

⑤지사(知事)의 위치에 있는 승려는 원래 승단의 안립(安立)과 이익을 도모하는 일을 해야 한다. 그러나 반대로 손해를 끼치거나 대중의 물건을 나누어 자기의 것으로 하거나, 자신의 온정에 따라서 사리에 맞지 않게 조금이라도 대중의 물건을 침해하면 안 된다. 비록 이것을 대중이 쓴다 하여도 고하지 않는다면 사실을 조사하여 교단에 함께 머무르지 못하도록 한다.

⑥두 차례의 식사 때는, 몸에 병이 없거나 병이 있어도 몸져눕지 않을 정도이거나 병이 나은 사람은 모두 식당에 나가서 먹어야 하며 대중방에 음식을 청할 수 없다. 식기는 철제나 질그릇을 사용할 수 있다. 훈기(薰器)와 유기(油器), 주발과 수저 등은 모두 뼈·뿔·대나무·목재 등으로 만든 것은 사용할 수 없고 옻칠을 하거나 방(蚌)을 입힌 바가지를 갖고는 식당에 들어갈 수 없다. 또한 자신의 그릇에 부딪치는 소리나 마시고 씹는 소리를 내면 안되고 음식물을 입에 넣고 말해서도 안 된다. 개인적으로

장이나 채소를 지니고 들어와 대중 가운데서 혼자 먹어도 안 된다. 이를 범한 자는 벌로써 세 번 예배하고 대중에게 참회해야 한다.

⑦비구승[大僧]과 사미승[小戒]은 가까이 가거나 멀리 가거나 절 안이거나 밖에서 모두 생선·고기·오신채·술을 훔쳐 먹으면 안 되며 또한 식사 때가 아닐 때[정오 이후] 밥을 먹어서는 안 된다. 조사하여 이러한 일이 사실이면 함께 머물 수 없다. 단지 병이 위독하여 이를 진찰한 의사의 말대로 절 밖에 나가 치료를 받는 경우는 제외하여 벌하지 않는다.

⑧승(僧)이란 화합의 뜻을 나타낸다. 부드럽게 인내하는 것이 화(和)이고 의롭게 양보하는 것이 합(合)이다. 고성을 지르고 추악한 말을 뱉어내며 안색을 변하면서 싸워서는 안 된다. 싸우는 자는 두 사람 모두 벌로써 부처님께 30배 하고 대중에게 참회토록 한다. 그러나 대응하지 않은 자에게는 벌하지 않는다. 신체나 수족으로 서로 가해를 한 자는 그 경중을 불문하고 모두 승단에 머물 수 없다. 그러나 손을 쓰지 않은 자는 벌하지 않는다.

⑨중대한 죄를 범한 경우에는 율에 따라 다스린다. 만일 멋대로 상대를 무고하였다면 무고를 받은 자는 벌하지 않고 무고한 자는 승단에 함께 머물 수 없다. 그러나 학인으로서 아직 대중에 속하지 않았을 때 범한 과오의 경우에는 중주(衆主)는 그것에 대해 묻지 않는다. 그 학인은 정식 승려가 아니기 때문이다. 그가 스스로 비구라고 말하면서 고의로 대중에 들어와 중죄를 범하거나 남을 무고하면 전술한 것과 같이 다스리거나 벌을 준다.

⑩경전에 의하여 법도를 세우고 병을 보아 약을 처방하였지만 법도에 의거하지 않고 약을 토해버린다면 무슨 이익이 있겠는가? 만일 앞의 아홉 가지 규제에 따라 참회를 해야 할 사람이 거듭 참회를 한다 해도 실제로는 참괴심이 없어서 스스로 새로워질 수 없다면 이는 약을 토해내는 이와 같으니 대중에서 나가도록 함이 마땅하다. 그러나 능히 고친 뒤라면 되돌아오는 것을 허락할 수 있다. 하지만 규제를 범한 사람이 고집스럽게 참회하려 들지 않는다면 이는 법도에 의거하지 않는 사람이라고 할 수 있다. 대중의 규정을 따르지 않는다면 함께 머물 수 없는 것이다.

이러한 규정으로써 지의가 문도들을 수행인으로서 이끌었던 전통이 제자들에게도 계속 이어져 6조인 형계 담연에 이르러 '천태종'이라는 용어가 쓰이는 단초를 제공했을 것이다.

2) 장안 관정의 결집과 창종

『송고승전』에 따르면 지의가 입적한 뒤 천태산을 통솔한 이는 지월(智越)이라고 한다. 그러나 지의의 삼대부를 결집하고 그 사상을 계승한 이는 장안 관정(章安灌頂 ; 561~632)이다. 그의 속성은 오(吳)씨, 자(字)는 법운(法雲)이며 관정은 법명이다. 임해(臨海)의 장안에 거주했으므로 장안대사라고도 한다. 23세(583) 때 지의를 사사한 후 그 문하에서 삼대부를 청강하고 탁월한 기억력과 유려한 문장력으로 스승의 강의를 정리·편찬한다. 지의의 가르침이 오늘까지 전승된 것은 관정의 공이 크다고 하겠다. 지의가 입적한 뒤 전란으로 사회가 혼란한 가운데도 천태산에 국청사(國淸寺)를 창건하고 저작활동을 하다가 72세로 입적한다. 그는 천태 문인 가운데 후배에 속하지만 천태의 저술을 결집하였으므로 천태대사에 이어 제2조로 존숭된다. 저작으로 『대열반경현의(大涅槃經玄義)』 2권, 『대열반경문구(大涅槃經文句)』 34권, 『수천태지자대사별전(隋天台智者大師別傳)』 1권, 『국청백록(國淸百錄)』 4권이 있다. 그가 『마하지관』 서문에서 천태대사를 중심으로 조사 상승설을 세운 것은 새로 한 종파를 개창한다는 의미를 갖는다.

장안이 입적한 후 제6조 형계 담연(荊溪湛然 ; 711~782)이 출세하기까지 약 1백 년간을 학자들은 천태종의 제1 암흑시대라고 일컫는다. 그러나 일반 불교사에서 본다면 여러 종파가 황금시대를 맞는 때이다. 남북조시대에 발흥했던 10여 학파는 당 초기 1백 년간 새 사상에 영향 받아 그 면목을 일신한다. 구사·화엄·유식·진언·율·염불 등의 학파가 발흥하여 중국불교로서 형태를 확실히 정돈한다. 이때 종파가 생긴 원인은 특히 현장(玄奘)이 전래한 신역불교의 사상에 영향 받은 것이다. 현장의 신불교에 의해 남북조 불교 제 학장들은 자종의 소의경론에 대한 범위에 의문을 가지고 연구한다. 그리하여 비담종(毘曇宗)이 구사종으로, 삼론·열반·천태종이 천태종으로, 지론·화엄이 화엄종으로 통합·발전한다. 또 섭론종이 법상종으로, 잡밀(雜密) 사상이 진언종으로 발전하고 선종, 남산율종(南山律宗), 정토종 등이 새롭게 조직된다. 이 1백 년 동안 중국불교사에서 현저하게 발달한 것이 법상·화엄·진언·율의 네 종파이다. 여러 종파의 황금시대에 천태종만이 암흑시대였던 것은 천태교단이 수도와 떨어진 강남에 있었기 때문이다. 그러나 천태교학 관계 저서들은 강남과 강북에 널리 유전한다.

제2조 관정의 문하에서 제3조 법화 지위(法華智威 ; ~680)가 배출된다. 지위는 유가 출신으로 18세에 국청사에서 관정 문하에 들어가 20세에 구족계를 받는다. 후에 천태의 정혜를 닦고 법화삼매를 증득한다. 창령(蒼嶺) 보통산(普通山)에 갔다가 다시 연단산(鍊丹山)에 가서 가시넝쿨을 헤치고 절을 짓고 강경과 참선을 일과로 한다. 그 땅을 법화(法華)라고 일컬었는데 7년 동안 이 곳에서 강의하다가 680년에 입적한다. 참선도량에 모인 사람이 3백 명이고 청강자는 7백 명이었다. 그 상수 제자가 제4조 천궁 혜위(天宮慧威)이다. 혜위는 지위의 문인이지만 연령은 같다.

지위와 혜위를 이위사(二威師)라고 하는데, 혜위는 동양(東陽)현 사람으로 지위에게 출가하여 깨달음을 얻었다. 그 뒤 스승 곁을 떠나 은둔생활을 하다가 지위가 입적하니 모두 혜위에게 모여들어 강설을 들었다. 생몰 연대는 미상이나 상수제자에 좌계 현랑(左溪玄朗)과 영가 현각(永嘉玄覺)이 있다.

영가 현각은 혜위의 문하에서 천태법문을 듣고 깊이 통달한 바 있었다. 다시 선종의 6조 혜능을 방문하여 하룻밤 묵고 별안간 깨달아 일숙각(一宿覺)이란 호를 얻었다. 후에 『영가집(永嘉集)』과 『증도가(證道歌)』를 지었다. 『영가집』은 사구(四句)를 사용하여 쌍차쌍조(雙遮雙照)로 설명한 것인데 천태 지관에 의해 선가의 선정을 해석한 책이다. 이것은 천태와 선종 간의 융합을 가져온 중요한 책으로서 송대에 천태종과 선종의 학장들이 애독한 명저이다.

제5조 좌계 현랑(左溪玄朗 ; 673~754)도 혜위와 같이 동양현 출신이다. 부흡(傅翕), 즉 부대사의 제6세손이다. 50세에 득도하고 천태지관을 닦아 깊은 뜻을 깨닫고 두타행을 하며 제자를 기르다가 82세에 앉은 채로 입적하였다. 현랑은 제6조 형계를 문하에 두어 유명하다. 26명의 문인 중에는 신라의 법융(法融)·이응(理應)·순영(純

英)이 있어 주목된다. 전술한 혜사 문하에 백제 현광(玄光)이 있었으나, 장안 관정의 결집이 있은 뒤에야 천태교학이 문헌으로 정비되었으므로 이 세 스님이 한국에 처음 천태를 전한 것이 된다. 이 때 중국문화의 중심지는 강북의 낙양과 장안이었고 따라서 불교학파는 모두 이곳에서 꽃 피었다. 그러나 강남 땅은 남북조 전란의 폐해가 가시지 않아 불교계 또한 부흥할 수 없었다. 당시 천태가는 형주 옥천사(玉泉寺)와 천태산 부근에서 겨우 교법을 잇고 있었다. 눈부신 발전은 제6조 담연을 맞아 비로소 이룩된다.

3) 형계 담연의 천태중흥

형계 담연(荊溪湛然 ; 711∼782)이 천태종의 역사에서 차지하는 지위를 말한다면 천태교학을 하나의 종파로 발전시킨 업적이 있다고 하겠다. 천태지의가 재세하던 때 강남 강북 제가의 교학이 대성하였지만 지의는 독자적인 학파나 종파를 개설하려고는 하지 않았다. 제2조 관정에 이르러 지의가 강설한 내용을 기록하여 교학으로 대성하고 새 학파나 종파를 성립시키려는 의지를 보인 것은 전술한 『마하지관』에서이다. 이 관정의 의지가 제6조 담연에 이르러 실질적으로 발휘되어 천태종이 건립된다. 장안 관정 이후 1백 년간 천태의 명맥은 겨우 이어져 왔지만 담연에 이르러 교학의 중흥을 꾀하게 된다. 그의 전기를 『불조통기(佛祖統紀)』27에서 보면 속성은 척(戚)씨이며 당 진릉(晋陵) 형계(荊溪)의 유가 집안에서 태어났다. 17세 때 금화 방암(金華芳巖)에게 천태교관을 수학하고 20세에 좌계 현랑의 문하에 들어간 이래 20년간 오로지 천태교학을 연찬한다. 38세 때 드디어 처사복을 벗고 법의를 입고 개원사(開元寺) 담일(曇一)율사에게 『사분율(四分律)』을 배운 뒤 다시 오문(吳門)의 개원사에서 지관을 닦는다. 43세 때 스승 현랑이 입적하자 남동 일대에서 천태교법을 홍포한다. 당시 장안과 낙양을 중심으로 중국 불교계를 풍미하던 선 · 유식 · 화엄 등이 있었지만 그는 이에 대응하여 천태교관의 깊은 뜻을 앙양하고 삼대부에 주석을 달고 그밖에 많은 저술을 하며 제자를 양성했다. 수차 칙명으로 초청이 있었지만 끝내 병을 칭하고 사양했다. 당대의 자은 · 현수 · 선무외 등이 제왕에게 존경을 받았으므로 모든 학도가 그것을 이상으로 하였지만 담연은 고고하게 끝까지 세속의 명성을 초연하여 천태교관 홍포에 전력을 다하였다. 72세에 천태산에서 입적하니 저작은 30여 부로서 현재 전하는 것 중 중요한 것은 다음과 같다. 『법화현의석첨(法華玄義釋籤)』 10권, 『법화문구기(法華文句記)』 10권, 『지관보행전홍결(止觀輔行傳弘決)』 10권 등 삼대부의 주석서를 비롯하여 『지관대의(止觀大意)』 1권, 『오백문론(五百問論)』 3권, 『십불이문(十不二門)』 1권, 『금비론(金錍論)』 1권, 『지관의례(止觀義例)』 1권 등이 있는데, 이 중 『오백문론』과 『지관의례』는 법상종과 선종에 대한 비판을 담고 있다.

그의 천태사상은 5시8교의 교판으로, 이른바 '초팔제호(超八醍醐)'를 주장하여 『법화경』만이 다른 모든 경전보다 우월하다는 논리를 전개시켰다. 그리고 『법화경』의 사상적 초점을 본문(本門)이 아닌 적문(迹門)에 두고 있다. 그는 교리 면에서 지의의 원숙한 사상에 근거하여 일념삼천·원융삼제의 교의를 독특한 방법으로 전개시켰다. 주목할 점은 『기신론』 사상을 천태교학에 도입한 것이다. 『대승기신론』은 천태 지의의 교학에서는 오직 『소지관』에 한 곳 인용될 뿐인데 담연은 『기신론』을 그의 논소에 인용한다. 특히 『금비론』에서는 『기신론』 교의를 천태교학에 원용한다. 이것이 후세 산가·산외 양파의 논쟁의 하나인 진여가 연(緣)에 따라 만유(萬有)를 일으킨다는 별리수연설(別理隨緣說)을 전개시킨다. 그의 독특한 사상은 초목이나 국토에도 다 불성이 있다는 비정불성론(非情佛性論)인데, 이는 『금비론』과 『지관의례』에 나타난다. 이는 도생(道生)에 의해 이미 논해졌던 것이 별로 활발히 전개되지 못하다가 당대 법상종의 현장과 규기가 유정의 제8식 중에 있는 5종 종자가 영원히 차별이 있다는 오성각별설(五性各別說)을 주장한 데 대해 반론한 것이다. 그의 교학의 특징은 교상·관심 2문을 통해 『기신론』의 연기론적 사상을 천태교학에 도입한 것이다. 조송(趙宋)시대의 천태는 이 담연 교학을 계승한다.

담연의 타종에 대한 비판은 선·유식·화엄에 대한 것이다. 지의가 암증(暗證)선사를 비판한 것은 달마를 가리킨 것이 아니지만 담연은 비판 대상을 달마선법에 두고 있다. 이 때는 선법이 아직 성행하지 않은 때이지만 후에 조송시대에 일어난 천태·선종 양가의 논쟁은 이 담연에서 맹아를 찾을 수 있다. 담연의 화엄에 대한 비평도 청량 징관(淸涼澄觀)에 대한 것이지 현수 법장(賢首法藏)에 대한 것은 아니다. 담연과 청량은 담일(曇一)에게 율을 함께 익힌 동문 관계이다. 그러나 청량이 담연 문하에서 천태교를 전승한 점에서는 사제간이 된다.

　담연의 제자에는 도수(道邃)·행만(行滿) 등 다수가 있는데 이들 중 도수가 천태 제7조이고 행만은 일본 천태종조인 전교대사(傳敎大師) 사이쪼(最澄 ; 767~822)의 스승이다. 일본에 귀국한 사이쪼의 천태교학은 오늘날 일본불교의 모태가 되고 있다. 담연 이후 약 125년간 당대 말기의 난세와 오대(五代)의 난(54년) 때문에 전후 2백 년간 불교계는 암흑기에 들어간다. 중국 천태사에서는 이를 제2 암흑기라고 일컫는다.

三. 천태법화의 사상체계

『법화경』은 예로부터 모든 경전 가운데 왕이라고 하듯이 일반 민중에게는 신앙의 근원으로서, 전문학자에게는 교설의 정화로서 받아들여져 왔다. 『법화경』은 인도에서 재가신자들이 중심이 된 대승불교운동의 태동과 맥락을 같이 하는 것이므로 그 사상은 철두철미하게 대승불교적이다. 『법화경』의 28품 가운데 「방편품」에서 설해지는 '회삼귀일(會三歸一)'과 「여래수량품」에서 설해지는 '구원성불(久遠成佛)'은 『법화경』의 기본 사상이다. 회삼귀일 사상이 아함불교와 대승불교의 갈등을 해결하기 위해 불교의 통일성을 마련했다고 본다면, 구원성불 사상은 역사상에 실재한 석존을 완전자로 이양하는 데 결정적인 역할을 함으로써 불교의 영원한 종교성을 획득하는 데 이바지하였다. 특히 『법화경』의 1승·3승 사상은 교설 간의 상충을 방편과 진실로 회통하는 사상이라는 점에서 교판이라고 하는 분류법의 맹아를 예고한다고 볼 수 있다.

1. 천태교학의 소의전적

천태불교는 『법화경』을 중심으로 한다. 지의가 『법화경』만이 최고라는 법화지상주의를 선언하였다고는 생각되지 않지만 『법화문구』 『법화현의』 『마하지관』을 『법화경』의 교문과 관문의 해석서로 하여 천태 3대부라고 부르며 천태의 소의장소(所依章疏)로 삼고 있는 것을 보면 적어도 지의가 『법화경』을 중심으로 불교학을 펼쳤다는 것은 부인할 수 없는 사실이다. 이런 점에서 천태의 소의경전을 『법화경』이라고 하는 것이다. 그러나 지의는 말년에 이르러 진왕 광의 청에 응해 『유마경』의 주석서를 세 차례에 걸쳐 저작한 바 있다. 3대부가 단지 강술에 그친 점에 비교해 볼 때 이 유마경소는 지의가 직접 찬술하거나 아니면 그것에 준하는 친찬이라는 점에서 지의가 『법화경』만을 중시했다고는 할 수 없을 것이다. 그러나 지의 이래로 형계 담연이 이 3대부에 대해 본격적인 해석을 가함으로써 3대부를 천태종의 성립 전거(典據)로 삼았다는 점에서 적어도 당(唐)대 이래의 천태교의의 핵심은 『법화경』이라고 해도 과언은 아니다. 이런 견지에서 지의의 교의를 법화교의라고 보는 것이다.

또 지의는 천태교의를 『법화경』 뿐만 아니라 여러 경전에서 채용하고 있기 때문에 지의의 교의를 『법화경』으로 한정하는 것에는 천태의 본의를 좁힐 우려가 있다. 예를 들면 공(空) · 가(假) · 중(中)이라고 하는 천태의 교의체계는 『보살영락본업경』이나 『인왕경』에서 채용한 것이며, 또 『중론』의 삼제게(三諦偈)로 근거를 삼고 있는 것은 잘 알려진 사실이다. 또한 『대지도론』을 통하여 지의의 초기 관심(觀心) 체계가 거의 이루어졌다는 점에서 아무런 관심 체계를 이끌어 낼 수 없는 『법화경』에 비해 오히려 『대지도론』의 중요성이 인정되는 것이다.

그러나 아무래도 지의의 후기 강술은 3대부를 중심으로 엮어졌다고 할 때 『법화경』의 존재를 무시할 수는 없다. 또 혜사선사의 지도 아래 대소산에서 법화삼매를 깨달았다고 하는 것을 비롯하여 금릉에서 『법화경』의 제목을 강의하였다는 사실을 통해서도 『법화경』이 지의의 초기부터 이미 확고한 뿌리를 내리고 있다고 할 수 있다. 그러므로 지의의 사상을 법화사상이라고 해도 무리는 없을 것이다. 더구나 지의가 말년에 심혈을 기울여 저작한 유마경소도 3대부와 같은 체계를 가지고 정리한 저술이라는 점에서도 『법화경』을 중시하지 않을 수 없는 것이다.

이처럼 천태의 소의경전이 『법화경』이라고 하는 것은 부인할 수 없는 사실이나, 관심 체계의 전거로 삼고 있는 『대지도론』과 교리 체계의 형성에 많은 도움을 받고 있는 『대품반야경』이나 『보살영락본업경』 및 『중론』 등도 천태종의 소의경론이 된다고 할 수 있다.

1)『법화경』28품의 개요

『법화경』은 '육역삼존(六譯三存)'이라 하여 중국에서 여섯 차례 번역되었고『정법화경(正法華經)』『묘법연화경(妙法蓮華經)』『첨품묘법연화경(添品妙法蓮華經)』의 세 가지 번역이 현존한다. 이 가운데 구마라집이 번역한『묘법연화경』이 가장 널리 사용되는데 천태에서도 이것을 최고로 치며 소의로 삼는다. 다음에『법화경』28품의 주요 내용을 살펴보기로 한다.

제1「서품(序品)」에서는 여러 상서로움이 나타나 불타의 근본정신을 피력하리라고 암시를 주며 대중들의 주의를 끌고 있다. 불타가 만년에 이르러 영취산에서 종래에 설한 여러 설은 모두 방편이고 진실한 설이 아니라고 하며 제법은 평등일여(平等一如)하여 오직 일승법일 뿐인데, 일체중생은 이 일승법을 깨달아 비로소 진정한 해탈을 얻을 수가 있다는 것이다. 성도한 이래 설한 성문·연각·보살 3승은 따로 나뉘어 있는 것처럼 보이나 실제로는 오직 불승 뿐이니 이것을 제외하고는 참된 해탈도 없다는 것이다. 그러므로 이 법화설법은 모든 부처가 공통으로 하는 이념이자 만인 공동의 규범을 나타낸 것이라고 설하는 것이다(제2「방편품」). 사리불은 이것을 듣고 크게 기뻐하여 화택삼거(火宅三車)의 비유로 회삼귀일(會三歸一)의 취지를 설하고(제3「비유품」), 수보리 등 4인의 성문도 장자궁자의 비유로 성문성불이 가능한 것을 논한다(제4「신해품」). 부처는 다시 모든 초목[三草一木]이 한 비에 적셔지는 것을 비유로 하여 모든 중생이 부처의 지견을 개현(開顯)할 것을 가르치고(제5「약초유품」), 이와 같은『법화경』의 진리는 과거 대통지승불(大通智勝佛) 이래의 것인데 현재의 불제자가 깨달을 수 있는 것은 과거세 이래『법화경』의 이상을 탐구하여 온 과정이니, 현재 깨달은 것은 3백 유순에 있을 뿐이며 법화 궁극의 이상은 5백 유순에 있으므로 성문으로 만족하지 말고 최후의 일불승의 이상에 도달하도록 노력하자고 권하는 것이다(제7「화성유품」). 또 미래에 반드시 부처의 지견을 개현하여 이 보배성에 도달할 것이라고 설하여 불제자가 성불의 확신을 가지게 하였다(제6「수기품」, 제8「오백제자수기품」, 제9「수학무학인기품」). 그리고 부처는『법화경』을 수지독송하는 공덕을 설하고는(제10「법사품」) 영취산의 설법을 맺고 있다.

다음에 대지로부터 높이 5백 유순의 칠보탑이 공중에 솟아올라 석가여래와 다보여래의 두 부처님이 탑 중에서 『법화경』의 이상을 찬탄하고(제11 「견보탑품」), 석가여래는 악인 제바와 같은 이나 또 7세의 용녀도 법화를 구하는 마음에 의하여 성불할 수 있다 설하고(제12 「제바달다품」), 불제자들은 이 세상에서 법화를 수지하고자 맹세하고 있다(제13 「지품」). 다시 문수보살의 물음에 대하여 부처는 장래 오탁악세의 말법에서 『법화경』의 진리를 실현하는 방법으로 3업을 닦는 법을 지시하고 있다(제14 「안락행품」). 이상이 『법화경』 전반 14품의 개략이다.

다음은 석가모니 부처님의 교화를 받은 6만 항하강 모래만큼의 보살이 부처님 입멸 뒤에 『법화경』을 널리 펼 것을 설한다(제15 「종지용출품」). 또 부처님은 옛날에 이미 성불하여 미래 영겁토록 멸하지 않는 상주본불(常住本佛)인 것을 설하고(제16 「여래수량품」) 일반 중생도 영원의 생명을 보존하는 본불이라고 하며(제17 「분별공덕품」), 이어서 이와 같은 영원한 생명을 기르는 『법화경』을 믿는 공덕을 설한다(제18 「수희공덕품」, 제19 「법사공덕품」, 제20 「상불경보살품」, 제21 「여래신력품」). 보탑이 지하로 들어가자(제22 「촉루품」) 다시 앞의 영취산에 돌아가서 먼저 약왕보살이 과거세에 육신을 바쳐서 『법화경』을 구한 이야기를 하고(제23 「약왕보살본사품」), 다음에 묘음보살이 34신(身)으로 『법화경』을 설하여 모든 『법화경』을 행하는 것은 보현색신(普現色身)임을 나타내며(제24 「묘음보살품」), 다시 관음보살이 33신을 나투어 일체 중생의 7난3독(七難三毒)을 제거하는 것을 설하고(제25 「관세음보살보문품」), 다음에 다라니를 제창하여 『법화경』을 홍포할 것(제26 「다라니품」)과, 아울러 묘장엄왕(妙莊嚴王)이 사악함을 버리고 법화행자가 되고(제27 「묘장엄왕본사품」), 최후에 『법화경』의 공덕을 찬탄하며 이것을 홍포할 것을 권하는 가운데 이 경을 끝맺고 있다(제28 「보현보살권발품」).

2) 『법화경』의 사상

『법화경』의 사상은 구경(究竟)의 진리를 드러낸 것이다. 거기에는 얕고 깊은 구별이 없으므로 어떤 가르침에 의하여 깨친 사람이라도 최고의 성자이다. 그러므로 4제설에 의하여 깨친 성문(聲聞)이나 12인연을 관하여 깨친 연각(緣覺)이나 6바라밀을 닦아 성불한 보살이나 모두 같이 불타의 최고의 진리에 이르는 것이다. 『법화경』의 설법은 따로 새로운 가르침을 설하기 위한 것이 아니고 종래로 설해 온 일체 가르침이 모두 최고의 가치를 가지고 있다는 것을 분명히 하기 위한 것이다. 그리고 이와 같이 모든 가르침이 평등하여 최고의 가치를 가지고 있는 것을 인식하는 것이 불지견(佛知見)이니 법화의 목적은 이 불지견을 개현하는 데 있다. 한번 불지견을 개현하면 성문도 좋고 연각도 좋고 모두 각각 최고의 진리를 얻을 수 있으니 그 때에는 성문이 성문이 아니고 연각이 연각이 아니어서 모두 최고의 불타가 되어 있는 것이다. 석존의 종교는 만인을 각각의 견지에서 다같이 최고의 이상에 도달케 하는 것이 안목으로 되어 있다. 이와 같은 종교적 진리는 석존이 처음 발견한 것이 아니고 이미 구원(久遠)의 과거세에 많은 성자가 체험한 것이며, 석존도 또한 구원의 옛적에 이것을 깨닫고 있었으나 중생의 근기가 성숙하지 않았으므로 이 세상에서 각자(覺者)가 되고자 보리수 아래에서 4제 · 12인연의 법을 관하여 정각을 이룬 것과 같이 가장하고 있는 것이다. 실은 이미 옛날에 이룬 부처이니 과거세로부터 불지견을 얻은 영원한 불타로서 상주의 법신이라고 하는 것을 이 『법화경』에서 드러내는 것이다.

이와 같은 『법화경』의 사상은 제법실상(諸法實相)이라는 한마디로 정의되니, 이 어구는 『반야경』의 공(空)과 같은 의미이고 또 진여(眞如)와 같은 내용이나 『법화경』에서는 현상적으로 차별화되어 드러나는 사물이 그대로 본체 실상이라고 하는 의미로 사용되고 있다. 『법화경』의 제법실상은 색심실상(色心實相)이라고 할 수 있을 것이니 유심론 · 유물론의 어느 것에도 치우치지 않고 정신과 물질, 즉 색(色) · 심(心)이 다 같이 실재라고 본 것이다. 화엄 · 열반 · 기신론 및 기타 연기론 계통의 경론에서는 삼계유심(三界唯心)이라고 하여 마음이 주가 되고 색(色)이 종이 되어 관념론적 견지에서 논한 것이고, 『반야경』에서는 물(物)도 마음도 아닌 것이 실상이라고 주장한다. 이에 비해 『법화경』에서는 물(物)과 마음이 마찬가지로 실재라고 주장하여 색과 심을 동렬로 보기 때문에 색심실상이라고 하는 것이다. 그리고 이것이 이원론(二元論)이 아닌 것은 천태에서 원융(圓融)이라는 어구로써 표현한 것을 보면 명백한 것이다.

제법실상(諸法實相)의 사상을 석존의 교설에 의하여 말하면 개권현실(開權顯實)이라고 할 수 있으니 부처 교설의 일언일구가 방편인 동시에 그대로 최상의 진리를 교시한다는 의미이다. 또 이것을 중생의 근기, 즉 구도자의 능력 여하에 의해 논하면 회삼귀일(會三歸一)이니 성문·연각·보살 3승의 구도자는 누구든지 모두 유일평등한 불타의 지위에 도달할 수 있다는 의미이다. 또 이것을 실천도덕에 옮겨 보면 만선동귀(萬善同歸)이니 일거수 일투족이 모두 최고선을 실현한다는 의미가 되는 것이다. 이것은 요컨대 『법화경』에서는 제법실상의 사상은 모든 방면에서 사사물물에 최고의 가치를 인정하는 것이니 바꿔 말하면 진리의 보편 타당성을 가리키는 것이다.

진리가 보편적인 것은 동시에 그것이 영구한 것을 가리키는 것이다. 즉 제법실상의 묘리(妙理)는 석가여래가 보리수 아래에서 각오(覺悟)한 때에 비로소 성립한 것이 아니고 영겁의 옛날부터 영겁의 부처에 의하여 체험되어 있는 것이다. 석존도 또한 이런 영겁의 부처 가운데 한 분으로서 석존은 이미 5백억 겁의 태고부터 묘법을 깨달아 제법실상의 이치를 실현하고 있는 것이다. 이런 불타는 육신을 지속하면서 영원의 진리와 합일되어 있기 때문에 법신이며 보신으로서 석존은 영구히 살 수도 있고 멸하지 않는 것이다. 이것이 본래 성불한 부처이며, 즉 제법실상의 진리는 영원성인 동시에 이것을 체험한 인격도 역시 영원의 생명을 보존하는 것이다.

그리고 이 영구의 진리와 영구의 생명은 단독으로 석가여래에만 한한 것이 아니라 우리들 중생도 또한 이것을 나누고 있어 우리들이 본래 구비하고 있는 묘한 덕으로 실현할 수 있는 것이니, 그것을 우리들의 이상이요 규범이며 불멸의 정신적 재산이라고 설하는 것이 『법화경』 사상이다.

2. 중국에서의 『법화경』 연구

중국에서 경전이 본격적으로 연구되기 시작한 것은 남북조 이후이다. 그런데 북조에서는 좌선과 독경에 중점을 두고 남조에서는 경전연구를 선호하였다. 그러나 북조에서도 중기에는 『십지론』 등의 번역이 있었고 후기에는 『섭대승론』 등의 연구가 성행하였기 때문에 학문이 전적으로 무시된 것은 아니다. 그렇지만 북조의 학문은 논을 중심으로 하고 남조에서는 경을 중심으로 한다는 점에 북조불교의 한계가 있다. 경은 논과 달리 연구하는 자의 생각에 따라 자기 마음대로 창의적인 해석을 할 수 있다. 오랫동안 노장사상의 현담(玄談)에 익숙한 강남 취향에 잘 맞는 것이다.

당시까지 법화교학은 오로지 강남에 집중된 감이 있다. 그러한 가운데 가장 걸출한 사상가로는 양(梁)의 광택 법운(光宅法雲)이 있다. 열반종의 대표적 인물인 법운은 도생(道生)으로부터 시작되는 강남의 법화교학을 이끈 대성자로서, 그 설은 완벽한 것으로 믿어지고 있었다. 그런데 지의는 법운의 권위를 타파하여 법화학의 새로운 장을 열었다. 법운은 법화일승(法華一乘)의 뜻을 실로 교묘하고도 합리적으로 설명하고 있는 반면, 그것이 인간의 현실생활에 대하여 무엇을 가르치는가 하는 측면은 빠뜨리고 있다. 이러한 학풍은 불교의 귀처를 간단하게 나타내지 못하는 약점과 함께 어지러운 사회가 불교에서 구하는 기대에 전혀 부응하지 못한 것이다. 지의의 법화학은 이러한 반발에서 비롯된 것이다.

지의는 양자강의 상류 형주에서 태어나 강남문화권에서 활동하였지만 북방에서 『대지도론』을 수선(修禪)의 지침으로 하는 혜문선사의 제자 혜사선사에게 사사하여 불교를 배움으로써 이지적인 요구만이 아니라 인생의 진실을 몸을 가지고 체득하고 그렇게 가르쳤다. 지의가 가정적으로 전쟁의 쓰라린 경험을 맛본 경험과, 그 스승 혜사선사가 국가의 흥망과 불교의 파멸이라는 사회적 비상시에 생긴 경력을 통해 어떻게 살아야 하는가의 해답을 경전에서 필사적으로 구하려 했던 것이다. 이러한 요구에 응하면서 지의는 대승경전 중에서 방편과 진실을 아우르면서도 순수하게 진실만을 말하는 것은 『법화경』만이라고 보았던 것이다.

3. 천태법화의 사상체계

천태에서는 대승경전 가운데 『법화경』만이 원만하고 진실한 가르침이라고 주장한다. 다른 경전도 진실을 포함하고 있지만 그것은 방편과 진실을 겸한 것이고 순수하게 진실만은 아니라고 한다. 지의보다 앞선 광택 법운은 법화는 열반에 비해 열등하고, 길장은 법화와 열반만이 아니라 다른 대승경전도 동등한 것으로서 도를 나타내는 이상 우열은 없다고 하였다. 또한 그 후 규기(窺基)도 법화를 중시하면서도 그 교는 특수한 사람을 대상으로 한 설이라고 판정하고 있다. 그렇다면 중국불교사상 법화의 연구자와 신앙자는 많았지만 지의의 법화관은 다른 사람에게서는 전혀 볼 수 없었던 독자적인 의의를 지녔다고 해도 좋을 것이다.

1) 혜사의 법화사상

지의의 법화경관에 들어가기에 앞서서 스승 혜사선사의 법화사상을 알아보기로 한다. 현존하는 혜사선사의 논저를 보는 한, 선사의 교학이 『법화경』을 중심으로 하는 것인가 그렇지 않으면 반야부 경전을 중심으로 하는 것인가 하는 문제는 명확하지 않다. 『법화경안락행의(法華經安樂行義)』가 『법화경』을 주제로 하는 것은 말할 것도 없지만 대소산에서 찬술한 「입서원문(立誓願文)」에서는 『법화경』이라는 명칭은 겨우 한두 곳에서만 나오기에 선사가 『법화경』을 존중했는지 반야부 경전을 존중했는지는 확실하지 않다.

그렇지만 이것은 혜사선사가 『대지도론』을 소의로 하는 혜문선사의 영향을 받았다고 하는 사실을 고려할 때 모순 없이 해결된다. 혜사선사는 『대지도론』에 매우 조예가 깊었고 비록 현존하지 않지만 『석론현의』 1권은 선사의 『대지도론』 연구의 성과였던 것이다. 선사의 저서인 『제법무쟁삼매법문(諸法無諍三昧法門)』이라고 하는 명칭도 『대지도론』에서 따온 것이다. 『법화경안락행의』에 이르러서는 『대지도론』과의 사상상의 교섭이 매우 밀접하다.

혜사선사가 『법화경』과 반야부 경전을 모두 존중한 것도 『대지도론』 사상에 기초한 것이다. 『대지도론』은 『법화경』과 반야부 경전을 두 가지 관계로 설명하고 있다. 즉 『대지도론』 제100권 「촉루품」의 해석에서는, 이승(二乘)도 성불할 수 있음을 설한 점에서 법화는 비밀교이므로 반야보다 우월하다고 설명하고 있다. 이것이 첫째 관계이다. 그런데 제57권에서는 『대품반야경』의 '제여선법입반야바라밀(諸餘善法入般若波羅蜜)'을 해석한 곳에서 『법화경』과 『밀적경(密迹經)』 등 여러 대승경전은 명칭만 달리할 뿐이고 뜻은 같은 반야바라밀이므로 결국 반야경과 이명동의(異名同義)라고 한다. 이것이 둘째 관계이다.

이 두 가지 관계를 어떻게 이해할 수 있겠는가. 구마라집의 제자인 승예(僧叡)가 반야부 경전의 특색을 '응조(凝照)', 『법화경』의 특색을 '실화(實化)'라 하면서 그러나 그 근본 뜻에서는 하나라고 고찰한 것은 『소품반야경』 서문에서 분명하게 드러난다. 『대지도론』에 나타난 첫째 관계는 요컨대 『법화경』의 특색을 나타내고, 둘째 관계는 근본 취지에 맞추어 두 경전의 일치를 설한 것이다. 혜사선사는 어쩌면 이 『대지도론』 사상에 의해 승예와 마찬가지로 실제적 교화의 측면에서 『법화경』의 우월성을 승인한 것이리라. 게다가 그 근본 취지에서는 두 경전이 일치하고 있다고 고찰함으로써 혜사선사는 하등의 모순도 느끼지 않고 반야와 법화를 똑같이 존숭한 것이다. 「입서원문」 가운데서 혜사선사는 정법을 보호하기 위해 금자 반야경을, 중생 및 자신을 보호하기 위해 금자 법화경을 봉조하였다고 한다. 『대지도론』이 『법화경』에 대하여 특히 주의를 기울인 것은 이 경이 성문과 연각의 성불이나 궁극의 깨달음을 속히 성취할 수 있다고 하는 실제적 측면에 의한 것이다. 그런데 혜사선사도 이에 따라 반야부 경전을 불교의 이론 법문, 『법화경』을 실천 법문을 대표하는 궁극의 경전이라 보고, 두 경전을 서로 보충하는 관계에 있다고 한 것이다.

혜사선사의 법화학이 가장 체계적으로 설해진 것은 『법화경안락행의』이다. 겨우 1권으로 이루어진 작은 저작이며 게다가 문인이 필록한 것 같지만, 선사의 법화사상이 명확하게 표현되고 있다. 『당고승전』의 기록에 의하면 혜사선사는 대소산에서 『법화경』을 자구에 따라 해석하지 않았다고 하고 「입서원문」의 자전(自傳)에서도 대소산 입산 이전 여러 곳에서 마하연을 강의하였다고 기록되어 있다. 그러므로 『법화경』을 강의한 것이 아닌지도 모른다. 그러나 혜사선사가 주력한 것은 재래의 법화학자가 한 것과 같은 주석적인 연구가 아니라 『법화경』의 교상(敎相)과 관심(觀心)을 솔직 간명하게 설시한 것에 있다. 즉, 『법화경』의 현의 및 지관을 명확하게 체계 짓는 것이 혜사선사가 가장 노력한 점인데, 재래의 주석적 법화학으로부터 일대 변화를 시도한 것이라 할 수 있다. 이것이 선사의 법화사상을 신법화학이라고 부르는 까닭이다.

혜사선사는 『법화경안락행의』의 서두에서 "법화경은 대승 돈각(頓覺)으로서 스승

없이 스스로 빨리 불도를 이루게 한다"고 설하고,『제법무쟁삼매법문』권하에서는 "이 법화는 단지 일승 돈각 중 극돈(極頓)인 부처님의 지혜를 설한다"고 하여 이 경이 궁극의 묘전(妙典)인 것을 주장하였다.

혜사선사는 석존의 교설을 네 가지로 분류하였다.『법화경안락행의』에서는 성문 · 연각 · 둔근보살 · 이근보살의 네 가지 근성을 위한 설법으로 나누고,『제법무쟁삼매법문』권상에서도 하지(下智 : 성문) · 중지(中智 : 연각) · 교혜상지(巧慧上智 : 보살) · 돈각상상지(頓覺上上智 : 여래)의 네 가지로 구분하고 있다. 이 가운데 앞의 세 가지 근성이 차제행을 닦는 것에 대하여『법화경』만이 일행즉일체행(一行卽一切行)의 돈각을 설하는 것이며 말법 악세에 상응하는 이행(易行)을 설한 최고의 경전이라 한 것이다.

혜사선사는 앞서 서술한 바와 같이『대지도론』에 의거하여 법화와 반야의 일치를 주장할 뿐 아직 완전한 법화주의에는 이르지 못했다. 그러나 이미 그 맹아가 선사의 사상 중에 배태되고 있다. 아마도 성불을 위한 실천 수행의 방법을 설한 점에서, 법화가 최고 구경이라고 한 것이다. 이것은 교관이문(敎觀二門)의 법화주의를 완성한 천태불교의 전단계로서 중요한 의의를 가지고 있다.

양(梁)대 법화학의 최고 권위자였던 광택 법운(467~529)이 입적한 것은 혜사선사의 소년기이다. 이후에 남조의 법화학은 법운의 아류였다. 그러므로 화엄돈교 · 열반 제5시의 입장을 넘지 못하였다. 특히 북지에서는 지론종이 화엄원교를 제창하였다. 이러한 상황에서 혜사선사가 불도의 실천수행 면에서 법화에 주목하고 화엄원교사상이 우월한 북지에서 "대승돈각(大乘頓覺) 돈중극돈(頓中極頓) 제불지혜(諸佛智慧)"라고 주장한 것은 일대 영단이라고 할 것이다.

혜사선사는 또한『법화경안락행의』중에서 법화삼매를 제창하였다. 혜사선사에 의하면 이 법화삼매는『법화경』의 진수라 한다.『당고승전』에서는 혜사선사가 북제 혜문의 지도 아래 법화삼매를 증득하였다고 한다. 그러나 그 법화삼매의 내용에 대해서 도선(道宣)이 기록하고 있는 것은 소승선법과 혼동한 공삼매(空三昧)인데,『법화경안락행의』의 법화삼매와는 뜻을 아주 달리하고 있다.『당고승전』의 기록이 사실이라면 『법화경안락행의』의 법화삼매는 혜사선사 후년의 원숙한 사상이라고 볼 수 있다.

『법화경안락행의』에서는 법화삼매야말로 이근(利根)보살이 방편행을 버리고 차제행을 닦지 않고도 불과(佛果)를 직접 증득할 수 있는 불차제행(不次第行)이라고 한다. 이 차제행과 불차제행 사상은 『대품반야경』의 「차제학품(次第學品)」과 「일념품(一念品)」 및 『대지도론』의 석문에 의거한 것이다.

그런데 혜사선사에 의하면 법화삼매에는 유상행(有相行)과 무상행(無相行)이 있다고 한다. 유상행은 『법화경』 「보현품」에 의거하여 선정에 들지 않고 산심(散心) 그대로 이 경을 독송하고 일심으로 경전의 문자를 전념한다는 행상이다. 이를 통해 상아 여섯의 흰 코끼리를 탄 보현보살이 현전하여 수행자의 죄장을 멸하고 안근을 청정케 하며 석가ㆍ칠불ㆍ시방삼세제불을 현전케 한다고 하는 신앙을 기초로 한다. 이 유상행은 예로부터 행해진 독송행으로서 혜사선사 자신도 소년기에 실제로 수행한 적이 있다고 하였다. 무상행이란 세간을 떠나 공적한 산에서 오로지 공삼매(空三昧)에 탐닉하는 것으로 생각하기 쉽지만 혜사선사의 소위 무상행은 그렇지 않다. 소극적인 공삼매는 법화삼매의 전방편으로서 혜사선사의 저작인 『수자의삼매』에서 설한 것이다. 법화삼매의 무상행이란 매우 적극적인 성격을 가지고 자리(自利)만이 아니라 이타(利他)도 하는 보살행으로까지 전개되는 것이다.

그리하여 혜사선사는 4종 안락행 가운데 두 번째인 '섣불리 칭찬하거나 깎아 내리지 않는 안락행(無輕讚毁女樂行)'을 다른 말로 '성문을 돌이켜 불지를 얻게 하는 안락행(轉諸聲聞令得佛智安樂行)'이라 하고 이는 네 번째 '자비로 대하여 이끄는 안락행(慈悲接引安樂行)'과 함께 순수한 이타행이라고 하였다. 게다가 그 이타 안락행을 닦음에 있어서 중대한 결의가 필요한 것을 강조하고 『대지도론』의 설을 인용하여 생인(生忍)ㆍ법인(法忍)ㆍ대인(大忍)의 삼인(三忍)을 무상행의 불가결한 조건이라고 주장하였다. 생인이란 중생인(衆生忍)으로서 남들에게 욕을 먹거나 업신여김을 받더라도 정념(正念)으로 사유하여 진노하지 않는다고 하는 보살의 인욕행(忍辱行)을 의미한다. 법인이란 법성인(法性忍)으로서 일체의 법(法)이 공(空)함을 관하여 마음이 동요되지 않는 것을 말하고, 대인이란 법계해신통력(法界海神通力)으로써 불도를 완성하여 여러 신통력을 얻고 법계의 중생을 제도하여 마음이 광대한 것을 말한다.

이것은 일반적 해석인데, 혜사선사는 이에 그치지 않고 더 적극적인 새로운 의의를 가하였다. 즉, 중생인도 단지 타인의 박해를 인내할 뿐만 아니라 적극적으로 상대를 설득하고 그럼에도 목적을 달성하지 못할 때에는 반대로 강력한 말로 꾸짖어 자각과 반성을 요구해야 할 것이라고 하는 것이다. 다음의 법인도 자신만이 부동심을 갖는 경지에 달하는 데 만족하지 않고 일체의 범부나 2승을 설득하여 대승으로 유도하고, 때에 따라서는 파계를 하는 그들과 함께 하면서 지도해야 할 것이라고 한다. 이러한 해석은 『대지도론』에도 보이지 않는 것으로서 혜사선사의 독창적인 해석이다. 혜사 선사는 악한 중생을 만났을 때 적극적으로 그들에게 대항하여 반성을 구하지 않은 이라면 보살이 아니라 보살의 가면을 쓴 악마라고 극언하고 있다.

『법화경안락행의』는 무상행(無相行)인 4종 안락행을 보살행의 규범으로 설시하고 있다. 그러므로 4종 안락행은 이 삼인(三忍)에 관한 혜사선사의 독자적인 해석을 그 진수로 하는 것이다. 그러나 이것이 혜사선사의 독자적인 해석이라 해도 선사는 『열반경』 등을 경증으로 들고 있는데, 혜사선사가 특히 『대지도론』의 삼인을 채택하여 이것을 안락행의 불가결한 조건으로 한 것은 깊은 이유가 있었다. 혜사선사가 대소산에서 체재하던 시기는 북주(北周) 무제(武帝)의 법난이 일어나기 직전으로서 이미 북지 교단의 타락을 보고 말법시대라고 통감하고 있을 정도였다.

또한 선정을 무시한 채 문자의 강설을 가지고 불도의 모든 것이라고 생각하는 경향은 혜사선사로서는 참기 어려운 것이었다. 또 『법화경』을 받드는 사람들이 함부로 경문을 독송하는 것만을 능사로 여긴 것에 대해서도 선사는 불만을 가졌다. 『묘승정경』에서는 선정이 가장 중요한 것으로서 평소의 산란한 마음으로 경전을 독송하거나 강의하는 것은 10겁을 지나도 일념의 입정(入定)에 미치지 못한다고 하고, 혹 산란한 마음으로 독송을 하거나 문자의 강설에 빠져 선정을 경시하면 죽어서 지옥에 떨어지고 태어나서는 축생으로 태어난다고 하는 『대비바사론』을 볼 때, 선사는 선정수행의 필요를 역설하는 것이야말로 당시의 불교교단을 숙정하는 유일한 길이라고 통감한 것이다. 그래서 선사는 시대의 통폐를 타파하여 진정한 불교를 부흥하기 위해 교단의 타락과 그러한 풍조를 꾸짖었다. 『제법무쟁삼매법문』 2권은 경전연구만 일삼는 법사에 대해 통렬하게 비난한 책이다.

대소산에 들어가기 전후에 혜사선사가 받은 여러 박해는 선사가 공격적으로 교단의 타락을 꾸짖었기 때문에 스스로 초래한 측면도 있다. 그런 행동의 근거가 된 것은 『법화경』의 4종 안락행이며 특히 삼인(三忍)의 적극적 모습인 절복행(折伏行) 사상이었던 것이다.

혜사선사는 『법화경』이 보살행을 구체적으로 설시한 경전이라 보았고, 특히 「안락행품」을 중시하여 『법화경안락행의』를 설한 것이다. 그리고 선사의 법화학의 기초로 되어 있는 것이 『대지도론』이었다는 것은 이미 기술한 바와 같다.

그런데 여러 전기에 의하면 대소산에서 지의가 『대품반야경』을 대신 강의할 때 「일심구만행품(一心具萬行品 ; 一念品)」에서 '삼지삼관(三智三觀)'에 대하여 의심을 품고 혜사선사에게 질문하자 혜사는 그것은 『대품반야경』의 차제를 이해한 것이지 법화원돈에 의해 파악한 것은 아니라고 하였으므로, 단지 실천 부문뿐만 아니라 이론 부문에서도 이미 법화원돈교 사상을 구상하였던 것으로 생각된다. 『제법무쟁삼매법문』에도 일심삼관(一心三觀) 사상이 보인다. 그러므로 혜사선사가 이미 원융삼제(圓融三諦) 사상까지 도달한 것으로도 생각된다. 그러나 이러한 사상이 아직 확정적으로 드러나 설해진 것은 아니다. 특히 여러 방면에서 과도적 성격을 띤 학설이 존재하고 있는 것으로서, 비록 원교법문의 구상이라고 해도 천태 단계 앞에 머무르고 있을 뿐이다.

이상이 혜사 학설의 핵심이다. 상술한 바와 같이 과도적 성격을 가지고 있지만 혜사선사의 학설, 특히 법화학이 천태불교의 선구적 역할을 한 것은 분명하다. 지의가 수학 초기에 『법화경』에 관해서는 스승이 없다고 할 만큼 자부하였음에도 불구하고 혜사선사의 명성을 듣고 바로 대소산으로 가서 그의 문하에 들어간 것도 결국 이 혜사선사의 법화학이 당시로서는 가장 진보적이고 또 경이적이었기 때문이다. 혜사선사가 『법화경』의 교의를 간명·솔직하게 파악하여 공허한 논의를 배척하고 이 경의 선바라밀적 전개 및 보살행으로서의 사회적 실천을 요구한 것은 타락의 일보를 내딛던 북조 불교계에 대한 일대 경종이었다. 그렇지만 북지의 불교 교단은 선사의 소리를 듣지 않고 도리어 박해를 가하여 혜사선사로 하여금 남행을 하게 하였다. 그러나 선사가 친 경종은 곧 강남까지 울려 퍼져 드디어 경건하고도 엄숙하게 『법화경』의 진리탐구에 전념하였던 지의에게 충격을 주었던 것이다.

2) 지의의 법화사상 체계

지의는 스승 혜사선사에게 『법화경』에 관하여 많은 전수를 받았으나 그것을 잇는 것에 만족치 않고 한층 발전시켰다. 그리하여 그것을 교관(敎觀) 이문(二門)으로 조직하여 직접 저술하거나 강설한 것이 무척 많은데 이 가운데 가장 중요한 저작으로 되어 있는 3대부를 중심으로 지의의 법화사상을 파악하고자 한다.

(1) 『법화문구』의 교관체계

『법화문구』는 완전한 제목이 '묘법연화경문구(妙法蓮華經文句)'로서 10권(혹은 20권)으로 되어 있다. 진(陳) 정명(禎明) 원년(587) 지의가 50세 때 금릉(金陵)의 광택사(光宅寺)에서 『법화경』을 강의한 것을 문인 관정(灌頂)이 27세 때에 듣고 필록한 것이라고 한다. 그 후 관정이 69세 때 내용을 다듬어 후세에 남긴 것이다.

『법화문구』는 구마라집이 번역한 『묘법연화경』을 지의가 자신의 수행경험을 토대로 해석한 책으로서 『법화현의』와 달리 통석하는 형식이 아니다. 즉, 경문 하나하나에 대하여 인연석(因緣釋)·약교석(約敎釋)·본적석(本迹釋)·관심석(觀心釋)의 사종석으로 해석하고 있는 것이다. 대개 문장의 뜻에 얽매여 본뜻을 이해하지 못하고 지말적인 이론으로 흘러 불교의 이해와 실천을 잃는 폐단을 바로잡고 있는 혁신적인 책이다.

지의의 『법화경』 분과는 세 가지로 나눌 수 있다. 첫째, 『무량의경』 1권을 『법화경』의 서경(序經)으로 하고, 송(宋) 담마밀다(曇摩蜜多 ; 356~442)가 번역한 『관보현보살행법경』 1권을 결경(結經)으로 본다. 이 경우는 『법화경』 전체가 정종분에 해당한다고 보는 것이다. 둘째, 『법화경』 28품을 서분·정종분·유통분의 3단으로 구분한다. 제1 「서품」이 서분, 제2 「방편품」에서 제17 「분별공덕품」의 최초게의 끝까지가 정종분, 이후의 부분을 유통분으로 한다. 이것은 1경 3단의 분과이다. 셋째, 2문 6단의 분과를 행한다. 경 전체를 14품씩 반으로 나누어 전14품을 적문(迹門), 후14품을 본문(本門)이라 하고, 이를 다시 각각 서분·정종분·유통분으로 3분한다. 즉 「서품」에서 「안락행품」까지가 적문인데 제1 「서품」이 적문의 서분, 제2 「방편품」에서 제9 「수학무학인기품(授學無學人記品)」까지가 적문의 정종분, 제10 「법사품」에서 제14 「안락행품(安樂行品)」까지가 적문의 유통분으로 된다. 다음에 제15 「종지용출품(從地踊出品)」의 전반을 본문의 서분으로 하고, 그 후반부터 제17 「분별공덕품(分別功德品)」의 최후게까지를 본문의 정종분, 그 후를 본문의 유통분으로 하는 것이다.

이 가운데 2문 6단으로 나누는 것이 가장 일반적으로 행해지는 지의의 분과인데, 이러한 『법화경』 분과를 도표로 나타내면 다음과 같다.

『묘법연화경』 분과도표

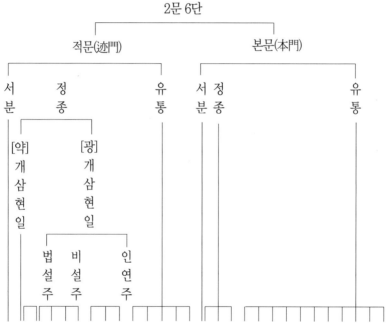

이와 같이 『법화경』 28품을 본(本)·적(迹)의 이문(二門)과 6단으로 나누는 가운데 앞 14품은 개권현실(開權顯實)로 금생 석가여래의 교설을 총괄하여 그 하나하나에 절대의 가치를 인정하는 적문의 설이고, 뒤 14품은 개적현본(開迹顯本)으로 석가불은 이미 먼 과거[久遠]에 제법실상을 체득하여 진실을 이룬[實成] 부처로서 수명은 무량하며 그 교화는 시작 없는 이래로 면면하게 이어 왔고 『법화경』의 진리는 우주와 같이 영원히 방광한다는 본문의 설이다. 본과 적이라고 하는 말은 원래 불신관(佛身觀)에서 사용된 것으로서 과거 본지의 부처와 금세 응현수적(應現垂迹)의 부처라는 의미이다. 구마라집의 제자인 승조(僧肇)가 "본·적이 비록 다르나 부사의하게 하나"라고 한 것이 본·적의 시초인 듯하나 그 후 남북조의 학자가 일체교학을 분류할 때에 이 어구를 사용하고 지의가 『법화경』을 본·적 2문으로 나누어 해석한 이래로 법화를 논할 때에는 반드시 이 2문으로 나누는 것이 통례로 되어 왔다.

『법화경』은 지의의 본·적 2문 분과에 의해 28품 전체의 통일적이고 유기적인 관계가 가장 적절하게 드러났다고 할 수 있다. 본·적 2문은 각각 그 중심품이 있는데 적문은 「방편품」, 본문에서는 「수량품」이 중심이라고 본다. 「방편품」은 『법화경』의 핵심을 이루는 품인데 여기에서는 1승과 3승의 문제가 다루어져 있다. 즉 불타의 가르침은 성문·연각·보살이라는 3승의 가르침이 설해져 왔지만 이 3승은 방편유인에 지나지 않고 부처의 의도는 모든 사람을 똑같이 성불케 하는 1승에 있는 것으로서 이것을 '개삼현일(開三顯一)' 또는 '개권현실(開權顯實)'이라고 한다. 지의는 개삼현일을 약개현(略開顯)과 광개현(廣開顯)으로 나누고 약개현을 십여실상(十如實相)으로 설명한다. 또 광개현에는 법설주(法說周)·비설주(譬說周)·인연주(因緣周)의 삼주설법(三周說法)이 있다고 하여 「방편품」 후반부터 「수학무학인기품」까지를 배대하여 적문의 정종분으로 한다.

여기에서 3주설법이란 정설(正說)·영해(領解)·술성(述成)·수기(授記)를 세 번 반복하는 설법으로서 상근기를 위해서는 직접 교법을 설하는 법설주로 하고, 중근기를 위해서는 비유를 가지고 설하는 비설주로 하며, 하근기를 위해서는 과거의 인연을 설하는 인연주로 하는 것이다. 이 3주는 불타의 직설인 정설(正說)과 법을 듣는 이의 고백인 영해(領解), 이것에 대한 불타의 인증인 술성(述成), 성불을 확인하는 수기(授記)

의 4단으로 되풀이하는 것이다.

삼주설법 : 적문

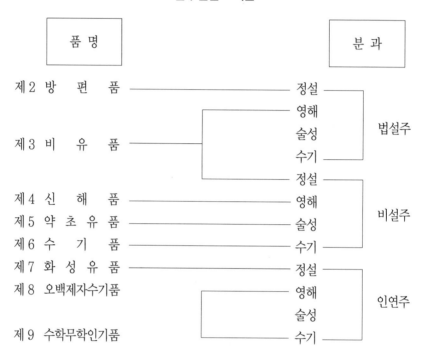

지의는 『묘법연화경』의 문구, 즉 경 처음의 '여시아문(如是我聞)' 부터 경 끝 '작례이퇴(作禮而退)' 까지를 해석함에 있어서 네 가지 방법으로 하였다. 네 가지 해석법이란 인연석(因緣釋)·약교석(約敎釋)·본적석(本迹釋)·관심석(觀心釋)으로서 이를 사종석(四種釋)이라고 부른다. 지의는 경전을 이렇게 네 가지로 해석하는 것을 원칙으로 하지만 어느 한 가지를 빠뜨릴 때도 있는데 그런 경우에는 담연(湛然)이 『법화문구기(法華文句記)』에서 보충하여 해석하고 있다. 4종석은 본서에서는 명확하게 존재하고 있으며 해석에 앞서 4종으로 나누어 해석하는 것이 가장 타당한 것임을 설명하고 있다.

그런데 지의의 다른 경소류에는 이러한 4종석이 명확하지 않다. 『금광명경문구』

『청관음경소』「인왕경소』 등도 4종석으로 해석하고 있지만 그것은 독자의 판단에 의한 것이고 문장상에는 명확하게 나타나지 않는다. 최후 만년의 『유마경문소』에 이르면 총석(總釋)·별석(別釋)·관심석(觀心釋)의 3석이 시도되는데 별석에는 약교석이 포함되므로 본적석만이 없는 것으로 된다. 그것에 대해서는 『유마경문소』 3 처음에, 『유마경』에는 발적현본(發迹顯本)이 없으므로 본적석이 없지만 법화를 강의할 때에는 반드시 본·적에 따라 해석할 필요가 있다고 서술하고 있다. 그리하여 결국 4종석은 본서만의 특징이 되는 것이다. 그렇지만 경소류에서도 관심석 만은 빠뜨리지 않는 것이 지의 해석의 특징이다.

인연석은 교법이 일어나는 것을 4실단(悉檀)으로 해석하는 것이고 약교석은 장·통·별·원의 4교에 따라 경문의 깊고 얕은 의의를 밝히는 해석법이다. 본적석은 겉으로 드러난 자취[迹]의 현실상을 수단으로 하여 그 심오한 본지[本]를 밝히는 해석법이고, 관심석은 문구 하나하나를 관심의 대경(對境)으로 삼고, 3관에 의해 자기 마음의 정도를 실증하는 방법이다.

지의는 이 4종석도 『법화경』에 의거한 것이라 하는데 인연석과 약교석은 「방편품」, 본적석은 「수량품」, 관심석은 「비유품」의 교설에 기초하여 세운 것이라고 하였다. 천태불교의 성격이 그 보편타당한 사상에 유래하는 것은 분명한데, 그 보편타당성을 낳은 것은 지의의 4종석에 보이는 것과 같은 해석법이다. 4종석은 경문에 대한 네 가지 해석방법이고 또 『법화경』 진리의 탐구방법이기도 한 것이다. 광택(光宅)의 번쇄한 『법화의기(法華義記)』와 대조할 때 지의의 『법화문구』의 내용이 얼마나 조직적이고도 풍부한 내용을 가졌는가를 알 수 있다.

(2) 『법화현의』의 교문체계

『묘법연화경현의(妙法蓮華經玄義)』는 간략히 '법화현의' 또는 '묘현(妙玄)'이라고도 한다. 앞의 『법화문구』가 『법화경』의 구절을 하나하나 따라가며 사종석으로써 해석한 것인 데 비해 『법화현의』는 속에 담긴 심오한 뜻을 전체적으로 풀이하면서 나아가 자신의 불법관을 피력하고 있다는 것이 차이점이다. 단, 구마라집이 번역한 경전을 토대로 '묘법연화경'이라는 제목을 중심으로 차례대로 해석하고 있다.

『법화현의』 분과도표

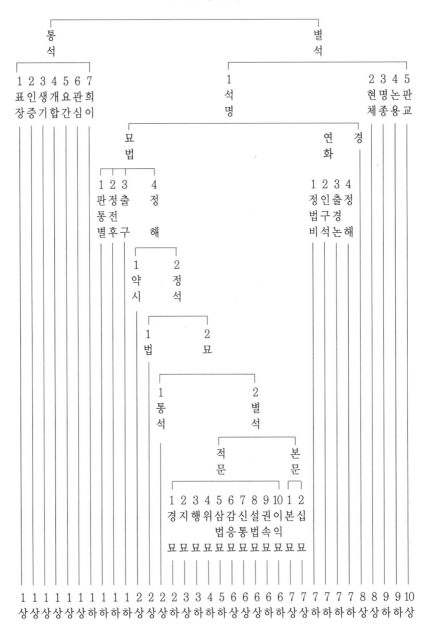

『법화경』에 대한 지의 해석의 기본적 입장은 개회(開會) 사상에 있다. 개회란 『법화경』과 다른 경전과의 관계에서 본연의 자세를 나타내는 말이다. 석존이 『법화경』을 설할 때 중생을 교화하고 능력을 성숙시키기 위하여 설한 여러 교설을 방편설이라고 숨김없이 토로하여 방편이 그대로 방편임을 알면 그 방편이 그대로 하나의 진실이고 방편 이외에 따로 진실은 존재하지 않는다는 것으로서, 방편을 진실에 모으게 하는 것이다. 또한 성문ㆍ연각ㆍ보살의 3승이라는 가르침은, 원래 일불승(一佛乘)밖에 없는 것을 중생을 교화 인도하기 위해 셋으로 구별한 것으로서 3승이라 하더라도 일불승과 다른 것은 아니라고 한다. 이것을 '방편을 열어 진실을 나타냄[開權顯實]' 또는 '삼승을 열어 일승을 나타냄[開三顯一]'이라고 하여 개회사상을 단적으로 서술한 것이다.

이러한 사상을 바탕으로 지의는 자신만의 독특한 방식을 갖고 『법화경』의 내용을 해석하고 있다. 그는 우선 『법화경』을 크게 통석(通釋)과 별석(別釋)으로 나누어 풀이한다. 통석이란 『법화경』을 전체적으로 묶어 풀이하는 것으로서 『법화현의』 1권의 전반부를 차지한다.

통석의 내용은 모두 일곱 가지로 나누어지는데 첫 번째는 표장(標章)으로서 뒤에 설명될 오중현의(五重玄義), 즉 명(名)ㆍ체(體)ㆍ종(宗)ㆍ용(用)ㆍ교(敎) 각각의 개요를 설명하는 내용이다. 두 번째는 인증(引證)이니 앞에서 설명한 다섯 가지의 뜻을 경을 인용하여 증명하는 것이다. 세 번째 생기(生起)는 다섯 가지에 대해 전후 순서의 연관 관계를 설명한다. 네 번째 개합(開合)은 오중현의를 다섯 가지, 열 가지 등으로 나누어 법상(法相)을 분석하고 종합하여 알게 하는 것이다. 다섯 번째로 요간(料簡)하여 풀이하는 것은 다섯 조목의 하나 하나에 대해 여러 가지 문답으로 가려내어 이치를 명료하게 하는 내용이다. 여섯 번째 관심(觀心)이란 앞에서 해석한 법상을 자신의 마음에 거두어 마음에 본래 갖추어진 이치를 비추어 보는 것이다. 일곱 번째 회이(會異)는 여러 가지 다른 이름을 함께 모으는 내용이다. 여기서는 『대지도론』의 4실단에 대한 설명이 상세히 나온다. 통석에서 이렇게 일곱 가지로 풀이하는 것은 오중현의 전체에 공통되는 내용이므로 칠번공해(七番共解)라고 부른다.

다음으로 별석이란 오중현의(五重玄義)를 하나하나 나누어 풀이한다는 뜻으로서 석명·현체·명종·논용·판교라고 이름 붙이고 있다. 석명(釋名)은 경전의 제목을 해석하는 것이고 현체(顯體)는 경의 본체를 분별하는 것으로서 철학적 원리인 실상(實相)을 보이는 것이라 할 수 있다. 명종(明宗)은 경의 종지를 밝히는 것인데 실천적 원리로서의 인과를 해명하는 것이라 할 수 있다. 논용(論用)은 경의 역용, 즉 공덕을 논구하는 것으로서 수행을 통해 인격이 진전하는 내용이다. 판교(判教)는 경전의 교상(教相)을 판별하는 것이다.

5중현의는 앞에서 살펴본 경의 구절에 대한 4종석과 함께 지의의 독창적인 해석법이라 불린다. 이 해석법은 『법화현의』만이 아니라 『유마경현의』『인왕반야경소』『금광명경현의』『금강반야경소』『관음현의』『아미타경의기』『관무량수불경소』 등에서도 모두 사용되고 있다. 그런데 여기서 간과해서는 안 되는 것이 4종석이나 5중현의는 교리나 사상 그 자체가 아니라 그 교리나 사상을 드러내기 위한 형식적인 불교분류법이라는 점이다. 이는 3대부 가운데 『마하지관』이 10장으로 나뉘어져 있는 것이 내용을 10항목으로 나누어 풀이하는 분장법(分章法) 이상의 성격을 갖지 않는 것과 마찬가지이다.

이 가운데 경전의 명칭을 풀이하는 석명장이 양적으로 『법화현의』10권 가운데 1권 후반부에서 8권 전반부까지를 차지하는 분량이다. 이는 다시 '법' '묘' '연화' '경' 의 각 절로 나뉘어 풀이되지만, 이 가운데 '법' 과 '묘' 두 글자의 해석에 대부분이 할애되고 있어 『법화현의』의 핵심 사상이 이 곳에 집중되어 있다고 할 수 있다.

지의는 '법' 을 풀이하는 부분에서 『법화경』이 말하고 있는 '제법실상(諸法實相)' 의 내적 양상을 해명하고자 한다. 즉 일체법을 심법(心法)과 불법(佛法)과 중생법(衆生法)으로 나누어 이를 통해 '법' 이라는 글자를 해석한 뒤에 일체법의 본래의 모습인 제법실상을 밝히고 있는 것이다. 그리고 「방편품」에 나오는 십여시(十如是)에 대해 '삼전독(三轉讀)' 이라는 천태의 독특한 방법으로 풀이하고 있는 곳도 이 부분이다.

다음에 '묘' 를 풀이하는 부분은 특히 주목해야 한다. 『법화경』이 다른 경전과는 달리 홀로 '묘(妙)' 라는 명칭을 얻을 수 있는 이유가 나오기 때문이다. 전술하였듯이 『법화경』은 두 부분으로 나누어 전반 14품을 적문(迹門)이라 하고 후반 14품을 본문(本門)이라고 하는 것이 통례이다. 이에 따라 지의는 '묘' 자를 풀이하면서 『법화경』에는 적문에 열 가지, 본문에 열 가지, 그리고 이를 바탕으로 관심(觀心)을 행할 때 각각 열 가지의 오묘한 내용을 담고 있다고 보았다. 이를 적문십묘(迹門十妙), 본문십묘(本門十妙), 관심십묘(觀心十妙)라고 부르는데 이 가운데 핵심이라고 할 수 있는 적문10묘를 살펴보면 다음과 같다.

먼저 『법화경』 적문에서, 지혜로써 관하여 비추어 보는 경계는 십여(十如)·12인연·사제(四諦)·이제·삼제·일제·무제(無諦)의 일곱 가지로 나눌 수 있다. 이들은 모두 불가사의하고 묘하므로 이를 경묘(境妙)라고 한다. 두 번째로 앞의 경계를 관하는 능관(能觀)의 지혜가 묘한 것을 지묘(智妙)라고 하는데 이는 세속지(世俗智)에서 묘각지(妙覺智)까지 20단계로 나눌 수 있다고 한다. 세 번째는 행묘(行妙)로서 능관의 지혜로써 소관의 경계를 관하면서 나아가는 차제(次第)와 불차제(不次第)의 수행이 묘한 것을 말한다. 네 번째는 수행을 통해 얻는 계위가 묘한 것으로서 이를 위묘(位妙)라고 부른다. 원교에서는 별교의 52위 앞에 다시 오품제자위(五品弟子位)를 두고 별도로 육즉(六卽)으로써 각 계위가 묘한 것을 표현하기도 한다. 다섯 번째는 삼법묘(三法妙)라고 하는데 삼법이란 삼궤(三軌), 곧 진성궤(眞性軌)·관조궤(觀照軌)·자성궤(資成軌)를 말하는 것으로 이 세 가지가 불일불이(不一不異), 부즉불리(不卽不離)의 관계에 있으므로 3법묘라고 한다. 진성궤란 일체의 이치[理]를 말하는 것으로 앞의 경(境)이 이에 해당하고, 관조궤란 인식작용이라 할 수 있는 것으로서 앞의 지(智)가 이에 해당하며, 자성궤란 앞의 행(行)을 말한다. 이상 『법화경』 적문에 나타나는 다섯 가지의 묘한 것은 자행(自行)의 인과(因果)에 관한 모든 법문을 망라한 것이라고 할 수 있다.

적문10묘 가운데 여섯 번째는 감응묘(感應妙)라고 부른다. 중생들의 근기가 불력(佛力)을 초래하는 것을 감(感)이라 하고 이에 부처가 대응하는 것을 응(應)이라고 하는데 『법화경』에서는 이 감과 응이 모두 묘하다는 것이다. 일곱 번째는 신통묘(神通妙)이니 교화를 펴는 여래의 신업(身業)이 신통 불가사의한 것을 말한다. 여덟 번째로 설법묘(說法妙)는 가르침을 설하는 여래의 구업(口業)이 불가사의한 것이다. 앞의 신통묘와 함께 중생의 근기에 응하여 교화하는 작용이 묘한 것을 말한다. 아홉 번째는 권속묘(眷屬妙)로서 여래의 가르침을 받들어 나아가는 권속을 이성(理性)·업생(業

生) · 원생(願生) · 신통(神通) · 응생(應生)의 다섯 부류로 나누어 이들이 모두 묘함을 가리킨다. 열 번째는 이익묘(利益妙)이니 여래의 권속으로서 얻게 되는 공덕 이익을 정설(正說)과 유통(流通)의 두 가지로 나누어 각각 묘한 이익이 있음을 밝힌 것이다. 이상 감응묘에서 이익묘까지는 불과(佛果)를 성취한 이후에 중생을 교화할 때와 관계되는 법문이라고 할 수 있다.

(3)『마하지관』의 관문체계

지의는 옥천사(玉泉寺)에서 개황(開皇) 14년(594) 여름 90일 동안 『마하지관(摩訶止觀)』을 강의하였다. 이로써 3대부의 강설이 끝나 천태불교의 교관체계가 온전하게 확립되었다. 『법화현의』가 방대한 교망을 펼친 저작이라면 『마하지관』은 실천수도에 관하여 서술한 것으로서 지의 만년의 원숙한 심중을 개설한 것이다.

『마하지관』의 마하(mahā)란 범어를 음사한 것인데 한문으로 대(大)라 번역되고, 지관이란 범어의 사마타(奢摩他 : śamatha)와 비파사나(毘婆奢那 : vipaśyanā)를 번역한 용어이다. 『마하지관』 권2하에 의하면 번뇌를 그쳐서 법성상적(法性常寂)의 경지에 철저한 것을 지(止)라 하고 열반적정의 경지에 들어가 항상 진실의 지혜를 가지고 만물만상을 관조하는 것을 관(觀)이라 한다. 이러한 지관은 불교의 실천수도의 요체인데 지관이 없어서는 불교의 실천은 있을 수 없는 것이다. 따라서 이 책은 불교의 실천론이라고 할 수 있는데 『법화경』을 중심으로 대승원교의 실천을 논하고 있으므로 대승원교의 실천론이라고 일컬어도 좋은 책이다.

지의가 무엇 때문에 이러한 저술을 저작하기에 이르렀는가에 대해서는 관정이 이 책의 서문에 "지관명정(止觀明靜) 전대미문(前代未聞)"이라고 기록하고 있다. 또한 이 지관은 "기심중소행(己心中所行)" 법문이라 하는 것처럼 지의의 독창으로서 천태산에서 크게 깨친 이후에 설한 법문이다. 물론 지의 이전에 이미 지관의 실천에 뜻을 둔 이도 약간 있었지만, 대승불교의 실천론을 조직한 것은 지의로부터 비롯된다. 이는 5세기 초부터 급격하게 부흥한 의해(義解)불교에 대하여 실천불교야말로 진실한 불교라는 자각에 기초한 것이다. 의해불교는 경전의 근본정신을 개현하는 것에서 발단한 것인데 6세기 무렵이 되면 특히 강남 지방에서 훈고적인 해석만을 시종하면서 불교의 참 진리를 파악하는 것을 잃어버리게 되자, 그 반작용으로 경전을 해석하는 것이 아니라 불타의 근본정신이나 교법을 실천하는 것이야말로 진실한 불교라고 깨닫게 되었다. 이런 시대적 요청에 의해 만들어진 것이 바로 이 『마하지관』이다.

『마하지관』의 사상체계는 지관의 진수를 표현한 것이다. 일심삼관(一心三觀)·일념삼천(一念三千)의 관법을 닦아 만물만상을 즉공(卽空) 즉가(卽假) 즉중(卽中)이라 보는 것을 근본 요체로 하는 것이다. 그러한 원돈지관(圓頓止觀)을 닦을 때에는 25방편에 의해 환경을 정비하고 신심의 조정을 꾀하고 소극적인 관념을 적극적인 관념으로 바꾸어 지관을 수행하기 위한 준비를 하는 것이다. 25방편에 의해 준비를 마치면 다음으로 사종삼매(四種三昧)에 따라 바로 지관을 수행하는 것이다. 4종삼매란 상좌삼매·상행삼매·반행반좌삼매·비행비좌삼매인데, 즉공즉가즉중의 법계를 일심으로 삼관(三觀)하는 것이 정수지관(正修止觀)이라 하고 있다. 4종삼매란 신구의(身口意) 3업에서 개차(開遮)·설묵(說默)·지관(止觀)을 행하는 것인데 이것을 실천함으로써 초주위(初住位)에 드는 것이다.

지관을 닦을 때에는 지관의 대상이 있지 않으면 안 된다. 그것을 십경(十境)이라고 한다. 그러한 10경 각각에 대하여 10승관법을 행하는 것인데, 이것은 수행자의 근기에 응하여 수행하는 것이다. 이 중에서 처음 관부사의경(觀不思議境)이 중요한데, 부사의경이란 수행자 자신의 찰나의 망심, 즉 찰나찰나에 일어나는 번뇌망념이 그대로 법성진여의 작용을 나타내는 것이라 관찰하고 찰나의 망심에 대하여 일심삼관을 닦는 것을 말한다. 이 관부사의경에 의해 깨달을 수 없는 경우는 발진정보리심(發眞正菩提心) 이하의 수행을 순차로 닦아서 깨달음의 경지에 드는 것이다. 이상 서술한 바와 같이 『마하지관』에서는 4종삼매·25방편·10경·10승관법 등이 중심을 이루고 있는 것이다. 『마하지관』은 지의의 심중에서 행하는 법문을 열고 있는데 특히 외형적으로는 4종삼매와 내면적으로는 10승관법으로 일심삼관(一心三觀)을 이루게 하고 있다.

대개 『법화현의』가 교상(敎相)에 중점을 두고 있다면 『마하지관』은 관심(觀心)의 설명에 중점을 두고 있다. 『마하지관』은 지의 자신이 행한 바를 나타내므로 지의의 교관을 가리키면서 단지 교상만을 든다면 천태의 본의를 알지 못하는 것이다. 이 때문에

"천태의 종지가 많다고 하더라도 요지는 『마하지관』을 벗어나지 못하고, 『마하지관』을 버리고서는 천태의 도를 밝히지 못하므로 『마하지관』 없이 천태교를 논하는 것은 충분치 못하다"고 옛부터 전해지고 있다.

『마하지관』 외에도 지의의 관심문 관련 저작 가운데 『차제선문』과 『소지관』은 매우 중요한 것인데 초기의 관심문 저작이 『차제선문』에 의해 정리되었다고 한다면 중기의 관심사상은 『소지관』으로 이루어지고 이후에 『마하지관』에 의해 지의의 관심문이 확립된 것이다.

4. 천태의 교문과 관문체계

천태불교의 중심은 『법화경』의 이론과 실천이다. 즉 먼저 『법화경』에 설해진 불타의 본 마음과 그 내증의 미묘한 이치를 명확히 이해하고, 다음으로 그 지혜의 이해를 실행으로 옮겨 여래의 깨달음을 우리들 현재의 마음에서 관조하여 수행하면서 마침내 그것을 체현하는 것을 골격으로 한다. 『법화경』에 대한 바른 이해를 미묘한 이해[妙解]라 하고, 이것에 대한 실천을 미묘한 수행[妙行]이라 한다. 그 가운데에서 이해는 교설을 파악하여 이론을 규명함으로써 생기므로 교상문(敎相門)이라 하고, 수행은 이미 규명된 이론을 스스로의 마음에서 비추어 보아 진실로 닦으므로 관심문(觀心門)이라 한다. 그런데 교상은 관심을 이끌고, 관심은 교상을 이루게 하기 때문에 이론과 실천이 서로 의지하여 교와 관이 서로 돕지 않으면 완전하고 바른 불교를 얻을 수 없다고 하는 것이 지의의 견해이다.

대개 지의 당시의 교계에서는 단순히 이론을 연구함에 몰두하고 실천을 무심히 버려두는 소위 문자의 법사와, 오로지 실천에만 급급하여 교상을 천시하는 소위 암증(暗證)의 선사가 있어 서로 질시하고 반목하는 경향이 있었다. 지의는 그 당시의 폐단을 직시하고 강력히 두 문의 병행을 주장하였다. 지의의 대표작인 『법화문구』, 『법화현의』, 『마하지관』의 3대부는 실로 이런 견지에서 서술된 것이다. 『법화문구』는 『법화경』의 문구를 가지고 이론과 실천을 열어 보이고, 『법화현의』는 『법화경』의 교상문을 명확히 하여 미묘한 이해를 개발하고, 『마하지관』은 『법화경』의 관심문을 설하여 미묘한 수행을 책진하니, 이론과 실천이 서로 아우르는 교관쌍미(敎觀雙美)라는 종지를 세우게 된 것이다.

천태사상이 『법화경』의 정신에 의거하여 성립된 사상임은 틀림없다. 그러나 지의가 전 불교를 재편성하여 중국불교의 형성을 목표로 전개한 것이므로 다른 학장의 법화경관과는 성격적으로 판이한 면이 있다.

이것은 『묘법연화경』을 대사의 사색 체계 가운데에서 해석하여 『법화경』 개론서라고도 할 수 있는 『법화현의』, 경전의 구절을 독자적인 인연석(因緣釋)·약교석(約敎釋)·본적석(本迹釋)·관심석(觀心釋)의 4종석을 가지고 해석한 『법화문구』, 또 『법화경』 정신에 따라 전 불교의 실천수행을 지관으로 체계 지은 실천철학서인 『마하지관』을 통해서 이해되는 것이다. 『법화문구』를 통하여 교관체계가 형성되고 『법화현의』를 통하여 교문의 사상체계가 이룩되며 『마하지관』을 통하여 관문의 사상체계가 확립되는 것이다. 바로 이것을 가지고 천태교관이 이루어지는 것이다.

지의는 비록 강설에 그쳤지만 『법화문구』와 『법화현의』 및 『마하지관』을 통하여 자신의 사상체계를 건립하였다. 먼저 『법화문구』를 통하여 천태의 교관체계를 4종석으로 확정지었다. 즉 인연석·약교석·본적석·관심석이다. 이 가운데 핵심은 약교석과 관심석이다. 약교석이란 장(藏)·통(通)·별(別)·원(圓)의 화법사교(化法四敎)와 5시(五時) 및 돈(頓)·점(漸)·부정(不定)·비밀(秘密)의 화의사교(化儀四敎)로 해석하는 것이다. 또 관심석이란 공(空)·가(假)·중(中)의 3관과 4교에 따른 석공관(析空觀)·체공관(體空觀)·차제삼관(次第三觀)·일심삼관(一心三觀)으로 해석하는 것이다. 이렇듯 장·통·별·원의 4교와 공·가·중의 3관으로 지의는 교관체계를 잡는 것이다. 그런 다음 『법화현의』를 통해서 약교석을 본격적으로 해석해 나가고 있다. 약교석의 해석은 5중현의로 하고 있다. 그 중 석명(釋名)에서 묘(妙)를 가지고 삼제원융(三諦圓融)의 원리를 구명하고 있는 것이다. 마지막으로 『마하지관』에서는 관심석을 본격적으로 해석하고 있다. 공·가·중의 관심석을 실천의 측면에서 해석하는 가운데, 방편과 정수(正修)를 중심으로 삼제원융 및 일념삼천의 관심 실수인 일심삼관을 설명하는 것이다.

이렇게 볼 때 지의의 사상 체계는 4교와 3관이 그 기본이라고 할 수 있다. 교문은 4교로 설명하고 관문은 3관으로 설명하는 것이다. 이렇게 4교와 3관으로 불교를 체계 짓고 있는데, 이러한 4교와 3관을 보다 유기적으로 설명하기 위해서 5시8교라는 체계가 필요하게 되었다. 그래서 『천태사교의』에서는 5시8교를 가지고 천태교관을 설명하면서, 이론체계는 부처님의 교설 순서에 따라 나눈 5시와 그 방법에 따라 분류한 화의4교 및 그 내용에 따라 나눈 화법4교로, 실천체계는 수행을 하기 위한 준비과정 25방편과 본격적인 수행인 10승관법으로 하는 것이다.

四. 천태교판의 구조

교판은 중국의 종파가 입교개종(立敎開宗)하기 위해서 그 근거로 세웠던 것이다. 대부분 종파에서 교판에 온 힘을 기울였던 점으로 보아 중국불교의 큰 특징은 교판에 있다고 해도 과언이 아니다.

중국의 불교수용 과정에서 비롯된 교판은 지의에 의해 그 발달의 정점에 이르게 되었다. 지의가 당시까지의 모든 교판을 정리하여 새롭게 구성한 것이 예로부터 가장 타당하며 완비되었다고 하는 오시팔교(五時八敎)이다.

1. 천태 이전의 교판

1) 교판의 기원과 성립

이미 알려진 대로 교판은 중국에서 본격적으로 이루어졌지만 그 출발은 인도이다. 경전 가운데 『법화경』에 나오는 대·소 이승의 교판이나 1승 3승설을 비롯하여 『화엄경』의 삼조(三照)설, 『열반경』의 오미(五味)설, 『해심밀경』의 삼시(三時)설, 『능가경』의 돈(頓)·점(漸) 이교(二敎)설 등이 있으며, 논사 가운데 용수보살의 현(顯)·밀(密) 이교설, 이장(二藏)교설, 난행(難行)·이행(易行)설 등이 바로 교판이라 할 수 있다.

중국에서는 5세기 경 서역 출신인 구마라집삼장(350~409)에 의해 많은 불교경론이 번역·소개되면서 그것들을 어떻게 해석하고 이해해야 하느냐 하는 과제가 제기됨으로써 나타나게 된 것이 일종의 패러다임인 교상판석이다. 불교경론이 인도에서는 불멸 후 역사적으로 성립하고 발전했는데 그 자취를 더듬어 보면 경론의 전후관계나 성립순서가 자연스럽게 구별되었으나 중국의 경우에는 그러한 것이 전혀 알려지지 않은 상태로 유입되었기 때문에 모든 경전을 불설로 전제하였고 또 여러 경론이 뒤섞여 전역·연구되었기 때문에 그것을 정리해야 할 필요가 있었다. 그 결과 교상판석을 탄생시키기에 이른 것이다. 교상판석은 불교학자가 각자의 견해를 기반으로 하여 경론을 평가하고 배열한 것이므로 매우 주관적이고 객관성이 결여되었다고 할 수 있다. 그러나 당시 불교학자 개개인의 철학적 견해를 교상판석으로 표명하였다고 본다면 그리 무의미한 것만은 아니다. 그것은 중국인들이 그들 나름의 사고의 틀을 가지고 불교를 사색했던 결과의 산물이다.

중국불교사상 현장(玄奘)과 더불어 가장 위대한 번역가로 평가받는 구마라집과 또한 508년에 중국 북위로 건너와 『십지경론』을 비롯하여 『금강반야경』 『입능가경』 『무량수경론』 등을 번역한 보리류지(菩提流支)에 의해 창안된 일음(一音)교설은 대승과 소승, 또는 대승경전들 사이에서 벌어지는 교리적 갈등을 해소하기 위해 마련된 경전관으로서, 역경승을 중심으로 최초로 이루어진 중국교판의 맹아라고 할 것이다.

구마라집의 전역으로 인해 역출경전의 연구와 전반적인 정리가 당연히 요구되었는데 이로 인해 구마라집의 수많은 영재 가운데 도생(道生 : 355~434)은 『법화의소(法華義疏)』에서 4종 법륜설을 제창하였다. 경전 하나하나의 명칭을 들고 있지는 않으나 그 논지에서 아함이 선정법륜(善淨法輪), 반야가 방편법륜(方便法輪), 법화가 진실법륜(眞實法輪), 열반이 무여법륜(無餘法輪)을 대표하는 경전이라고 하는 것이 그의 견해라 할 수 있다. 그런데 『법화경』을 오히려 무여법륜이라고 하는 것이 도생의 진의라고 하는 설도 있다. 또 혜예(慧叡 : 355~439)는 『유의(喩疑)』에서 삼장(三藏)·반야(般若)·법화(法華)·니원(泥洹=열반)의 4교설을 내세웠다. 이렇듯 구마라집의 전역 뒤에 그의 제자들에 의해 중국에서 교판이 본격적으로 대두되기 시작한 것이다.

2) 남삼북칠(南三北七)의 교판

동진(東晋)시대를 거쳐 남북조시대에 들어선 뒤 강북에는 지론종과 섭론종이, 강남에는 성실종 또는 열반종이 성립되어 본격적인 경전연구를 시작하게 되면서 실질적인 교상판석이 대두되었다. 이것은 당시를 대표하는 10가(家)의 교판들을 남3북7로 정리한 『법화현의』 제10권에서 알 수 있다. 『법화현의』 제10권 출이해(出異解)에서는 남3북7로 대표되는 당시의 10가의 교판을 밝히고 있는 가운데, 먼저 남북의 제가들이 공통으로 쓰고 있는 돈(頓)·점(漸)·부정(不定)의 3종교판을 들고 있다.

지의는 당시의 교판에서 공통으로 쓰이고 있는 것을 삼종교상(三種敎相)이라는 용어를 사용하여 종합, 정리하고 있다. 즉, 돈교·점교·부정교 등으로 이루어진 삼종교상은 화엄을 돈교로, 소승의 유상교(有相敎)에서 대승의 무상교(無相敎)까지를 점교로, 『승만경』과 『금광명경』 등을 부정교로 나눈 부판(部判)이라는 특징을 지니고 있다. 여기서 보이는 특기할 만한 점은 5시를 점교 가운데 포함시키고 있다는 점이다. 이것을 도시하면 다음과 같다.

삼종교상(三種敎相)

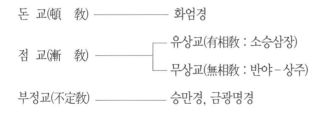

```
돈 교(頓  敎) ─────── 화엄경

                    ┌─ 유상교(有相敎 : 소승삼장)
점 교(漸  敎) ──────┤
                    └─ 무상교(無相敎 : 반야 - 상주)

부정교(不定敎) ─────── 승만경, 금광명경
```

불타 교설을 돈교와 점교와 부정교로 나누는 것은 『능가경』의 돈·점 이교설이 그 효시가 될 것이다. 그러나 3교가 실제로 교판으로 쓰이게 된 것은 제(齊)의 승유(僧柔 ; 431~494)와 혜차(慧次 : 434~490)로부터 비롯된다. 물론 지의도 돈·점·부정의 3교를 쓰고 있지만 이러한 3교와는 차이가 있다. 즉, 이전의 부정교에서는 경전을 배대하고 있지만 지의는 부정교에 경전을 배대하고 있지 않다는 점이 다르다.

석존 일대의 교설을 5시로 구분하는 것은 유송(劉宋)시대에 열반종의 개조인 혜관(慧觀)이 처음으로 제창하고 그 후 양(梁)대에 이르러 승유(僧柔)·혜차(慧次)·법운(法雲)·지장(智藏) 등이 이것을 지지하면서 강남에서 크게 성행하였다. 특히 법운의 스승인 열반학자 보량(寶亮 : 444~509)이 5시를 『열반경』 「성행품(聖行品)」의 5미 비유에 결부시키자 5시는 그런 대로 유력하게 되었다. 지의도 열반종의 지반인 강남 지방 출신이므로 5시를 무시할 수 없었던 것일까. 물론 5시는 지의도 수용한 것이지만 이 5시와는 다소 차이가 있다. 즉 5시에 포함되지 않는 돈교의 『화엄경』과 부정교의 『승만경』 및 『금광명경』 등을 모두 5시에 포함시킨 것이다. 이러한 특징을 지니고 있는 남북 공용의 교판을 밝힌 다음 지의는 남3북7의 교판에 대하여 설명하고 있는데 이것을 정리하면 다음과 같다.

가. 남지의 교판(남3)

① 호구(虎丘) 유급(由岌)의 삼시삼교(三時三敎)설

: 돈교·점교[유상(有相)·무상(無相)·상주(常住)]·부정교

② 종애(宗愛)법사의 삼교사시(三敎四時)설

: 돈교·점교[유상·무상·동귀(同歸)·상주]·부정교

③ 정림사(定林寺) 승유(僧柔)·혜차(慧次)의 삼교오시(三敎五時)설

:돈교·점교[유상·무상·포폄억양(褒貶抑揚)·동귀·상주]·부정교

나. 북지의 교판(북7)

① 북지사(北地師)의 삼교오시(三敎五時)설

: 돈교·점교[인천(人天)·유상·무상·동귀·상주]·부정교

② 보리류지(菩提流支)의 반만(半滿) 2교설

: 반자교(半字敎)·만자교(滿字敎)

③ 광통(光統)의 사종판(四宗判)

: 인연종(因緣宗)·가명종(假名宗)·광상종(誑相宗)·상종(常宗)

④ 자궤(自軌)법사의 오종판(五宗判)

  : 인연종 · 가명종 · 광상종 · 상종 · 법계종(法界宗)

⑤ 기사름사(耆闍凜師)의 육종판(六宗判)

  : 인연종 · 가명종 · 광상종 · 상종 · 진종(眞宗) · 원종(圓宗)

⑥ 북지(北地) 선사의 2종 대승판

  : 유상대승(有相大乘) · 무상대승(無相大乘)

⑦ 북지 선사의 일음교(一音敎)설

　열반종의 개조인 혜관(慧觀 : 354~424)은 2교5시설을 내세웠는데, 이것이 중국 교판의 시초를 이루며 후대 교판사상에 중대한 영향을 미쳤다. 그는 석존의 일대에 걸친 교설을 형식, 즉 화의(化儀)로써 돈 · 점으로 구분하여 돈교에는 『화엄경』이 속한다고 하였다. 점교는 다시 5시로 구분하여 유상(有相) · 무상(無相) · 억양(抑揚) · 동귀(同歸) · 상주(常住)교로하였다. 그리고 유상교는 소승의 유(有)를 보아 도를 얻는 법을 말하고, 무상교는 반야, 억양교는 유마, 동귀교는 법화, 상주교는 열반에 의해 대표된다고 하였다. 이것이 유명한 5시판이다. 이 5시판은 특히 강남 지방에서 성행하였는데 제(齊)나라 성실종의 승유(僧柔 : 431~494)와 혜차(慧次 : 434~490), 그리고 양(梁)의 지장(智藏 : 458~522) 및 광택 법운(光宅法雲)이 이것을 수용하였다고 전해진다.

　또한 이 5시판을 개조한 것으로 호구산 급(岌)법사의 3시설이 있다. 그는 새로이 부정교를 세워서 화의를 세 가지로 하고 부정교에 『승만경』과 『금광명경』을 배속시켰다. 또한 점교를 유상(有相) · 무상(無相) · 상주(常住)의 3시로 구분하였다. 이 경우 법화는 무상교에 속하게 된다.

　다음에 남제(南齊)시대 종애(宗愛)법사의 4시교가 있다. 화의를 돈 · 점 · 부정으로 하는 것은 급법사와 같지만 단지 점교를 유상(有相) · 무상(無相) · 동귀(同歸) · 상주(常住)로 하는 것이 다르다. 이 경우 법화는 제3시 동귀교에 속하게 된다. 양나라 3대 법사의 하나인 장엄사 승민(僧旻 : 467~527)도 이 설을 계승하였다고 전해지고 있다. 이러한 설들은 혜관의 2교5시설을 개조한 것이 분명한데, 혜관의 학설과 함께 남지의 교판설을 대표하는 것이다. 지의의 비판의 대상이 된 남3이란 이 교판들을 가리키는 것이다.

북지에도 여러 교판설이 조직되었다. 지의의 소위 남3북7 가운데 북7의 교판이 이것이다. 북7의 교판 가운데 첫번째는 혜관의 5시판을 채용하여 조금 수정한 것이다. 이 설에서는 제1을 인천교(人天敎)로 하여 여기에 『제위파리경(提謂波利經)』이 속한다고 하고, 억양교를 없애 무상교에 합한 것 외에는 전부 같은데 유규(劉虬 : 437~495)의 설로 추정되고 있다. 그러나 이것은 남지계의 교판이지 순수한 북지의 사상은 아니다. 북지계의 교판으로는 지론학파 보리류지의 반만(半滿) · 돈점(頓漸) · 진속(眞俗) 등의 교판도 주의해야 할 것이지만 특히 남도파 지론종의 학장인 혜광(慧光)의 학설이 후대에 크게 영향을 미쳤다. 혜광은 인연종(因緣宗) · 가명종(假名宗) · 광상종(誑相宗) · 상종(常宗)의 4종판을 세웠는데, 육인사연(六因四緣)을 설하는 비담종이 인연종, 삼가(三假)를 설하는 성실종이 가명종, 대품반야가 광상종, 열반이나 화엄이 상종에 속하는 것으로 하였다. 따로 점 · 돈 · 원의 3교판도 세웠지만 특히 4종판이 성행하고 후에 북제의 대연(大衍)이나 정영사(淨影寺) 혜원(慧遠) 등이 이것을 채용하였다.

같은 지론종의 호신사(護身寺) 자궤(自軌)는 북도계로 추정되는 인물로서 인연종(因緣宗) · 가명종(假名宗) · 광상종(誑相宗) · 상종(常宗) · 법계종(法界宗)의 5시판을 세웠는데, 화엄을 법계종으로 하는 것이라고 전해진다. 또한 기사사(耆闍寺)의 안름(安凜 : 507~583)도 지론종 사람인데 인연종(因緣宗) · 가명종(假名宗) · 광상종(誑相宗) · 진종(眞宗) · 상종(常宗) · 원종(圓宗)의 6종판을 세우고는 『법화경』을 진종으로 하고 화엄이나 대집경을 원종으로 배속시켰다고 전해진다.

그리고 정영 혜원(淨影慧遠 : 523~592)이 주창한 교판 가운데 가장 중요한 것은 불교를 입성종(立性宗 ; 因緣宗) · 파성종(破性宗 ; 假名宗) · 파상종(破相宗 ; 不眞宗) · 현실종(顯實宗 ; 眞宗)의 4종으로 나누어서 앞의 둘은 소승의 입장, 뒤의 둘은 대승의 입장이라고 한 것이다. 입성종은 아비달마불교에 상당하고, 파성종은 성실의 교설에 상당하며, 파상종은 공 사상이고, 현실종은 여래장 사상이다. 혜원 자신은 제4 현실종에 근거를 두고 있다. 그러나 궁극적으로 대승경전은 모두 진실한 연기 사상을 밝히려는 것이라고 하여 이 가운데 제3 파상종과 제4 현실종 사이의 본질적인 차이를 인정하지 않는다. 이런 이유로 그는 대승경전을 구분하여 이들 둘의 어느 쪽에 속한다고 주장하지 않는다. 혜원에게 파상종과 현실종은 단지 어느 쪽에 교설의 역점을 두는가에 따라 구별되는 것에 지나지 않는다고 할 수 있다.

이 밖에 『법화현의』에서는 유상(有相)대승과 무상(無相)대승의 2종 대승설이나 구마라집 및 보리류지 등이 제창하였다는 일음교(一音敎)의 설을 들고 있지만 북지의 교판사상에서 가장 유력한 것은 혜광(慧光)의 4종판이었던 것은 분명하다.

지의가 열거한 10가의 교판 가운데 남3의 교판은 대개 남지에서 성행한 성실종 또는 열반종의 교판이다. 지의의 화의판과 명칭은 거의 동일하지만 지의 스스로 밝히고 있듯이 이들의 교판과는 비록 명칭은 같더라도 그 내용은 다른 것이다. 이들과 다른 것은 돈·점·부정의 3교 가운데 부정교에는 경전을 배대하지 않은 것이고 5시는 돈교와 점교를 모두 포함하고 있다는 점이다. 지의가 북7로 든 것은 대개 북지에서 성행한 지론종과 섭론종의 교판이라 할 수 있다. 그 가운데 북1을 제외하고는 지의의 화법판과 동일한 명칭을 간혹 볼 수도 있기는 하지만 4종·5종·6종판에서 보이는 특색은 남지의 3교와 마찬가지로 각 종에 경전이 배대되어 있다는 점에서 남지의 3교와 그 교판의 역할은 같은 것이라고 할 수 있다. 따라서 북지의 교판을 대표하는 4종·5종·6종판과 같은 교판은 지의의 화법판과는 전혀 이질적인 것이라 할 수 있으며 북지의 교판은 남지의 교판과 같은 부판(部判)이라는 점에서 궤를 같이한다고 볼 수 있다.

2. 천태의 교판

지의가 활약한 시기는 남북조의 양(梁)·진(陳)에서 통일국가인 수(隋)에 걸친 때로서 정치적, 사회적으로 혼란하던 시대였다. 이 때 불교의 교세는 전대에 비해 비약적으로 발전은 하였지만 반면에 북위 태무제와 북주 무제 등 두 차례에 걸친 북조의 극심한 폐불이 있기도 하였다. 따라서 당시의 폐불이 몰고 온 시대적 배경도 지의의 교판에 적지 않은 영향을 미쳤으리라고 생각된다. 폐불이라는 시대적 상황 속에서 지의가 당시에 난립한 불교사상을 체계적으로 통일코자 한 시도는 당연한 것으로 보이며,

그 가운데에서도 불교를 난립케 한 교판을 심혈을 기울여 정리한 것도 당연한 것이라 하겠다. 특히 폐불의 근본적인 이유를 불교 내부의 문제로부터 본 지의는 불교의 새로운 방향을 이론과 실천의 병행이라는 측면에서 진행시켜 나갔는데, 이것이 지의 교학을 뚜렷하게 특징짓게 한 근본적인 동기라고 할 수 있다.

천태교판은 오시팔교(五時八敎)라 불리는 것으로서 5시와 8교로 이루어져 있다. 5시란 ①화엄시 ②녹원시 ③방등시 ④반야시 ⑤법화·열반시로 구성되어 있으며, 오미(五味)라고도 한다. 8교라고 하는 것은 돈교·점교·비밀교·부정교와 장교·통교·별교·원교이다. 돈교를 비롯한 4교는 화의(化儀)라 하고, 장교를 비롯한 4교는 화법(化法)이라고 한다.

1) 오시(五時)

5시의 교판은 일체의 경전을 분류하여 그 대표적인 것을 설법한 시기별로 열거한 것이다. 지의는 일체의 경전을 『화엄경』·아함부경전·방등부경전·반야부경전·『법화경』 및 『열반경』으로 묶었다. 그 중 법화와 열반은 동일한 뜻이기 때문에 하나로 하였다. 불타 설법의 구경목적은 중생으로 하여금 불지견(佛知見)을 개현토록 하는 것이지만 이 목적을 달성하기 위하여 중생의 능력에 따라 다른 교설을 설하지 않으면 안 되기 때문에 경전의 성질이 여러 가지로 나뉜 것이다. 이와 같은 견지에 의하여 일체의 경전을 다섯 가지로 나누고 차례를 붙인 것이 5시교판이다.

지의는 불교의 모든 경전을 불타가 설법한 순서에 따라 다섯 단계(5시)로 배열하였다. 5시란 첫째 『화엄경』을 설한 제1 화엄시, 둘째 아함부경전을 설한 제2 녹원시 또는 아함시, 셋째 방등부경전을 설한 제3 방등시, 넷째 반야부경전을 설한 제4 반야시, 다섯째 『법화경』과 『열반경』을 설한 제5 법화·열반시이다. 5시는 『화엄경』「보왕여래성기품」의 삼조(三照)와 『열반경』「성행품」의 오미(五味), 『법화경』「신해품」의 장자 궁자 비유를 근거로 하여 『법화현의』 제1권상과 제10권하에서 설명되고 있다.

지의는 석존 일대의 45년에 걸친 설법을 『열반경』 5미에 배당하여 유미(乳味)·낙미(酪味)·생소미(生酥味)·숙소미(熟酥味)·제호미(醍醐味)로 한다. 또한 『화엄경』

「보왕여래성기품」에 나오는 '일광삼조(日光三照)' 의 비유를 바꾸어 고산(高山) · 유곡(幽谷) · 식시(食時) · 우중(禺中) · 정중(正中)의 다섯 시기로 구분한 것이다. 그리고 『법화경』「신해품」의 장자궁자의 비유를 이야기가 진행되는 시간대로 5시에 대응시켜 의의(擬宜) · 유인(誘引) · 탄가(彈呵) · 도태(淘汰) · 개회(開會)로 구분하고, 화법4교와의 관련에서 순수함과 섞임의 차이가 있다고 하여 각각 겸(兼) · 단(但) · 대(對) · 대(帶) · 순(純)으로 표현하였다.

5시와 그 특징

五 時	열반경 五味	화엄경 三照	법화경 장자궁자	천태석	4 교	純雜
화 엄 시	유 미	照高山	傍追	擬宜	별원	兼
녹 원 시	낙 미	照幽谷	二誘	誘引	장	但
방 등 시	생소미	평지 食時	體信	彈呵	장통별원	對
반 야 시	숙소미	禺中	委知	淘汰	통별원	帶
법화열반시	제호미	正中	付業	開會	원	純

(1) 화엄시

석존 일대의 설법을 5시로 구분할 때 제1시는 화엄시이다. 석존이 성도하신 직후, 최초 3 · 7일 간 『화엄경』을 설한 시기이다. 화엄시라고 한 것은 『화엄경』이라는 경명에 의한 것이다. 『화엄경』은 여래가 보리수 아래에서 정각을 이루고 3 · 7일 동안 문수보살과 보현보살 등의 대제자 및 숙세에 근기가 성숙한 천룡팔부를 위해 7처8회에 걸쳐 대승을 설한 경전이다. 이 때 불타가 보리수 아래에서 정각을 이루고 그 자리에서 깨달은 그대로의 내용으로 둘러싼 이들에게 법문을 설하였지만 가르침의 정도가 너무 높았기 때문에 큰 보살 이외에 성문제자 등은 귀머거리나 벙어리와 같았다고 한다. 따라서 여래가 이 세상에 온 뜻은 나타내지 못하였으므로 중생교화의 측면에서는 별다른 효과를 거두지 못했다고 할 수 있다.

화엄시는 『화엄경』의 3조(照)에 배대하면 해가 제일 먼저 높은 산을 비추는 때이고, 『열반경』의 5미(味)에 배대하면 소에서 우유가 나오는 것으로서, 즉 유미(乳味)이다.

이것은 부처님으로부터 12부경이 나왔다는 것이다. 『법화경』 「신해품」으로는 부자 아버지를 보고 거지 아들이 놀라는 시기에 해당한다. 즉 "옆에 있는 사람을 보내서 급히 뒤따라가 데리고 오도록 하였더니 가난한 아들은 깜짝 놀라면서 원망하여 크게 부르짖었다"고 한 것이다. 이것은 모든 성문들이 자리에 있었지만 귀머거리와 같았으며 벙어리와 같았다고 한 것과 같은 것이다.

그런데 이 『화엄경』을 설하는 가르침의 방법을 돈교라고 한다. 『화엄경』을 돈교라고 규정할 때에는 경전[部]·시기[時]·맛[味] 등에 의해 돈이라고 하는 것이다. 그런데 이러한 돈교로 설해지는 『화엄경』을 근기에 맞추어 보거나 교에 맞추어 본다면 방편을 겸한 것임을 면할 수가 없다. 즉 "처음 마음을 일으켰을 때에 바로 바른 깨달음을 이룬다"고 한 경문 등은 원만한 근기를 위하여 원교의 가르침을 말씀하신 것이며, 여러 곳에다 수행의 차례를 베풀어 말씀하신 것은 방편을 필요로 하는 근기를 위하여 별교의 가르침을 말씀하신 것이다. 그러므로 경전에 맞추면 돈교가 되고 교설에 맞추면 원교에다가 별교를 겸한 것이 되는 것이다. 즉 화엄시의 설법내용은, 소위 '원겸일별(圓兼一別)'이라 하여 원교를 설하면서 별교의 법문을 겸하는 것이다. 따라서 순수하게 원교만을 설하는 경전은 아님을 알 수 있다.

(2) 아함시

아함시는 성문·연각·보살의 3승에게 각각 사제·십이인연·육바라밀 등을 설법하는 시기이다. 요컨대 석존 일대 가르침 중에서 초보적인 내용인데 낮은 근성을 인도하기 위한 방편이다.

아함부에 속하는 모든 경전, 즉 『장아함경』『중아함경』『증일아함경』『잡아함경』 등이 아함시에 설해지는 것이다. 즉 아함시는 『화엄경』을 설한 후 12년간 소승의 아함부 경전을 설한 시기이다. 녹원시라고 하는 것은 돈교인 화엄에 대해 유인방편의 교화인 삼장설법이 처음 행해진 장소가 녹야원이기 때문이다. 성문과 연각의 2승은 화엄회좌에서 어떤 이익도 얻지 못하고 벙어리와 같고 귀머거리와 같으므로 불타는 녹야원에서 점교의 화의를 써서 방편을 시설하고 3계 해탈의 법문인 무상(無常)·고(苦)·공(空)·무아(無我)의 진리를 설한 것이다. 아함은 구역으로는 법귀(法歸)·취무(趣無)·

정교(淨敎)·법장(法藏)이라 번역하고 신역으로는 전(傳)이라 번역한다. 전(傳)이란 '불불전지(佛佛傳持)'의 법문이라는 의미이다. 아함이라는 것은 북방에 전한 증일·중·장·잡의 네 가지이고, 남방에 전한 것은 5부 니카야(nikaya)이다. 중국에서는 후한시대부터 번역되었고 완역은 동진(東晋)시대 이후에 이루어졌다. 아함부 경전의 법문은 소승의 4제 진리로써 인(人)·공(空) 무아(無我)의 경지에 들어 견혹과 사혹의 번뇌를 끊고 3계를 벗어나 회신멸지(灰身滅智)의 열반을 이상으로 하는 것이다.

이 시기의 가르침은 화엄시에서 아무런 교육적 성과를 얻지 못한 대중을 위해 방편적으로 점진적인 가르침이 시도되는 첫 단계이다. 귀머거리 같고 벙어리 같던 낮은 근기의 중생이 아함의 설법을 듣고 감화 받는 시기이다.

녹원시는 『화엄경』의 3조 비유에서는 햇빛이 깊은 골짜기, 즉 유곡(幽谷)을 비추는 제2시에 해당하고 『열반경』의 5미 비유에서는 유미 다음에 나오는 낙(酪)에 해당한다. 이것은 12부경으로부터 9부 수다라가 나오는 것이다(두 번째 낙의 맛). 『법화경』「신해품」으로는 거지 아들이 변을 치우는 시기이다. 즉 「신해품」에 이르기를 "방편으로서 용모가 초라하고 위엄과 덕이 없는 두 사람(성문과 연각)을 은밀히 보내면서 너희들이 저 거지가 된 아들에게 가서 '너를 고용하여 변을 치게 하리라'고 슬며시 말해보아라"고 한 것이다. 돈교 다음에 삼장교를 말씀하신 것은 20년 동안에 항상 변을 치우게 한 것인데, 곧 견혹·사혹 등을 깨뜨린다고 하는 뜻이다.

아함시의 교설내용은 화법4교로는 삼장교인데 오직 소승만을 설한다고 하여 '단(但)'이라고 한다. 지의는, 우유로부터 낙(酪)으로 전환되는 것은 교법의 차제상생(次第相生)을 표시한 것이지 결코 교법내용의 농담(濃淡)이나 우열을 의미하는 것은 아니라고 강조한다. 그러나 교법 자체는 그렇다고 하더라도 화엄시에서 벙어리 같고 귀머거리 같은 성문으로서는 녹원설법이 화엄설법보다 유익하므로 이 입장에서 본다면 낙미를 가진 아함시의 설법이 유미를 가진 화엄시 설법보다 더욱 효과적인 이익을 주는 것이라는 견해가 숨겨져 있다. 『법화경』「신해품」의 장자궁자 비유에 대조하면 궁자와 교섭에 실패한 장자가 궁자와 같은 열등한 근성에게 알맞는 방편을 쓰는 유인단계에 해당한다. 여기에서는 단지 소승교법만이 설해지기 때문에 녹원시의 성격을 단(但)이라고 규정하는 것이다.

(3) 방등시

셋째 방등시는 아함부 경전을 설한 후 8년간 방등부 경전, 즉 『유마경』『금광명경』 『승만경』 등을 설한 시기이다. 소승으로부터 대승의 세계로 들어가는 시기이다. 『화엄경』의 3조 비유로는 평지 가운데 식사할 때인 식시(食時)에 해당하고(제3시), 『열반경』의 5미의 비유로는 낙으로부터 생소가 나오는 것으로서 생소미인데, 이것은 9부경으로부터 대승경전이 나오는 것을 비유하고 있다. 『법화경』「신해품」으로는 거지 아들이 창고를 맡아서 관리하는 시기이다. 즉 「신해품」에 이르기를 "이것이 지난 이후부터는 온 마음으로 믿게 되어 출입하기에 어려움이 없었지만 거처하는 곳은 아직도 본래 있었던 곳이다"고 하는 내용이다. 이 시기는 '탄편절소(彈偏折小) 탄대포원(歎大褒圓)', 즉 편벽된 것을 물리치고 작은 것을 꺾으며 큰 것을 찬탄하고 원만한 것을 기린다고 하는 것처럼 소승과 대승을 비교하여 소승을 비판하고 대승을 찬탄함이 목적이다. 녹원시에서 얻은 소승의 깨달음을 대승의 깨달음과 동일시하여 여기에 만족하고 머물려는 이들에게 소승은 방편이고 불타의 본뜻은 대승에 있다고 하여 이들의 잘못된 견해를 타파하는 시기이다. 즉 제2시의 설법이 회신멸지(灰身滅智)의 작은 과보를 목표로 하는 것이기 때문에 대승과 소승을 대비하여 크고 원만한 대승을 찬탄함으로써 2승으로 하여금 소승을 부끄러워하고 대승을 희망하는 마음을 일으키도록 하는 것이다.

4교를 함께 설하는데, 장교는 반자교(半字教)라 하고 통교·별교·원교는 만자교(滿字教)라 하여 절반에 대하여 원만을 설하기 때문에 대교(對教)라고 한다. 즉 소승인 장교, 대승인 통교·별교·원교 등 4교를 함께 설하고 대승으로써 소승을 대파(對破)하며 꾸짖기 때문에 대교(對教)라고 하는 것이다.

방등시에 속하는 경전은 매우 광범위하지만 지의는 특히 『유마경』『사익경』『금광명경』『승만경』 등을 들고 있으며, 그 중에서도 가장 대표적인 것으로 『유마경』을 제시하고 있다. 지의는 방등시의 설명에서 특히 『유마경』을 중심에 두고 있는 것이다. 『유마경』 가운데 제3 「제자품」 및 제4 「보살품」에서 사리불·대목건련·대가섭 등 여러 제자가 이미 유마거사에게 꾸지람을 받았기 때문에 유마거사에게 문병 갈 용기가 없다는 것을 설하는 것이나, 혹은 제6 「부사의품」에서 3만2천 유순의 사자좌에 제자들이 오를 수 없었다는 설 및 제7 「관중생품」에서 천녀가 뿌린 꽃이 분별과 집착의 마음을 가진 큰 제자들의 몸에 달라붙어 떨어지지 않았다고 하는 설 등이 이 경전의 특색이라고 한다.

(4) 반야시

제4시는 반야시이다. 그 경증으로는 『무량의경』에 "다음으로 마하반야, 화엄해운, 역겁수행 등을 설한다"고 하는 경문을 들고 있다. 이 제4시는 명칭에서 알 수 있는 것처럼 반야부 경전을 설하는 시기이다. 이것은 세 가지 점교 가운데 제3단계로서 『화엄경』의 3조의 비유로는 제3의 평지 가운데 제2에 해당하는 우중(禺中), 즉 정오 이전을 가리킨다. 『열반경』의 5미의 비유로는 생소로부터 숙소미가 정제되는 것이니, 이것은 방등 다음으로 마하반야가 나오는 것을 비유하는 것이다. 『법화경』「신해품」으로는 재산을 넘기는 시기이다. 즉 「신해품」에서 "이 때에 장자가 병이 들어서 얼마 안 있으면 곧 죽을 것을 알고 가난한 아들에게 말하기를 '나에게는 금은보화가 창고에 가득하니 그 가운데에서 얼마든지 필요한 대로 가져다가 쓰라'"고 하는 것이다. 이것은 방등 다음으로 반야를 말씀하신 것으로서 반야의 관혜(觀慧)가 곧 가업이다. 수보리와 사리불이 명을 받아 가르침을 굴림으로써 바로 알게 되는 것이다. 여기에서 여래 교법은 그 원숙의 정도를 더하는 것이다. 이 반야부경전에 대해서 『천태사교의』에서는 『마하반야경』『광찬반야경』『금강반야경』『대품반야경』 등의 경전을 거론하고 있다.

이 시기는 가르침을 펴고 재물을 넘겨주며 '융통(融通)'하고 '도태(淘汰)' 시킨다. 반야시의 설법목적은 대승과 소승을 다른 것이라고 구별하는 잘못을 도태하는 데 있다. 앞 방등시에서 대승과 소승을 대비하여 대승을 찬탄하였기 때문에 이 설법을 들은 청중들은 대승과 소승은 전혀 별개의 교설이라고 생각하기 쉽다. 그러나 석존이 교화하는 본의에서 말하면 소승이라고 해도 대승과 다른 것이 아닌 것으로서 그 근본 취지는 동일하기 때문에 제4시의 설법에서는 일체가 공(空)임을 설하고 공의 지혜를 가지고 그 오해를 씻어내는 것이다. 즉 반야의 설법에서 2승이 행하는 사념처(四念處)나 37조도품을 대승이라 하고 탐욕무명의 번뇌도 모두 대승이라고 설하는 것이다. 이것이 도태(淘汰)의 의미이다. 집착하는 마음을 도태하는 것이다. 여기에서 대승과 소승이 다르다고 집착하는 마음이 다 없어지므로 법에 맞추어서는 반야시의 설법목적을 융통(融通)이라 하는 것이다. 이와 같이 일체법이 모두 대승이라 설하여 대승과 소승을 융통시키기 때문에 이것을 법개회(法開會)라고 한다.

제4시에서는 반야공의 이치를 가지고 대승과 소승이 다르다는 오해를 제거하는데 불타는 교묘한 방법으로 전교(轉敎)란 것을 쓰고 있다. 반야부 경전의 법개회를 가장 구체적으로 표시한 것이 전교이다. 전교란 상세하게는 "수칙전교(受勅轉敎)"라는 것으로서 반야부 경전에서는 여래가 보살을 대하기 때문에 사리불·수보리 등과 같은 성문에게 가피를 내려 그들로 하여금 다른 보살에게 반야의 공법문을 설법하도록 하고 있다. 이것을 반야의 전교라고 한다. 방등 설법에서 소승을 꾸짖음에 따라 대승을 희망하기에 이른 2승으로 하여금 다시 유도하여 대승과 소승이 다른 것이라는 오해를 버리고 일체법이 모두 대승이라는 경지에 들어가게 하기 위한 것이다. 이 전교를 가지고 반야부 경전이 대승과 소승을 개회하는 것이다. 그러나 이 경우는 단지 법개회(法開會)가 행해진 것일 뿐이고 인개회(人開會)가 행해진 것은 아니다. 사리불도 수보리도 여래의 가피를 받아 처음으로 대승을 설법하였던 것이기 때문에 사람들 간의 대소차별은 없어지지 않는다. 인개회가 행해진 것은 다음의 법화시이고, 반야시에서는 입으로는 대승의 법문을 설해도 마음으로는 이것을 자기의 것이라고 생각하지 않으므로 대승을 수행하려는 생각이 일어나지 않는다고 하는 것이다.

(5) 법화열반시

제5시는 법화열반시이다. 불타 입멸 전 8년 동안 『법화경』을 설한 것과 입멸 직전에 『열반경』을 설한 것을 합쳐 제5시로 한다. 『법화경』은 중생 교화의 최후의 말씀이고 여래가 이 세상에 나오신 뜻이 무엇인가를 설한 경이다. '방편을 열어 진실을 보이는 것[開權顯實]' 이 이 경의 내용이다. 연꽃에 비유하면 '꽃이 피면서 연이 그대로 나타나는 것[華開蓮現]' 이다. 또한 붓다가야에서 성도한 석가모니가 '이미 먼 옛날에 성불하셨다는 것[久遠實成]' 을 나타내는 것이다. 이 시기에는 이제까지의 2승 뿐만 아니라 성불하지 못한 모든 중생이 모두 성불할 수 있는 길이 열리게 된다. 아울러 법화에서도 구제 받지 못한 이를 위해 최후로 『열반경』이 설해지는데 "모든 중생은 모두 불성을 가지고 있다[一切衆生 悉有佛性]"고 한다. 법화는 순수한 원교(圓敎)만을 설한 것이고 열반은 장통별원의 4교를 모두 설한 것이다.

① 법화시 : 먼저 전반의 법화설법에 대해 말하면, 실로 이 경은 석존 일대 45년에 걸친 교화의 종극이고 여래께서 세상에 출현하신 본뜻을 서술한 것이다. 이미 반야시의 설법에서 법개회(法開會)를 행하고 대승과 소승을 격별하는 집착을 도태하여 근기를 조숙시켰으므로 이제야말로 인개회(人開會)를 설해 사람과 법을 함께 융회할 시기가 도래한 것이다. 『법화경』의 28품은 40여 년간 드러내지 않은 심정을 여래가 드디어 출세본회의 진실로 설한 것이다. 본·적 2문으로 나누는 가운데 적문 14품은 개권현실(開權顯實)을 설한 것이고 본문 14품은 개적현본(開迹顯本)을 설한 것이다. 즉, 법화에서는 앞의 돈교와 점교를 열어서 돈교도 아니고 점교도 아닌 곳으로 모아 들어가도록 하므로 "방편을 열어서 진실을 나타낸다[開權顯實]"고 하고, 또 "방편을 없애고 진실을 세운다[廢權立實]"고도 하며, "3승을 모아서 1승으로 돌아간다[會三歸一]"고도 한다.

개권현실(開權顯實)이란 상대판(相待判)에서는 이전 4시에서 설한 교(敎)·행(行)·인(人)·이(理)의 모두가 방편이며 법화원교야말로 유일한 진실교라는 것을 밝히는 것과 함께, 절대판(絶待判)에서는 방편[權]도 진실[實]을 떠나 있는 것이 아니고 또 진실도 방편을 떠나 따로 구해서는 안 되는 까닭을 알게끔 한다. 개적현본(開迹顯本)이란 개권현실이 법화적문의 개현인 것에 대해 법화본문의 개현으로서, 보리수 아래서 처음 깨달음을 얻었다는 오해를 계몽하여 구원실성(久遠實成)의 본불(本佛)을 나타내는 것이다. 『법화경』의 특색은 개현에 있는 것으로서 특히 광택 법운에 이르러 현저한 발전을 보았지만 이것을 조직적으로 논술한 이는 지의이다. 즉, 『법화현의』의 서문에서 지의는 경전의 제목인 '연화'의 비유를 써서 꽃으로부터 과실이 맺기까지의 과정을 위현고화(爲蓮故華)·화개연현(華開蓮顯)·화락연성(華落蓮成)의 3단으로 나누고 이것에 본·적 2문의 세 가지 개현(開顯)내용을 배당하였다.

```
        ┌─ 위실시권(爲實示權) – 위련고화(爲蓮故華) – 종본수적(從本垂迹) ─┐
적문 │ 개권현실(開權顯實) – 화개연현(華開蓮顯) – 개적현본(開迹顯本) │ 본문
        └─ 폐권입실(廢權立實) – 화락연성(華落蓮成) – 폐적입본(廢迹立本) ─┘
```

먼저 적문의 위실시권(爲實示權)은 일불승의 진실을 설하기 위해 그 매개자로서 방편교를 시설하는 것으로서, 이것도 『법화경』에 의해 처음으로 이해되는 것이다. 개권현실(開權顯實)은 방편교를 열어 법화일승을 드러내 보이는 것이고, 폐권입실(廢權立實)은 얼음이 녹아 물로 되는 것과 같이 방편을 폐하여 진실로 전환하는 것을 가리킨다.

다음에 종본수적(從本垂迹)은 구원실성(久遠實成)의 본불(本佛)을 알 수 있게 하기 위해 그 매개자로서 근래에 성불한 석가로 하여금 8상으로 성도하는 모습을 나투게 하는 것이고, 개적현본(開迹顯本)은 이미 서술한 바와 같으며, 폐적입본(廢迹立本)은 보리수 아래에서 교화한 것을 폐하여 영겁 이전의 본지(本地)에 귀일시키는 것이다.

이러한 본·적 2문에 설해진 개현의 내용은 엄밀하게는 개(開)·폐(廢)·회(會)에 의해 구성되는 것이므로 보통 생략하여 개현(開顯)이라든가 개회(開會)라고 부르고 있다 할지라도 실제는 개·폐·회의 세 기능이 함축되어 있는 것에 주의하지 않으면 안 된다. 이는 천태불교의 특색에서 보아 가장 중요한 원리이다.

이와 같이 적문의 개현에 의해 인(人)과 법(法)의 개회를 완성하는데, 특히 인개회에 의해 이전의 경전에서는 영원히 성불하지 못한다는 2승이나 심지어는 축생의 성불까지 설하는 것이다. 이것에 대해 본문의 개현은 본불(本佛)의 실상을 최고도까지 설시한 것이다. 그리하여 본·적 2문의 개현에 의해 화타(化他) 능소(能所)의 실상을 궁극까지 설하게 되는 것이다. 바꿔 말하면 5시로 구분된 설법의 단계는 『법화경』을 가지고 최고에 도달한 것이다. 즉, 이전에 화엄시·녹원시·방등시·반야시의 설법이 행해지고 후에 『열반경』의 설법도 행해지는 것인데 어떤 것이든지 『법화경』과 같이 원교를 순수하게 설한 것은 아니다. 『법화경』에서 설한 원교와 이전의 원교는 교에서 말하면 같은 것이지만 경전에서 원교를 순일무잡하게 설한 것은 단지 법화시만이기에 후반부의 열반설법도 이 점에서는 『법화경』에 미칠 수 없는 것이다.

② 열반시 : 다음으로 제5시의 후반은 『열반경』의 설법이다. 이 경전은 『법화경』의 회좌에 참여하지 못했던 중생이나 말세악견의 중생을 위해 임종 직전 하루 낮 하룻밤 동안에 법화개회의 법문과 같은 실유불성(悉有佛性)의 법문을 개설한 것이다. 이 경전의 특색을 '추설추민(追說追泯)'이라고 한다. 추설(追說)이란 법화시까지 5시 설법의 내용인 장·통·별·원의 4교를 거듭 설하는 것이고, 추민(追泯)이란 『법화경』과 같이 방편의 가르침을 열어 진실에 들어가게 한다는 말이다.

그렇지만 『열반경』은 『법화경』과 같이 성문 2승을 조숙시키기 위한 전 단계로 반드시 필요한 것은 아니다. 지의는 등명불 및 가섭불의 시기에는 『법화경』을 가지고 최후의 가르침으로 하고 『열반경』은 설하지 않은 것을 강조하고 있다. 금번의 석가가 특히 『법화경』 다음으로 『열반경』을 설한 것은 『법화경』 회좌에서 퇴거한 5천인이나 교화에서 빠진 근기 및 말세 악견인을 제도하기 위한 것이다. 그러므로 『열반경』에서는 미숙인을 위해 장·통·별·원의 4교를 거듭 설하고 "일체중생(一切衆生) 실유불성(悉有佛性) 여래상주(如來常住) 무유변역(無有變易)"을 설하여 이들을 대열반에 들어가게 한다. 동시에 말세의 중생이 여래를 무상(無常)하다고 여기는 악견을 가지거나 인과를 무시하거나 원상일실(圓常一實)의 이치에 취하여 수행을 경시하거나, 혹은 파계를 행하는 것 등을 경계하기 위해 계율의 중요함이나 여래의 상주를 설하는 것이다. 그러므로 이 경전을 부율담상교(扶律談常敎)라고 한다. 또한 『법화경』을 가지고 본당을 파하고 『열반경』을 가지고 잔당을 파하는 것이라 하고, 또는 『법화경』을 대추수라 하고 『열반경』을 이삭을 줍는 가르침[捃拾敎]이라고 하는 것이다.

『열반경』은 추설추민(追說追泯)의 가르침이므로 방등시와 같이 4교를 설한다. 그러나 방등시에서 설하는 4교에서 장교와 통교는 회신멸지를 이상으로 삼기 때문에 상주하는 불성을 깨닫지 못한다. 그런데 열반시에서는 4교를 개설하는 당처에서 불성상주를 알 수 있다. 이것을 이 경전의 특색이라고 한다. 때와 맛에 의해서 말하면 법화와 같지만 경전 안에서 말한다면 순수하고 잡된 것이 조금 다르므로, 경문에 "마하반야로부터 대열반이 나왔다"고 한 것이다. 『열반경』은 요컨대 추설추민의 역할을 하므로 경전에 맞추면 『법화경』과 같은 시기 같은 맛이지만, 4교추설을 행하기 때문에 『법화경』과 같이 순일무잡한 원교를 설하는 것은 아니다.

이상 약술한 바와 같이 5시는 석존 일대의 설법을 종적으로 구분하여 다섯 단계로 나눈 것이다. 이것에 의하여 불타 설법의 취지 및 일체 경전의 종류와 성질을 개관할 수 있다. 원래 석존은 대기(對機)설법으로 상대방의 능력이나 성질 또는 요구에 응하여 자유자재로 적절한 설법을 하였으므로 횡적으로 보면 5시의 하나하나에 5시 설법의 전체가 구비되어 있다고도 할 수 있다. 따라서 5시의 햇수를 정하여 그 순서를 논하는 것은 너무나 형식에 얽매이는 것이다. 5시 각각은 5시 전부를 포섭하고 있음을 간파해야 한다. 즉, 화엄의 설법에도 아함 이후의 4시의 설법을 포함하고 아함시부터 법화시까지도 각각 다른 4시의 설법을 포함하고 있다. 따라서 5시는 반드시 45년 간의 설법을 햇수에 의하여 나눈 것이라기보다는 어떤 시기의 설법에도 항상 다섯 시기가 포함되어 있는 것으로 보아야 한다. 이것을 통오시(通五時)라 하고 종으로 햇수를 나눈 것을 별오시(別五時)라고 한다.

석존이 별5시에 따라 설법한 것은 둔한 근기를 점차 조숙시켜 서서히 진실에 들어가도록 하기 위함이고 통5시는 석존의 설법이 자재무애하기 때문이다. 그러나 『법화경』은 원래 가장 둔근기인 성문 2승을 조숙시켜 일불승에 귀입시킬 때까지의 일대 교화를 설한 것이므로 별5시가 더욱 중요한 의미를 가지고 있다. 그러므로 지의가 별5시를 중시한 것은 말할 것도 없다. 그러나 후대 일부의 학자와 같이 이 5시의 햇수를 정하여 "아함십이(阿含十二)·방등팔(方等八)·이십일재반야담(二十一載般若談)·법화열반공팔년(法華涅槃共八年)·화엄최초삼칠일(華嚴最初三七日)"이라고 규정한 것은 온당치 않다. 지의로서는 5시판에 의해 설법의 전후 차제를 단계 짓는 것이 중요한 것이지 일시일시의 햇수를 한정하는 것이 목적은 아니었기 때문이다.

이상 천태 5시판의 개요를 서술하였다. 석존 일대의 교설을 종횡으로 나누어 통5시와 별5시라 하고, 제도하기 어려운 성문 2승의 조숙과정을 의의(擬宜)·유인(誘引)·탄가(彈呵)·도태(淘汰)·개회(開會)라 하고 있다. 설법 내용의 측면에서 겸(兼)·단(但)·대(對)·대(帶)·순(純)으로 구분하고 5미에 배대하여 유·낙·생소·숙소·제호로 하는데, 이것에 의해 5시 사이의 유기적인 관계가 유감없이 나타나는 것이다. 본래 5시는 단지 경전의 상생차제(相生次第)를 나타낸 것이고 교리의 농담우열과는 관계가 없다고 하는 것은 지의가 강조하는 것이다. 그렇지만 여래의 설법은 대기(對機)

와 관계가 없다고 할 수 없으며 5시의 유·낙·생소·숙소·제호는 대기(對機)를 조숙하는 교설의 효과 정도를 표시한 것이므로 5시를 가지고 단순히 교설의 상생차제에 지나지 않다고는 할 수 없다. 따라서 후대 약교상생(約敎相生)과 약기농담(約機濃淡)의 설이 생겨난 것도 당연하다.

기존의 5시교판에서 돈교로서 별격의 지위에 있던 『화엄경』을 5시판 중에 포용한 것과 『열반경』을 최후의 설법으로 삼지만 5시설법의 정규 단계가 실질적으로는 제5시의 전반부인 법화시까지라고 하는 견해는 지의의 독창적인 설이다. 표면적으로는 기존설을 준용하면서 실질적으로는 이러한 두 경전의 권위를 『법화경』의 하위로 종속시킨 것으로서, 『법화경』을 중심으로 삼은 천태 5시판의 특색을 읽을 수 있다. 본래 천태 5시판은 경전이 모두 불설(佛說)이라는 전제에 의한 것으로서 현대의 실증적인 불교연구의 성과와는 일치되기 어렵다. 그러나 5시는 불교 정신의 전개과정이 단계적으로 설시되기 때문에 불멸의 의의를 가지고 있다. 5시판은 성문 2승의 근기가 차례로 조숙되어 일불승에 귀입할 때까지의 과정을 유기적으로 단계 지은 것이라고 해석할 수 있다. 지의가 5시판을 조직한 본뜻도 실은 여기에 있다고 할 것이다.

2) 화의사교(化儀四敎)

천태 5시판이 설법시기를 관점으로 하여 일대교설을 구분한 것에 대하여 화의4교는 설법형식 혹은 방법을 관점으로 하여 교설을 판석하는 것이다. 화의란 '화도(化導)의 의식(儀式)'이란 뜻으로서 돈·점·부정·비밀의 넷으로 이루어져 있으므로 화의4교라고 한다. 화의4교는 불타의 설법을 화도의 형식에 의하여 일체교를 분류한 것이므로 교육하는 방법을 네 가지로 분류한 것이라고도 할 수 있고, 또 사상을 표현하는 형식을 네 가지로 나눈 것이라고도 할 수 있다.

돈교는 점진적으로 깨닫게 하는 방법이 아니라 단번에 깨닫게 하는 교설방법으로서 『화엄경』이 대표적인 경전이다. 점교는 단번에 깨달음에 이르게 하는 방법이 아니라 점차적으로 깨닫게 하는 방법으로서 여기에는 녹원·방등·반야부 경전이 속한다. 비밀교는 서로 능력이 다른 대중들이 함께 있을 때 불타는 한 교설로 설하지만 부사의한 능력으로 말미암아 대중들은 각자의 능력에 따라 이해하게 되는데, 그 때 그들이 서로 알지 못하는 경우를 비밀교라고 하는 것이다. 여기에 속하는 경전의 부류는 특별히 없으며 『법화경』과 『열반경』을 제외한 모든 경전에서 이 방법이 사용된다. 부정교는 비밀교와 같은 교설방법이지만 대중들 서로 간에 알고 있는 경우이다. 여러 대중들이 받는 교육적 효과가 일정치 않다는 뜻에서 부정교라고 한다. 이것도 여기에 속하는 경전의 부류는 특별히 없으나 법화열반시를 제외한 전4시의 모든 경전에서 이 방법이 사용된다고 한다. 법화열반에서 부정교와 비밀교가 쓰이지 않는 이유는 법화에 이르러 중생의 근기가 성숙해져서 정교(定敎)와 현로교(顯露敎)만을 가지고서도 불타의 본회를 다 드러낼 수 있기 때문이라고 한다.

이러한 4교의 명칭을 보면, 비밀교를 제외한 3교는 기존에 쓰이던 것이기에 새로운 것은 아니다. 그러므로 화의판을 기존에 있던 3종교에다 단지 『대지도론』에 나오는 비밀교를 보충한 것에 지나지 않는다고 하는 비평도 있다. 그렇지만 이러한 것은 4교의 명칭을 지적하는 것에 지나지 않고 그 내용은 지의가 새로이 세운 것으로서 『법화현의』의 판교장에서 강조하고 있는 것이다. 천태 화의판의 최대 특징을 들면 화법판과 명확하게 구별된다는 점이다. 기존의 교판에서는 화의판과 화법판이 혼합되어 돈교라 하면서 구경원교라 하고, 점교를 5시로 분류하여 그 5시를 화법적인 조목으로 하였다. 특히 지론종의 종조 혜광(慧光)의 점(漸)·돈(頓)·원(圓)의 3종판과 같은 것은 화의와 화법의 명칭이 혼용되고 있다. 그런데 천태 화의판은 화법판과 별개의 조목으로 독립시켜 여래 화도를 의식상에서 네 가지로 구분한 것이다. 따라서 돈점 등의 명칭은 교설내용의 우열을 표시한 것은 아니다. 『화엄경』을 돈 및 원에 배속시키고 원돈교로 최고의 지위를 요구한 지론계의 교판과 비교할 때 화의 4교판의 특색이 분명하게 이해된다.

(1) 돈교(頓敎)

화의4교의 첫째는 돈교이다. 돈교의 '돈(頓)' 자는 돈직(頓直)과 돈초(頓初)의 뜻이 포함되어 있다. 돈직이란 여래가 대기(對機)의 근성을 고려한 것이 아니라 보리수 아래에서의 정각 내용을 그대로 설한 것이고 돈초란 화엄돈교가 부류로는 최초라는 것이다. 즉, 5시의 제1시 설법이라는 것을 의미한다. 그런데 보통 돈초의 뜻에 중점을 두는 경우가 많다.

돈교의 뜻은 반드시 한 가지로 규정되지 않는다. 이것은 바로 돈교의 부(部)와 돈교의 상(相)으로 구별되는 것을 의미한다. 돈교의 부(部)는 상술한 바와 같이 화엄시 설법을 의미하는 것이나, 돈교의 상(相)은 반드시 화엄시에 한정되지 않고 방등시·반야시·법화열반시에도 해당되는 것이다.

지의가 돈교의 부와 돈교의 상을 구별한 것은 화의와 화법의 구별과 깊은 관련이 있다. 즉, 지의는 돈을 단지 화의적 의미뿐만 아니라 화법적으로도 함께 쓴 것이다. 『법화현의』 1상이나 10상 등의 논술을 종합하건대, 돈이란 돈초보다도 오히려 돈직의 뜻이 있는데 대기의 이해능력에 구애받지 않고 원교법문을 곧바로 설한다고 하는 의미이다. 그 경우 일부의 상근기와 계속해서 감응도교(感應道交)할 수 있는 것이다. 즉, 화엄시는 5시를 통해 여래의 설법화도의 성과가 가장 적었던 시기이기는 하지만, 보현·문수 등의 대보살이나 숙세에 이미 근기가 익은 천룡팔부에 대해 원겸일별(圓兼一別)의 법문을 설한 것이므로 원교는 돈교상으로 설해지고 있다. 그리고 아함시 이후 3점의 설법은 유인(誘引)·탄가(彈呵)·도태(淘汰)가 이루어지고 있는데, 여기서도 돈교상은 나타나고 있다. 아함시에서는 단지 장교만이 설해졌으므로 현로로는 돈교상은 없다고 하더라도 비밀로 본다면 돈교상이 설해졌으리라고 상상할 수 있다. 그런데 방등시는 4교 병설로서 장·통·별·원교가 함께 설해지고 있으므로 그 중 원교에서 돈교상이 설해지는 것은 당연하다고 하겠다. 또 반야시에서는 주로 별·원 2교를 설하고 부수적으로 통교를 설하고 있으므로 여기서 설해진 원교법문은 돈교상을 가지고 있는 것이다. 법화시는 순수하게 원교만을 설한 것이므로 돈교상이라는 것은 두말 할 나위가 없고, 열반시는 4교를 병설하고 다시 원교를 설하므로 돈교상이 있는 것은 너무나 당연하다고 하겠다.

이와 같이 원교는 일반적인 중생들의 능력과는 별도로 아주 뛰어난 근기를 위해 설하는 것으로서 5시에 공통으로 돈교상이 설해지고 있는 것이다. 경전으로는 화엄시가 돈교를 대표하고 있지만 방등시·반야시에도 원교법문이 설해져 있는 것은 원교의 뜻을 파악하여 원교 수행인의 계위로 비약할 수 있는 중생을 위해 시설한 것이다.

이와 같이 일반적인 근기의 능력에 구애받지 않고 여래의 설법 자체가 항상 원교를 구경으로 하는 점에서는 변함이 없다. 그러므로 돈교는 제1 화엄시에 한정되지 않고 모든 대승경전 심지어는 아함시에서도 비밀로는 설해지는 것이라고 할 수 있다. 이러한 견지에서 지의가 돈교의 부(部)와 상(相)을 구별한 것이다.

(2) 점교(漸敎)

화의4교의 둘째는 점교이다. 점교(漸敎)라고 하는 것은 불타가 깨달은 그대로를 이해할 수 없는 이를 계도하기 위해 만든 방편시설이다. 불타가 스스로 깨달은 진리를 쉬운 이론으로 설명하여 점차로 불타의 진리에 접근하도록 하는 방법을 말한다. 5시의 교판에서 말하면 아함 · 방등 · 반야의 3시가 모두 점교에 해당된다. 이상 3시는 화엄돈교에 대하여 모두 점교라고 한다. 이것은 설법을 듣는 중생의 능력에 맞추어 거기에 적합한 방편을 사용하여 차례로 유인(誘引) · 탄가(彈呵) · 도태(淘汰)라는 방법을 사용하는 법문을 의미한다.

그러나 기술한 바와 같이 돈점은 지의에게 있어서 상대적인 의미로 쓰인다. 돈교와 점교를 구별하여 화엄시는 돈교, 이외의 시기는 점교만을 설한다고 하는 기존의 설에 반대하고 있다. 돈부는 화엄시의 설법이지만 돈교상은 방등시 · 반야시 · 법화열반시에도 해당된다. 그러므로 점교라고 해도 거기에서도 역시 돈교상, 즉 근기의 능력에 구애받지 않고 원교법문을 설한다고 하는 것이 지의의 견해이다. 돈점을 절대적으로 구별하는 것은 그 본의에 부합되지 않는다. 이와 같이 해석하지 않으면 돈교상을 화엄 이외의 다른 시기에서도 인정코자 한 본뜻을 이해할 수 없다.

돈교부인 화엄시에 이어 점교가 설해졌다고 하는 것은 단지 석존에 한하지 않고 과거 부처가 공통적으로 행했던 교화형식이라고 한다. 이 점에 관해서 지의는 『법화현의』 제10권에서 매우 상세하게 논증하고 있다. 즉 『무량의경』의 법화석과 『열반경』의 경문을 인용하여 역설하고 있다. 앞서 기술한 바와 같이 『열반경』은 과거불의 교화에서 반드시 필요하지 않았지만 선돈후점(先頓後漸)의 방식은 현재불만이 아니라 과거불도 반드시 따랐다고 하므로 선돈후점(先頓後漸)을 가지고 여래가 중생을 교화할 때 따르지 않으면 안 되는 법칙이라 하고 있다. 바꿔 말하면 3조(照)의 설법이 과거 · 현재·미래의 3세를 통해 항상 불가결한 것임을 강조한 것으로서 유인·탄가·도태의 조숙과정을 거치지 않으면 인과 법을 모두 개회하는 법화원교에 도달할 수 없다고 하는 것이다. 즉 『법화경』은 개현의 원교를 설한 것이지만 화엄시를 포함한 이전 교는 미개현의 교에 지나지 않는다. 화엄도 미개현이고 게다가 원겸일별(圓兼一別)이므로 『법화경』과 같이 완전히 순수한 원교를 설하는 것은 아니다. 『법화경』의 개현은 이전에 설해진 방편이 진실과 동체라 하여 개회하는 것에 특색이 있다. 그리고 이 개현(開顯)은 성문 2승의 조숙을 성취한 이후에 비로소 완성되는 것이다. 성문 2승을 조숙시킬 때 쓰인 방편교는 법화와 동체이므로 법화의 개현은 처음부터 이승을 조숙시키기 위해 방편을 구사하는 현실적인 교법이고, 이승은 이 현실적인 교법에 의해서만 교익(敎益)을 얻는 것이다. 이것이 화엄시의 미개현과 다른 까닭이다. 『화엄경』에 알맞은 근기인 보현이나 문수와 같은 대보살은 교주 노사나불과 함께 연화장세계에 나타난 보살이지 중생세계를 대표하는 것은 아니다. 그러므로 화엄시의 설법은 아직 중생과의 교섭에 들어가지 못한 것으로서 법신의 대보살에게는 제호미이지만 현실의 입장에서 말하면 가장 소박한 유미(乳味)에 지나지 않게 되는 것이다.

그러므로 개현이야말로 최고의 완성이고 개현을 매개로 하여 그것을 현실화하는 것이 점교이다. 성문 2승을 유인·탄가·도태하고 드디어 『법화경』의 개현(開顯)에 도달시키기 위해 점교는 없으면 안 되는 교설이다. 이승을 조숙시키기 위해 방편을 설한 것이므로 그 방편은 진실한 일불승의 매개자이고 본질적으로는 일불승과 동체이다.

『화엄경』이나 반야부 경전 등과 같은 가르침에서는 방편을 진실과는 별체의 권가(權假)라 하기 때문에 대와 소는 별격이다. 그런데 『법화경』의 개현은 위실시권(爲實示權)의 입장에서 방편즉진실(方便卽眞實)을 설하여, 방편이 진실의 동체권(同體權)이라 하여 개현(開顯)한다. 여기에 법화가 개현한 까닭이 있는 것으로서 교법은 법화에서 최고도로 구체화되고 현실화된다고 할 수 있다. 지의가 『법화문구』의 「방편품」해석에서 기존 학설이 모두 방편을 체외(體外)의 방편으로 하는 것을 논파하고 방편은 진실에 이르는 것이라 하였다. 따라서 진실과 동체의 비묘방편(秘妙方便)으로 해석할 것을 강조한 것도 이러한 이유에 기초한다. 그리하여 초돈후점(初頓後漸)이 여래 교화형식의 일반적인 원칙이라는 것을 밝히는 것과 동시에 점교를 설하는 녹원·

방등 · 반야의 3시, 즉 유인 · 탄가 · 도태가 『법화경』의 개현을 위해 불가결한 계기라는 것을 드러내는 것이다.

(3) 비밀교

화의4교의 제3 비밀교는 『대품반야경』 제43 「무작실상품(無作實相品)」의 경문 및 이것을 해석한 『대지도론』 63의 부처의 법륜을 현(顯)과 밀(密) 두 가지로 나누는 문장에 의거하여 지의가 새로이 세운 것이다. 지의 당시에는 돈 · 점 · 부정의 세 가지가 있었는데 여기에 비밀교를 첨가한 것이다. 엄밀하게 말한다면 부정교를 현로부정교와 비밀부정교로 나누고 이 비밀부정교를 지금의 비밀교로 한 것이다. 당대에 들어 선무외 · 금강지 · 불공 등에 의해 중국에 전래된 진언밀교는 현로에 행해진 사상(事相)의식 그 자체에 비밀력을 인정한 사상으로서 이 비밀교와는 다른 것이다.

화의의 비밀교는 특수한 근기에 대해 은밀히 교화하는 형식을 사용하는 것이다. 비밀교는 여래가 신 · 구 · 의 삼밀(三密)을 가지고 자재로이 중생을 교화하는 삼륜불가사의한 설법이다. 불가사의한 설법이라 해도 내용은 장 · 통 · 별 · 원의 4교이다.

앞서 서술한 바와 같이 돈점2교의 설법에서는 대소 · 돈점의 교가 각각 중생의 근성에 응해 설해지고 그 이익도 규칙적인 것인 데 비해, 이러한 규칙적인 교화방법으로는 제도할 수 없는 근성에 대해 여래는 따로 특수한 방법으로 설법하였다. 청중 측에서 말하면 석존 금구(金口)의 설법내용은 동일하지만 이것을 듣는 근성은 각별하기 때문에 이익이 부동한 것이므로, 이 경우를 동체이문(同體異聞)이라고 하는 것으로서 부정교의 일반적인 성격이다. 여래의 설법을 듣는 청중이 함께 있다는 것은 알지만 설법내용을 알지 못하는 경우를 현로부정교라 하고, 설법내용 뿐만 아니라 타인의 존재조차 알지 못하는 설법형식을 비밀부정교라고 하는 것이다. 즉 비밀교는 앞의 돈점2교와 같이 규칙적인 방법이 아니고, 또 부정교와 같이 청중의 존재를 아는 것이 아니라 인(人)과 법(法)을 함께 알지 못하는 설법이다. 부정교가 인(人)은 알지만 법(法)은 모르는 것인 데 비해 비밀교는 인과 법을 모두 알지 못하는 것이다. 화엄시 · 녹원시 · 방등시 · 반야시의 전4시 어디서나 비밀의 설법이 행해지는 것이므로 비밀부라고 하는 경전이 따로 있는 것은 아니다.

비밀교는 『대지도론』에 따라 신설한 것인데 화의판을 구성하는 일부문으로서 중요하다. 특히 여래의 삼륜 부사의한 덕을 이것에 의해 표시하고 여래의 교화가 돈·점·부정의 현로설법에 한정할 만한 것은 아니라고 하는 견해는 지의의 탁견이다. 예로부터 교판론이 오로지 현로의 설법에 구속되어 있는 것이 이것에 의해 수정되는 것이다.

(4) 부정교

부정교란 불타의 일음(一音) 설법을 듣는 이의 부류에 따라 각각 달리 이해하는 것을 말하는데 어떤 이는 돈교에서 점교의 이익을 얻고, 어떤 이는 점교에서 돈교의 이익을 얻게 되는 설법형식을 말한다. 설하는 내용은 앞의 비밀교와 마찬가지로 화법4교인 장·통·별·원의 4교에 모두 통용되기에 청중으로 하여금 부(部)·시(時)·미(味)의 한계를 초월하여 이익을 주는 교화방법이다.

부정교에 대해서 지의는 『법화현의』 10상에서 『열반경』의 치독(置毒)과 발독(發毒)의 비유를 인용하여 청중의 이익이 다른 것은 숙세에 법을 들어 연을 맺은 차이에 의한 것이라 설명하고 있다. 그런데 같은 『법화현의』 1상에서는 전부 여래화도의 자재에 의한 것이라 설명하고 있다. 만약 과거에 법을 들어 연을 맺은 것이 깊고 얕은 차이만을 강조할 때는 현재 석존이 자재롭고 부사의하게 교화하는 것을 인정하지 않는 것으로 된다. 부정교를 화의4교에 중점을 두어 본다면 화법적인 치독과 발독의 비유보다도 석존의 자재한 설법에 기인한다고 보는 것이 나을 것이다. 어쨌든 이와 같이 부정교는 화의와 화법적 측면이 있는데, 후대에 부정교는 화의적 측면만이 강조된 것을 알지 않으면 안 된다.

지의의 부정교는 기존의 부정교와는 뜻을 달리하고 있다. 기존의 3종교에서는 부정교라고 하면 『앙굴마라경』 『금광명경』 『승만경』 등의 경전을 이 부류로 분류하고 있다. 그런데 천태교판에서는 앞 비밀교와 같이 부정교는 전4시를 통해 설해진 것이라 하는데, 엄밀하게는 전4시 가운데 일설(一說) 일념(一念) 중에서도 행해지는 것이라고 한다. 기존에 오로지 부류로 판정하는 부판과는 전혀 그 뜻이 다른 것이다. 돈·점·부정의 3교가 당시의 3종교의 명칭을 답습하여 쓰기는 하지만 그 내용은 전혀 다르다는 것을 알 수 있다. 특히 화의와 화법을 구별하여 돈교를 부(部)와 상(相)의 2면에서 고찰하고는, 부(部)로는 화엄시의 설법에 한해도 상(相)으로는 다른 시기의 설법에도 행해진다고 하는 것은 분명히 화엄돈교를 부동으로 하는 기존의 교판에 대해 비판을 시도한 것이다. 『대지도론』에 의거하여 비밀교를 설하고 기존의 교판이 현로설법에 구속되는 폐해를 시정하고 이것을 가지고 여래의 삼륜부사의를 화의판 중에 표시코자 한 것이다. 또한 부정교를 특정한 부(部)로 고찰할 것이 아니라 전4시의 하나하나를 통해 설해졌다고 한 것 등은 천태교판이 새로운 관점과 광범위한 시야 및 웅대한 구상에 기초하여 형성된 것이라고 평가할 수 있다.

3) 화법사교(化法四敎)

화법4교는 설법내용을 장·통·별·원의 4교로 분류한 것으로서 얕은 것에서 깊은 것으로 나아가는 순차에 따라 배열한 것이다. 화의4교가 설법형식에 의한 분류라면 화법4교는 설법내용의 관점에서 일대 교설을 분류한 것이다. 예로부터 화의는 약법(藥法), 화법은 약미(藥味)로 비유되고 있다. 화의4교가 그 명칭을 남지의 교판설로부터 영향을 받은 것이라면, 화법4교는 북지의 교판설을 참조한 것으로 보이나 그 내용은 지의의 독창이다.

제1 장교·제2 통교·제3 별교·제4 원교를 계내(界內)와 계외(界外)로 분류하고 다시 사(事)와 이(理)로 분류한다. 삼계(三界) 안의 사법(事法)의 가르침은 장교이고, 삼계 안의 이법(理法)의 가르침은 통교이다. 별교는 삼계를 벗어난 세계의 사법의 가르침이고 원교는 삼계를 벗어난 세계의 이법에 대한 가르침이다. 화엄의 경우에는 사(事)와 이(理) 가운데 사를 이보다 고차의 것으로 보는 데 비해, 천태에서는 이를 사보다 높이 치고 있다. 이 내용을 도표화하면 다음과 같다.

화법4교의 특징

장 교	통 교	별 교	원 교
사(事)	이(理)	사(事)	이(理)
삼계내(三界內)		삼계외(三界外)	

장교와 통교는 공관(空觀)을 행하는데, 장교는 공을 분석적으로 파악하는 석공관(析空觀)이고 통교는 공을 체득적으로 파악하는 체공관(體空觀)이다. 별교와 원교에서는 공관뿐 아니라 가관(假觀)과 중관(中觀)도 행하는데 다만 별교는 공·가·중을 차례로 파악하는 차제삼관(次第三觀)이고 원교는 공·가·중을 한 마음에서 파악하는 일심삼관(一心三觀)이다.

화법4교의 삼관(三觀)

장 교	석공관(析空觀)		공관(空觀)
통 교	체공관(體空觀)		
별 교	차제삼관(次第三觀)	격력(隔歷)삼관	공·가·중 삼관
원 교	일심삼관(一心三觀)	원융(圓融)삼관	

화법4교에 대해 북지 지론종의 4종판을 개조한 것이라고 하는 견해가 예로부터 있어 왔다. 지의 자신도 『사교의』 중에서 지론종의 4종판과의 관련에 대해 언급하고 있는데, 4종판의 결점을 들어 화법4교가 지론종의 교판을 계승한 것이라고 하는 오해를 극력 부인하고 있다. 장·통·별·원의 4교의 경중으로 아함의 사대교(四大敎)나 『월등삼매경(月燈三昧經)』의 4수다라 등을 들고 있다. 이러한 것이 화법4교를 정당하게 입증하는가는 보는 이에 따라 의견을 달리할 수 있지만 어쨌든 『열반경』 「고귀덕왕보살품」의 4불가설(不可說), 「성행품(聖行品)」의 4종 사제(四諦), 『중론』의 4구게 및 『대지도론』의 4구분별 등을 화법4교의 경중으로 드는 것이 보통이다.

화법4교의 경증

4 교	「덕왕보살품」	「성행품」	『대지도론』	『중론』
장 교	생생불가설	생멸사제	유 문	중인연생법
통 교	생불생불가설	무생사제	공 문	아설즉시공
별 교	불생생불가설	무량사제	역유역공문	역위시가명
원 교	불생불생불가설	무작사제	비유비공문	역시중도의

(1) 장교(藏敎)

화법사교의 첫째는 장교이다. 장교(藏敎)는 소승의 삼장교(三藏敎)를 말한다. 장교의 '장(藏)'은 경장·율장·논장의 삼장에서 따온 것으로서 원래 대승과 소승에 공통으로 쓰이지만 지의에게 있어서 장교라 함은 소승교를 가리킨다. 대승과 소승에 공통하는 삼장의 명칭을 소승교의 대명사로 한 이유는 『대지도론』이나 『법화경』에 의거한다. 즉 『대지도론』 4에서는 삼장과 마하연을 소승과 대승으로 배대하고 또한 동권 100에서는 "이 두 부류를 위하여 부처님은 문자와 언어를 가지고 두 가지로 나누니 삼장은 성문법이고 마하연은 대승법이다"라고 규정하고 있다. 또한 『법화경』 「안락행품」의 제2 안락행을 설한 게에서 "소승의 삼장학에 탐착하는 것"이라고 하는 것과 또 『성실론』에 "이제 지금 삼장 중의 진실한 뜻을 설하고자 한다"는 구절을 가지고 지의는 소승을 일컬어 삼장교라고 한 것이다.

장교에서는 생사의 세계에 빠져 있는 범부에 대해 이 세상이 고통의 세계라는 것을 자각시킨다. 지옥·축생·아귀·아수라·인간·천상의 3계, 25유(有), 6도(道)의 세계는 즐거움과 괴로움이 똑같지 않지만 태어나서 죽고, 죽고 태어나는 생사의 고통에 속박되어 있는 것을 상세하게 설한다. 이것이 장교에서 설하는 사제 가운데 고제(苦諦)이다. 다음에 이런 고통의 세계에 생멸하는 원인이 견혹(見惑)과 사혹(思惑) 때문이라는 것을 지적하고 견혹을 88사(使), 사혹을 81품으로 나누어 상세히 설명하고 있다. 이렇듯 중생이 끊어야 할 고의 원인을 분명히 나타내는 것이 제2의 집제(集諦)의 법문이다. 다시 25유의 자박과박(子縛果縛)을 끊어 법성 진리에 도달하는 것을 나타내는 것이 제3의 멸제(滅諦) 법문이다. 그러나 이상과 같은 멸제 법문은 아비달마처럼 계합되는 진리를 멸제로 하는 것이 아니라 멸제와 별개로 계합되는 진리를 상정하고 있다. 최후에 이 법성 진리에 도달하기 위한 실천수행 방편으로 간략하게는 계·정·혜(戒定慧)의 삼학(三學)을, 넓게는 7과 37도품이라 하여 그 행규를 설한 것이 장교의 도제(道諦)이다. 이를 생멸사제(生滅四諦)라고 하고 사구분별로서는 유문(有門), 『중론』 4구게 가운데에서는 '중인연생법(衆因緣生法)'에 해당하는 법문이라 한다.

아울러 지의는 장교의 수행계위를 설명하면서 성문·연각·보살을 구별하고 있다. 성문의 계위로는 장교의 유문(有門)인 『파사론』의 설을 대표시키고 있다. 즉 7현7성이 그것이다. 7현(賢)이란 오정심(五停心) · 별상념처(別相念處) · 총상념처(總相念處) · 난위(煖位) · 정위(頂位) · 인위(忍位) · 세제일위(世第一位)이고, 7성(聖)이란 수신행(隨信行) · 수법행(隨法行) · 신해(信解) · 견득(見得) · 신증(身證) · 시해탈나한(時解脫羅漢) · 불시해탈나한(不時解脫羅漢)이다. 장교는 단지 성문만이 아니라 연각이나 보살도 대상으로 하는데 성문에게는 4제, 연각에게는 12인연, 보살에게는 6바라밀을 각각 설하지만 주요 대상은 아무래도 성문이다.

4교 각각이 사구(四句) 분별의 4문에 배당되지만 4교 각각에 다시 4문이 있다. 즉 소승불교에도 유문 · 공문 · 역유역공문 · 비유비공문의 네 가지 법문이 있는 것이다. 장교의 유문(有門)이란 아비담 계통의 교설이고, 공문(空門)은 『성실론』으로서 종래 삼론과 함께 대승론으로 여겨져 중시된 것을 지의는 소승의 공문으로 판정한 것이다. 역유역공문(亦有亦空門)은 『대지도론』에 나오는 가전연의 『비륵론(毘勒論)』이고, 비유비공문(非有非空門)이란 『대지도론』에 나오는 『거닉론(車匿論)』 등을 들고 있다. 소승이라 하면 유문 만으로 여기는 재래의 단순한 해석에 비해 매우 폭이 넓은 것이라고 할 수 있다. 그런데 지의는 이와 같은 4문 가운데 장교의 대표적인 법문은 유문이라고 한다. 그러므로 장교라고 하면 주로 이 유문이 논술의 중심이 되는 것이다.

(2) 통교(通敎)

화법4교 가운데 둘째는 통교이다. 앞 장교에도 통하고 뒤의 별교나 원교에도 통하기 때문에 통교(通敎)라고 한다. 또 이 가르침 자체로부터 얻은 명칭이기도 한데, 이른바 3승인이 모두 무언설도(無言說道)로써 색(色)을 체득하여 공(空)의 진리에 들어가므로 통교라고 하는 것이다.

통교라는 명칭은 이미 혜관(慧觀)의 5시판에서 나오지만 내용은 천태의 통교가 새로운 것이라고 하는 것은 두말 할 나위가 없다. 『사교의』 제1권에 통교의 명칭에 대해 "통(通)이란 동(同)으로서 3승이 함께 받기 때문에 통(通)이라 한다. 이 교는 인연즉공(因緣卽空) · 무생사제(無生四諦)의 이치를 밝힌다. 이것은 대승의 첫 문이다. 직접적으로는 보살을 위하고 간접적으로는 2승에 통한다"고 정의하고 있다. 3승에 대해 교(敎) · 이(理) · 지(智) · 단(斷) · 행(行) · 위(位) · 인(因) · 과(果)의 여덟 가지 기준을 가지고 교통·이통·지통·단통·행통·위통·인통·과통의 여덟 가지 뜻을 구체적으로 설명하고 있다.

먼저 교통(敎通)이란 3승이 공통적으로 받는 가르침으로서 인연즉공을 설하는 무생사제(無生四諦)를 말하고 이통(理通)이란 통교의 가르침에 의해 관(觀)을 수행하여 얻게 되는 편진(偏眞)의 공관(空觀)을 말한다. 지통(智通)이란 수승한 육바라밀을 행하여 생기는 체공무생지(體空無生智)를 말하고 단통(斷通)이란 3승이 똑같이 3계의 견사혹(見思惑)을 끊는 것을 말한다. 행통(行通)이란 통교의 무루행(無漏行)을 말하고 위통(位通)이란 3승에 공통되는 10지의 계위를 말하며, 인통(因通)이란 9무애(無碍)를 가리키고 과통(果通)이란 9해탈(解脫) 및 유여(有餘)와 무여(無餘)의 2종열반을 말한다. 통교란 이 여덟 가지 뜻 가운데에서 주로 교통(敎通)이 중심이고 다른 것은 거기에 포함된다고 한다.

장교에서는 3승의 근기를 교화할 때 성문에게는 4성제로, 연각에게는 12인연으로, 보살에게는 6바라밀로 수행법문을 나누어 가르치되 이승을 주된 대상으로 하고 보살은 보조적 대상이 된다. 그러나 통교는 3승 수행법문이 하나로 되어 세 부류의 근기가 똑같이 인연즉공(因緣卽空) 무생사제(無生四諦)의 이치를 익히는 가운데 보살을 주된 교화 대상으로 삼되 이승에게도 통하는 것으로 하고 있다. 즉 앞의 장교가 소승을 대상으로 하는 것에 비해 통교는 주로 보살을 위하고 곁으로 2승에 통하는 것이다.

통교는 대승의 첫 관문으로서 장교와 별교·원교의 중간에 있으며 그 능력에 따라 어떤 것으로도 전환할 수 있는 위치에 있으므로 통교라고 하는 것이다. 즉 통전통후(通前通後)의 뜻이다. 만일 통교를 배우는 보살이 둔근기라면 체공(體空)의 진리를 수행해도 장교의 편공(偏空)을 깨닫는데 그치지만, 근기가 수승한 보살은 통교를 넘어 별교나 원교의 중도 이치마저도 파악할 수 있는 것이다. 이것을 '둔근기는 이승과 같고[鈍同二乘] 이근기는 별교와 원교에 들어간다[利入別圓]'고 표현한다.

통교는 장교와 마찬가지로 3계 6도로부터 벗어날 것을 설한 것으로서 모두 3계 안의 가르침이지만, 장교가 주로 색심제법의 사상(事相) 차별을 설한 것에 비해 통교는 인연즉공(因緣卽空)의 이법(理法)을 설한다는 차이가 있다. 그러므로 장교를 계내(界內)의 사교(事敎)라 하고 통교를 계내(界內)의 이교(理敎)라고 부르는 것이다.

장교가 색심제법의 차별을 설한 것이라 해도 공관 원리가 없는 것은 아니다. 단지 공을 설함에 있어서 색심제법을 분석함으로써 아공법유(我空法有)를 설할 뿐이다. 아공법유이므로 법공은 아직 설하지 않는 것이고, 아공의 공(空)도 분석적인 방법에 의존하고 있는 것이기에 장교의 공은 제약을 받고 있다. 이것을 석공(析空)이라 하고 이러한 분석적 방법을 졸도(拙度)라고 한다. 이에 비해 통교에서는 당초부터 일체공의 진리를 증득하는 것을 목적으로 삼는다.

통교에도 유문·공문·역유역무문·비유비무문의 4문이 있다. 지의는 통교의 대표적인 법문은 공문(空門)이라 규정하고 있다. 그런데 장교와 같이 고집멸도의 4제를 상세하게 설하지 않는데, 특히 색심제법(色心諸法)의 분석과 같은 방법에는 의존하지 않고 최초에 일체공의 이법(理法)에 기초하여 색심제법의 공을 주체적으로 파악할 것을 설하고 있다. 즉, 장교와 같이 분석법을 필요로 하지 않고 최초에 공의 원리를 체증할 것을 설한다. 그러므로 통교의 관법을 교도(巧度)의 체법관(體法觀)이라 하고 설하는 진리를 무생사제(無生四諦)라고 하는 것이다. 『중론』의 사제게 가운데서는 두 번째 게송인 '아설즉시공(我說卽是空)'이 이 통교를 설하는 것에 해당한다고 한다.

지의는 통교법문을 대표하는 경론으로 『대품반야경』 『중론』 『대지도론』을 들고 있다. 이러한 경론에서는 장교와 같이 일체법을 생멸로 보고 그 당체가 본래공이라는 것을 강조하고 있다. 통교에서 설하는 반야바라밀에는 장교의 소승과 공통하는 공반야(共般若)와 통교보다 높은 별교 내지 원교와 공통하는 불공반야(不共般若)의 2면이 있다. 그러므로 통교의 수행인으로서 둔근기는 2승과 같이 회신멸지(灰身滅智)를 이상으로 삼지만 이근기는 별교나 원교로 전입한다. 이것을 피접(被接)이라고 한다. 통교에서 별교로 옮겨 가는 것은 별접통(別接通)이라 하고, 통교에서 원교의 이치로 깨달아 들어가는 것은 원접통(圓接通)이라고 부른다. 이 피접은 부처의 입장에서 말하면 중생에게 일종의 암시를 주어 별교나 원교의 이치를 깨닫도록 하는 것이고, 중생의 입장에서 말하면 통교를 수행하는 이근기가 부처의 암시에 의해 별·원 2교에 접속하여 고차의 진리세계로 비약적으로 전입하는 것을 의미한다.

이 체공의 원리를 증득하는 3승의 수행계위는 『대품반야경』에 나오는 10지(地)로 대표된다. 통교에서는 성문·연각·보살의 3인이 공통의 계위를 거친다. 그러나 성문은 이판지(已辦地), 연각은 벽지불지(辟支佛地), 보살은 보살지까지 오르므로 세 근기가 각각 도달하는 최후의 계위는 다르다. 그런데 3승이 모두 도달할 수 있는 것은 이판지까지인데 이것을 3승 공위(共位)라고 하는 것이다. 불지(佛地)도 세우지만 이근보살은 피접하여 별·원에 전입하기 때문에 실제로 통교의 불지에 들어가는 것은 아니다. 단지 형식적인 수행계위로 시설하는 것에 지나지 않는다.

(3) 별교(別敎)

화법4교의 셋째는 별교이다. 별교는 3계 밖의 보살법을 밝힌다. 별교(別敎)는 이승과 다르고 원교와도 다르다는 뜻으로서 보살에게만 통하는 대승법문을 가리킨다. 즉, 교(敎)·이(理)·지(智)·단(斷)·행(行)·위(位)·인(因)·과(果)가 앞의 두 교와 다르고 뒤의 원교와도 다르므로 별교라고 하는 것이다. 별교는 보살이 수행하여 단계적인 깨달음을 거쳐가는 가르침이다. 별교의 중도원리는 공과 유의 두 측면을 떠난 별개의 원리를 취한다. 공·가·중의 삼제를 차별적으로 생각하는 것이다. 따라서 공관·가관·중관의 관법도 차례로 닦아가는 것이다. 수행단계는 52위로 설정되어 있다. 『열반경』에 이르기를, "사제의 인연에는 한량없는 모습이 있으나 성문과 연각이 아는 바는 아니다"라고 한다. 대승경전 가운데 보살이 많은 겁을 지내면서 수행하는 것이나 수행계위의 차례가 서로 융섭하지 못한 것을 밝히고 있는 것은 별교의 모습이다.

별교라는 명칭에 대해서는 『사교의』 1에서 교별(敎別)·이별(理別)·지별(智別)·단별(斷別)·행별(行別)·위별(位別)·인별(因別)·과별(果別)로 상세하게 설명하고 있다. 별교 무량사제(無量四諦)의 법문은 중도원리로 구성되고 수많은 불법의 수증이 소개되어 있다. 『법화경』 「신해품」에서 가섭 등이 불국토를 깨끗이 하고 중생을 성취하는 대승의 일에 기뻐하는 마음이 생기지 않았다고 고백하는 것도 성문이 이 자리에 있어도 귀머거리 같고 벙어리 같았음을 증명하는 것이다. 이 교는 계외의 변역생사로부터 벗어나기를 구하는 보살만을 위해 설하는 것으로서 2승과 함께 하지 않는 교설이다. 그러므로 불공교(不共敎)라고 할 것이다. 결국 불공2승이라 하는 것은 별교 법문이 높아 2승인에는 해당되지 않으므로 장교와 통교에 대하면 수승한 법문이라는 것을 별교의 호칭으로 삼는 것이다. 그렇다면 불공이승(不共二乘)을 명료하게 하기 위해서는 오히려 불공교(不共敎)라고 불러야 하지 않을까. 그런데 특히 별교라고 하는 것은, 첫째 공교(共敎) 가운데에서도 이 별교의 뜻이 설해져 있는 것과 함께, 둘째 이 교의 법문이 격력불융(隔歷不融)이라서 원교의 절대원융(絶對圓融)의 법문에는 미치지 못하는 것을 나타내기 때문이다.

무량사제(無量四諦)의 별교성격을 결정하는 중도원리가 문제로 된다. 별교에도 유문·공문·역유역무문·비유비공문의 4문이 있다. 『사교의』 1에서는 유문(有門)에 『십지경론』, 공문(空門)에 삼론을 배대하고 있다. 역유역공문(亦有亦空門)이나 비유비공문(非有非空門)에 속하는 경론은 명칭을 들고 있지 않지만, 『열반경』『대지도론』『중론』 등에 의거하여 별교에도 반드시 4문이 있다고 강조하고 있다. 전술한 바와 같이 별교의 명의에 대해서 여덟 가지 뜻을 들고 있는 것을 볼 때, 결국 원교와 다르게 설하는 실상(實相)이 현실제법과 격력불융(隔歷不融)한 것에 별교의 성격이 있음을 알 수 있다. 즉 별교의 중도원리는 공과 유의 두 극단을 떠난 별개의 원리로 설해져 있다. 이것을 격력삼제(隔歷三諦)라고 한다. 『법화현의』 1상에 "격력삼제는 거친 법이고 원융삼제는 묘한 법"이라고 하는 것과 같이 별교의 중도원리는 거친 법이다. 공·가·중의 3제를 격력차제적으로 고찰하므로 이것을 아는 일체지·도종지·일체종지도 각별불융(各別不融)이라고 설하는 것으로 된다. 별교에서는 『영락경』에 의해 알 수 있는 바와 같이 공관·가관·중관의 관법을 차례로 닦는 것으로 설하고 관(觀)도 지혜도 오로지 수행의 공덕, 즉 수덕(修德)에 의해 얻는 것이라고 한다. 진여와 번뇌는 전혀 별개의 것으로 설해져 있으므로 번뇌를 끊는 것도 전후의 단계가 없으면 안 된다. 그러므로 수행도 단계적으로 설시되는데, 예를 들면 『열반경』에서 설하는 5행인 성행(聖行)·범행(梵行)·천행(天行)·병행(病行)·영아행(嬰兒行) 등도 앞의 2행은 지전(地前)의 자행화타의 인이요 천행은 초지 이상의 나타난 과이며 뒤의 2행은 자행화타의 과라 설하여 5행을 단계적으로 차별하고 있다.

별교의 격력불융(隔歷不融)의 성격은 별교의 수행계위에서 더욱 현저하게 나타난다. 지의는 『화엄경』『영락경』『승천왕경』『열반경』 등의 계위를 들고 있는데, 특히 『영락경』의 52위를 가지고 별교의 계위를 대표시키고 있다. 즉 10신·10주·10행·10회향·10지·등각·묘각의 계위가 그것이다. 이 52위는 3혹을 끊고 계내 및 계외의 생사를 뛰어넘는 과정이다. 3혹이란 견사(見思)·진사(塵沙)·무명(無明)으로서 『대지도론』의 3지 3관에 기초하여 능치(能治)의 세 가지 관지(觀智)에 대해 대치해야 할 번뇌를 세 가지로 나눈 것이다. 이제 이 3혹의 단계에 맞추어 별교의 52위를 고찰하면 10신위에서는 견사혹을 조복하고 초주위에서는 견혹을 끊으며, 8주·9주·10주에서는 계내의 진사혹을 끊고 10행위에서는 계외의 진사혹을 끊으며, 10회향에서는 무명을 조복하고 초지 이후 묘각에 이르는 12단계를 거치면서 12품의 무명을 끊는다고 하는 것이다. 이 3혹을 끊는다고 하는 것은 원교에서도 마찬가지이지만 별교에서는 3혹을 격별불융이라고 설하기 때문에 원교의 삼혹동체(三惑同體)·동시단(同時斷)의 사상과 달리 3혹의 이체(異體)·이시단(異時斷)을 제창하는 것이다.

통교와 마찬가지로 별교에도 피접(被接)이 있다. 즉 별교의 중도원리를 통해 삼제원융(三諦圓融)의 깊은 의미를 증득하는 이는 원교에 접입한다. 이것을 원접별(圓接別)이라고 한다. 상근기는 10주, 중근기는 10행, 하근기는 10회향에서 피접이 행해진다고 한다. 그리고 10지 이상에 이르면 모두 원교의 초위에 전입하는 것으로서 10지·등각·묘각의 12위는 단지 명목상에서 시설된 것에 지나지 않는다.

(4) 원교(圓敎)

화법4교의 넷째는 원교이다. 원교는 화법4교 가운데 최고 궁극의 법문이다. 원교의 원(圓)은 불편(不偏), 즉 치우치지 않는다는 뜻을 가진다. 원교(圓敎)는 원만하다는 뜻으로서 불타의 가르침 중에서 가장 수승한 가르침을 가리킨다. 조작적 작위를 뛰어넘은 무작(無作)의 경지가 원교이다. 이 가르침은 불가사의한 인연·이제·중도의 사리(事理)가 구족한 것으로서 수행인이 최상근기로 바뀌기 때문에 원교라고 하는 것이다. 원은 교원(敎圓)·이원(理圓)·지원(智圓)·단원(斷圓)·행원(行圓)·위원(位圓)·인원(因圓)·과원(果圓)으로 설명된다. 먼저 교원(敎圓)이란 부단중(不但中)의 중도를 주로 설한다는 것이고 이원(理圓)이란 제법이 곧 실상(實相)이고 중도(中道)는 일체법에 상즉한다는 이치가 두루하다는 것이다. 지원(智圓)이란 일체지·도종지·일체종지의 3지가 바로 일체를 설한다는 것이고 단원(斷圓)이란 끊을 만한 무명도 없다고 하는 이치를 해치지 않고 부단(不斷)의 단(斷)이 설해져 있다는 것이다. 행원(行圓)이란 일행(一行)이 곧 일체행(一切行)이라는 것이고 위원(位圓)이란 초위(初位)에 이미 일체 위의 공덕이 있다는 것이다. 인원(因圓)이란 삼제를 함께 비추어 자연히 불지(佛智)에 유입한다는 것이고 과원(果圓)이란 법신·반야·해탈의 3덕이 부종불횡의 관계에 있다는 것이다. 지의는 원교를 가지고 불교의 극치를 나타낸다. 따라서 장교와 통교에 대비해 원진(圓眞)이라고 하는 것이고 또 별교가 격력불융(隔歷不融)인 것에 대비해 원교를 원융불이(圓融不二)라고 한다. 『사교의』 1에서 원교의 명의를 해석하는데 치우치지 않는 원(圓)의 이치를 증득하여 불가사의한 불생불멸의 12인연, 부사의 2제, 원융삼제(圓融三諦)를 들고 사리불이(事理不二)·일즉일체(一卽一切)·일체즉일(一切卽一)이라 하여 무작본유(無作本有)의 법문이라고 한다.

원교의 뜻은 매우 많은데 『천태사교의』에서는 이것을 정리하여 원묘(圓妙)·원만(圓滿)·원족(圓足)·원돈(圓頓)으로 정하고 있다. 모든 법이 원융하여 불가사의하므로 원묘(圓妙)라 하고 삼제(三諦)가 상즉(相卽)하여 체덕호융(體德互融)하므로 원만(圓滿)이라 한다. 또한 사리삼천(事理三千)이 일념에 구족하므로 원족(圓足)이라 하고, 인과불이(因果不二)하여 초후무별(初後無別)하므로 원돈(圓頓)이라고 하는 것이다. 『사교의집주』에 의하면 원묘란 삼제원융이고 원만이란 삼일(三一)이 상즉하여 결감이 없는 것이며, 원족이란 사리양중(事理兩重)의 3천(千)이 일념에 구족되는 것이고, 원돈이란 과덕(果德)이 본구(本具)하여 점차로 수덕(修德)하는 것이 아닌 것이라고 설명하고 있다. 이른바 원복(圓伏)·원신(圓信)·원단(圓斷)·원행(圓行)·원위(圓位)·원자재장엄(圓自在莊嚴)·원건립중생(圓建立衆生)이다.

원교라는 명칭은 『화엄경』 55에 "선복(善伏) 태자를 위해 원만수다라를 설한다"고 하고 그 중송에 "자재력(自在力)을 현현하여 원만경을 연설한다"고 하는 것이 출처이다. 원교의 명칭을 천태 이전에서 구하면 지론종 혜광(慧光)의 돈(頓)·점(漸)·원(圓)의 3교판에서 『화엄경』을 원교라고 판별한 것이 최초이다. 혜광이 『화엄경』을 원교로 배대한 것은 이 경전이 여래의 구경과해(究竟果海)의 원극비밀(圓極秘密)의 법문을 설하고 있다는 이유에 의한다. 어쩌면 이 분류법은 지의에게 참고가 되었을 것이다. 그러나 『법화현의』에 설명되는 남3북7의 교판에는 광통(光統)의 4종교가 나오지만 3교판은 나오지 않는다.

『사교의』에서는 비록 앞에서 여덟 가지로 정했다고는 하나 별교와 대조하여 원교의 개념을 더욱 명료하게 규정하고 있다. 즉 별교는 교관2문과 함께 격력불융한 점에 특색이 있는데, 특히 교상의 중심원리인 중도를 공(空)·유(有)의 2변과는 격별한 것이라고 설하기 때문에 3제는 격력삼제(隔歷三諦)이다. 관심문의 3관도 차제삼관이고 대치해야 할 3혹도 별체이므로 행위도 단계적으로 배열하여 설하고 있다. 그런데 원교에서는 원융삼제를 제1원리로 하여 그 교상문의 전면에 원융사상이 철저하게 전개되어 있다. 관심문에서도 일심삼관의 입장에서 일위즉일체위(一位卽一切位)를 설하므로 인과불이(因果不二)이고 삼혹동체(三惑同體)이며 번뇌즉보리(煩惱卽菩提)이므로 단즉부단(斷卽不斷)으로 나타난다. 이와 같이 별교의 격력불융과 대조하면 원교의 원(圓)이 교상문에서는 원융(圓融)이고, 관심문에서는 원돈(圓頓)의 뜻이 된다.

원교 교상문의 원융원리는 무작사제(無作四諦)로 표현된다. 장·통·별의 3교와 원교의 사이에는 4제를 설하는 방법에 근본적인 차이가 있다. 장교의 생멸4제, 통교의 무생4제, 별교의 무량4제는 비록 성격을 달리하고 있지만 번뇌와 보리, 즉 고(苦)와 집(集)이라고 하는 생사의 인과와 멸(滅)과 도(道)라는 열반의 인과를 다른 것으로 보는 점에서는 같다. 생사는 끊어야 할 것이고 열반은 새롭게 닦아 얻어야 할 것이라고 고찰하는 것이다. 즉 거기에서 생사와 열반은 격력불융(隔歷不融)의 관계이다. 그런데 원교에서는 고(苦)·집(集)과 멸(滅)·도(道)가 일체로 상즉한다고 설한다. 고제인 3계6도는 보리에 미혹하기 때문에 현전하는 것에 지나지 않고 그 본체는 청정한 불지(佛智)라고 하며, 멸제인 열반의 내용인 법신·반야·해탈도 새롭게 얻을 수 있는 것이 아니고 현실의 혹(惑)·업(業)·고(苦)의 3도가 이것이라 한다. 멸제에 이르러서는 생사즉열반·번뇌즉보리·사음즉불도라고 설한다.

이와 같이 생사와 열반의 절대상즉에서 4제를 설하므로 무작4제라고 하는 것이다. 『법화현의』 2하에서는 경묘(境妙)단에서 4종 사제를 설함에 있어서 우선 『승만경』에 유작유량(有作有量)·무작무량(無作無量)의 4제로 구분하여 전자를 소승 4제라 하고 후자를 대승 4제라고 하는 설에 비판을 가하고 있다. 전술한 바와 같이 이것은 정영사 혜원의 『대승의장』에도 있으므로 혜원 아니면 그 이전의 지론계의 학설이라고 추정된다. 지의가 특히 강조하는 것은 유작(有作)·무작(無作)을 불지(佛智)의 진(盡)·미진

(未盡)의 의미로 해석하는 것은 부당하다고 하는 점이다. 즉 기존의 설에서는 소승의 4제에는 법문에 불완전한 요해가 있기 때문에 유체(有體)·유량(有量)이라고 하며 대승의 4제에서는 불지(佛智)를 각각 설하고 있으므로 무작(無作)·무량(無量)이라고 하는 것이다. 그런데 지의는 이것을 비판하고 새로운 해석을 가해 원교의 4제는 새삼스럽게 끊을 만한 고제나 집제도 없고 현실을 떠나 닦을 만한 도제도 이룰 만한 열반도 없다고 설하기 때문에 수행인에 대해 어떤 행위도 필요치 않으므로 무작사제(無作四諦)라고 주장하는 것이다. 앞서와 같이 원교에서 4제는 수행인에 대해 하등의 행위를 요구하지 않고 완전히 무작(無作)해야 할 것을 설시하는 것이다. 위에서 인용한 『법화현의』의 글에서 "무작이란 중(中)에 미혹된 것이 적다"고 하는 것과 같이 순수 이법의 입장에 의거하는 것이다.

공(空)과 유(有)에 즉하는 중(中)은 원융삼제(圓融三諦)이다. 그러므로 원융삼제의 원리야말로 별교의 무량사제를 정점으로 하는 전 3교의 4제와 다른 원리이다. 여기에서 4제는 생사와 열반 혹은 번뇌와 보리를 이원적으로 설한 전 3교의 4제와는 매우 커다란 차이를 보이는 것이다. 게다가 이것은 원교에 이르러 처음으로 일어난 전환이다. 별교와 원교 사이에는 큰 간격이 있다. 별교는 전 3교 중에서는 최고의 법문이고 설하는 무량사제도 중도원리에 의거하고 있는데 그 중도원리가 공(空)·유(有) 2변과 격별불융이다. 4제가 생사와 열반 혹은 번뇌와 보리를 격별하는 것이라 하는 이원론에 기초하는 것이고 중도를 설해도 생사즉열반을 설한 것이라고 할 수 없다. 이 점에서는 전 3교가 공통이다. 그런데 원교의 4제는 어디까지나 원융원리에 철저하고 4제를 생사즉열반의 입장에서 설한다. 이런 격별과 원융의 차이야말로 전 3교와 원교를 명확히 구별하는 것이다.

생사즉열반(生死卽涅槃)·사음즉불도(邪淫卽佛道)라고 하는 원융원리를 근본법문으로 하는 원교가 철저한 무작의 원리를 설하는 것은 상술한 바와 같다. 그러나 이것은 이법(理法)의 입장에서 설해진 무작이므로 원교에서는 실천수행이 무용하다고 생각하는 것은 큰 오해이다. 생사즉열반의 진리를 단지 이해할 뿐 실제로 증득하여 체현하지 못했다면 원교의 목적에 도달했다고 할 수 없다. 그러므로 끊을 만한 번뇌는 없지만 그것을 실증할 때까지 무작의 원리에 기초하여 원교의 수행을 엄숙히 실천하지 않으면 안 된다.

지의는 『법화경』 『열반경』 『화엄경』, 대집 및 반야부 경전 가운데 원교의 실천관법이 설해져 있다고 하는데, 『사교의』 6에서는 이것을 4종삼매와 10승관법으로 체계 짓고 있다. 원교의 10승관법은 처음부터 실상을 관찰하기 때문에 일행즉일체행(一行卽一切行)이고 초후불이(初後不二)이며 "초발심즉변성정각(初發心卽便成正覺)"이므로 원돈행이라고 할 수 있다. 이와 같이 원교는 교상에서는 원융을 설하고 관심에서는 원돈을 설한다. 여기에 원교의 특색이 있다. 무엇보다 이치의 관점에서 보면 본래 끊을 만한 번뇌도 구할 만한 보리도 없지만 그것은 어디까지나 이치이고, 실천수행의 입장에서 보면 원교 이치를 증득하는 데 얕고 깊은 차이가 있으므로 수행계위의 단계를 설정할 필요가 있다. 그러므로 지의는 원교의 행위로서 『법화경』 및 『영락경』에 의해 여덟 단계로 나눈다. 5품제자위 · 10신위 · 10주위 · 10행위 · 10회향 · 10지위 · 등각위 · 묘각위 등의 8과를 세우고 원교의 도정을 단계적으로 설명하고 있다.

이상이 화법4교의 개요이다. 화법4교는 불교사상의 내용을 분류한 것이므로 지의의 불교분류론이며 교리에 해당하는 부분이다. 이것은 3관에 입각하여 불교사상을 종합한 것이다. 그 대체를 묶으면 다음과 같다.

4교의 특징

장 교	통 교	별 교	원 교
소 승	대 승		
삼 승		보 살	불
인공법유(人空法有)	인법이공	진여중도	
단공(但空)	부단공(不但空)	단중(但中)	부단중(不但中)
삼승	10지	52위	5품제자+52위

이러한 화법사교는 각각의 가르침으로서 특색을 갖고 중생을 교화하는 것이지만 이 네 가지 가르침 중에서 통교 · 별교 · 원교는 서로 유기적인 관계를 가지고 있다. 그것이 전술한 별접통(別接通) · 원접통(圓接通) · 원접별(圓接別) 등의 피접(被接), 또

는 수접(受接)이라고 하는 개념이다. 말하자면 근기가 높은 이근보살이 통교에서 중도를 깨치면 도중에 별교 혹은 원교의 자리로 접속되어 올라간다. 통교의 가르침에서 볼 때 중도의 이치가 포함되기 때문이다. 둔근인은 깨닫지 못하지만 이근인은 통교의 진제를 관하면서 중도를 깨닫는다. 이 때 별교의 단중(但中)을 깨달으면 별접통(別接通)이고 원교의 부단중(不但中)을 깨달으면 원접통(圓接通)이라 한다. 그리고 다시 원접별(圓接別)도 있는데, 이것은 별교와 원교 사이에도 피접이 가능함을 말한다. 이것은 별교에서도 단중(但中)의 이치를 관하는 데서 활연히 부단중(不但中)의 이치를 깨달아 원교 수행인이 되는 경우이다.

五. 원돈교상의 원리

천태의 교문(敎門) 체계를 가지고 교문의 사상을 밝히고자 한다. 교문의 사상이라고 하는 것은 장·통·별·원의 4교와 공·가·중 3제로 이루어지는데, 특히 원교와 원융삼제(圓融三諦)가 바로 천태사상이자 법화의 사상이다. 천태불교는 『법화경』을 그 소의경전으로 삼는데 『법화경』은 모든 가르침에 절대의 가치를 부여하는 경이라 한다. 천태 원교의 교리는 현상즉실재(現象卽實在)의 논리로써 만물에 절대의 가치를 인정하는 제법즉실상(諸法卽實相)을 천명한다. 이를 위해 원융삼제(圓融三諦)와 일념삼천(一念三千)의 천태교리가 조직되어 있다.

1. 제법실상(諸法實相)

제법실상(諸法實相)이란 일체 만물이 그대로 절대이며 실재라는 것이다. 현상 그대로가 본체라고 하는 현상즉실재론(現象卽實在論)을 강조한 점에 천태불교의 특성이 있다. 즉, 삼라만상의 모습은 그대로가 현상차별의 모습이다. 이 현상차별의 모습이 그대로 본체의 평등상인데, 평등 중에 차별을 포섭하고 차별 중에서 평등을 포섭하고 있는 점에 천태불교의 특색이 있다. 얼핏 모순되는 것처럼 생각되지만 실은 가장 합리적인 생각이다.

차별과 평등은 모순되는 개념으로서 형식논리에서 말하면 차별은 어디까지나 차별이고 평등은 어디까지나 평등이지, 차별 그대로가 평등이라는 것은 허용되지 않는다. 만약 차별이 평등이라고 한다면 차별과 평등은 모순되지 않은 것이라 하지 않으면 안 된다. 차별과 평등은 분명 모순된 개념이다. 이 모순된 것이 모순된 채로 되어 있다고 하는 점에 천태불교의 특색이 있는 것이다. 그것은 형식논리로는 절대로 해결될 수 없는 문제이다. 형식논리를 초월한 입장에서 해결될 문제이다. 형식논리에서 모순율은 어디까지나 모순율이고 동일률은 어디까지나 동일률이므로 모순율과 동일률을 혼동하는 것은 허락되지 않는다. 그러나 구체적 세계에서는 단순히 형식논리만으로는 결론이 나지 않는다. 즉 논리를 초월한 논리의 세계가 있다. 이 논리를 초월한 논리의 세계에서 비로소 참된 세계가 열리는 것이다. 이러한 입장에 서서 사물을 보고 그것을 실천해 가려고 하는 것이 천태불교이다.

형식논리에서 해결할 수 없는 문제를 해결하여 안심입명(安心立命)을 얻고 전미개오(轉迷開悟)하는 것이 천태의 실상론이다. 천태에서 말하는 제법실상이란 "제법의 실상"이라고 하는 의미이거나 "제법은 실상"이라고 하는 의미인데, 이 문제가 분명하지 않은 것처럼 생각되지만 천태 이해의 측면에서는 연기의 실상을 제법실상으로 표현하고 있으므로 연기법이 그대로 절대라고 하는 의미이다. 즉, 법 그 자체가 그대로 연기이며 실상이라고 하는 것이다. 예를 들면 지금 나의 존재는 한편으로 관찰하면 특정한 모습을 가지고 존재하고 있는데, 누구도 이것을 부정할 수 없으므로 이것을 있다고 한다. 또한 다른 측면에서 관찰할 때에는 모습을 가지고 있더라도 그것은 여러 필요조건에 의해 생기는 것이며 멸해 가는 것이니 영원불멸의 존재라고는 할 수 없다. 그래서 나의 실재는 없다고 한다. 바로 여기에서 나의 존재에 대한 두 개의 고찰방법이 성립하는 것이다. 즉 전자는 있다고 고찰하고 후자는 없다고 고찰하는 것이다. 어떤 것이 옳은가 하는 문제가 논구되지 않으면 안 된다. 그런데 모두 옳고 틀리지 않다고 한다면 모두 바르다고 하여 양자를 긍정하는 입장이 고찰된다. 혹, 어느 쪽도 바르지 않다고 하여 양자를 부정하는 입장도 고찰된다. 즉 어느 쪽에도 있다고 하는 입장과 어느 쪽에도 없다고 하는 입장이라는, 두 개의 입장이 고찰되는 것이다. 그러한 두 개의 측면이 고찰된다고 하는 것은 나의 존재라고 하는 것은 있는 것도 되고 없는 것도 되는 동시에, 있는 것도 아니고 없는 것도 아닌 것이라고 하는 것을 의미하게 된다. 즉 유무를 초월한 동시에 유무를 내포한 것이 된다. 이것을 중도실상(中道實相)이라고 하는 것인데, 유무 상대를 초월하고 상대와 절대를 초월한 절대 그 자체를 가리켜 제법실상이라고 하는 것이다. 모든 존재하는 것은 그대로 법성(法性)의 표현이자 전체의 부분으로 존재한다는 것이 천태가 사물을 보는 고찰방법이다.

2. 원융삼제(圓融三諦)

천태 원교의 교리는 철저한 현상즉실재론으로서 만물에 절대의 가치를 인정하는 제법실상(諸法實相)의 사상을 천명하려고 한 것이다. 이것을 구체적으로 표시한 것이 바로 원융삼제(圓融三諦)론이다. 지의에 의하면 우주 만물은 결국 공·가·중의 세 진리로 돌아갈 것이고 불교의 주안은 이 세 진리를 명확하게 하는 것이다. 그 진리는 소극적 부정의 논리에 의하여 표현되는 평등의 원리인 공제(空諦)와 적극적 긍정의 논리에 의하여 표현되는 차별의 원리인 가제(假諦), 그리고 부정과 긍정의 양극이 결국은 불이일체(不二一體)라는 차별즉평등(差別卽平等)의 원리인 중제(中諦)의 세 방면이 있는 것이므로 불교의 교리는 이 세 가지 진리를 나타내는 것이다.

因緣所生法 ┌ 我說卽是空 – 공제 – 소극적 부정 – 평 등
          ├ 亦名爲假名 – 가제 – 적극적 긍정 – 차 별
          └ 亦是中道義 – 중제 – 양 극 불 이 – 차별즉평등

교리에는 네 단계, 즉 장·통·별·원으로 이루어진 화법4교가 있어서 이 세 가지 진리를 표현하는 방법이 다르다. 4교 중에서 장교는 공제와 가제의 표면을 설하고 통교는 공제를 위주로 하되 가제를 조금 논한다. 별교는 3제 전부를 설하였으나 3제가 각각 고립되어 있으며 특히 공·가제와 중제 간에는 깊은 간격이 있다고 하기 때문에 이것을 격력불융(隔歷不融)의 3제라 한다. 또 이 진리를 인식하는 데도 먼저 공제를 얻고 다음 가제에 도달하며 최후로 중제에 이른다고 하는 순서를 정하기 때문에 차제

삼제(次第三諦)라고 한다. 그런데 원교에서는 공·가·중 3제가 유기적인 연락을 가지고 상호 불리의 관계가 있어서 공제 가운데 가와 중을 수납하고 가제 가운데 공과 중을 섭입하며 중제 중에 공과 가를 포함한다. 공제는 단순한 부정의 진리가 아니고 그 중에 긍정의 진리와 두 극단이 다르지 않다는 진리를 포함하고 있기 때문에 결국 공제가 공·가·중 3제를 표현한다. 가제와 중제도 이와 같이 3제를 포함하여 3제가 서로 갖추어지고 서로 원융하며[互具互融] 상즉하여 원융하다[相卽圓融]고 설하기 때문에 이것을 원융삼제(圓融三諦)라 한다. 따라서 이것을 인식하는 데도 전후 순서가 없기 때문에 불차제삼제(不次第三諦)라 하고 소위 부종불횡이라고 하는 것이다.

　이제 원융삼제의 뜻을 살펴보기로 하자. 공제에서 공이라고 하면 유를 부정하는 것이 본령이기 때문에 유를 깨뜨리는[破] 의미가 있다. 그런데 유를 부정하는 것은 공을 긍정하는 것이기 때문에 공을 세우는[立空] 의미가 있다. 그리고 유를 부정함과 동시에 공을 긍정하고 부정과 긍정이 동시에 성립하는 것은 결국은 파유(破有)와 입공(立空)이 모순되지 않고 동시 공존하여 다르지 않은 것이며 동일물의 양면이라고 할 것이기 때문에 공제 중에 깨뜨리는 것과 세우는 것은 다르지 않다[破立不二]는 취지가 갖추어져 있다. 이와 같이 파유(破有)·입공(立空)·파립불이(破立不二)의 세 가지 뜻이 완비되어야 공제가 활성화되는 것이고, 만일 단순히 유를 깨뜨리는 파유의 일면뿐이라면 추상적인 진리이고 활력 있는 구체적인 동작은 아닌 것이다. 그리고 유를 깨뜨리는 것은 부정의 작용에 의하여 공제를 표면에 나타내고 공을 세우는 것은 긍정의 작용에 의하여 중제의 이치를 나타내기 때문에, 하나의 공제 중에도 공·가·중 3제의 진리가 완비되고 원융되어 있는 것이다. 이와 같은 방식으로 가제나 중제 중에도 각각 3제의 이치를 갖추고 있기 때문에 3제 각각이 3제를 구족하여 소위 원융무애를 표시하게 되는 것이다. 따라서 또 3제에 포함하기 때문에 공을 갖추고[俱空] 가를 갖추며[俱假] 중을 갖추는[俱中] 것이며 동시에 또 공 중에 다른 이제의 공을 포함하고 있기 때문에 하나의 공이 바로 일체의 공이고[一空一切空] 하나의 가가 바로 일체의 가이며[一假一切假] 하나의 중이 바로 일체 중이라[一中一切中] 하는 것이다. 그리고 또 공·가·중 서로가 상즉하기 때문에 즉공즉가즉중(卽空卽假卽中)이라고 할 수 있는 것이다. 원융삼제와 삼관의 관계를 도시하면 다음과 같다.

원융삼제와 삼관의 관계

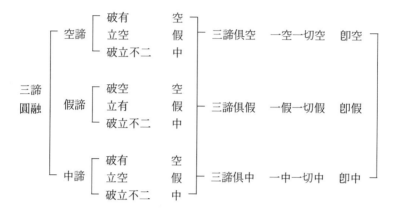

이와 같은 원융삼제의 진리는 추상적인 논리만이 아니고 세계 인생의 사사물물은 전부 원융삼제의 이치를 구족하므로 만물이 모두 공이고 가이며 중이다. 우리들이 경험하는 일체법은 전부가 원융삼제의 진리이기 때문에 일경삼제(一境三諦)라고 한다. 우리들이 꽃을 볼 때에 꽃에서 3제의 진리를 인식하고 소리를 들을 때에 소리에서 3제의 묘리를 얻는다면, 세계 인생은 전부가 진여의 나타남이 되고 보고 듣는 모든 지혜와 경계가 모두 절대 무한의 가치를 지니게 되는 것이며 제법실상의 묘리(妙理)가 드러나게 되는 것이다.

원융삼제는 결코 수미양단(首尾兩端)의 사상이 아니라 세간의 속박으로부터 자유로우면서도 세간을 정화하는 보살행의 체관(諦觀)이다. 원융삼제는 일경삼제(一境三諦)라고도 하고 불차제삼제(不次第三諦)라고도 하며, 부종불횡삼제(不縱不橫三諦)라고도 하고 부사의삼제(不思議三諦)라고도 부른다. 원교묘지(圓敎妙智)의 대경(對境)이기 때문에 이처럼 정지적인 이법(理法)의 명칭을 받는 것인데, 이것을 관찰하는 주체측의 활동이 일심삼관(一心三觀)이다. 삼관을 공관에서 가관으로 가관에서 중관으로 단계적으로 행하는 경우를 차제삼관(次第三觀)이라 하고, 그 소관(所觀)의 대경(對境)을 격력삼제(隔歷三諦)라고 한다. 천태의 일심삼관은 이러한 삼관을 일심의 3면으로 동시에 이루는 것인데 단순히 이러한 3관이 동시에 행해진다고 하는 의미는 아니다. 그것은 법화삼매에 들어갈 때 오묘한 지혜가 작용하여 제법이 본래공(本來空)임을 알면서 제법의 세계를 떠나 실상의 세계가 존재할 수 없음을 아는, 이 제법세계를 정화하는 적극적인 지혜인데 엄밀하게는 이론적으로 설명할 수 없는 것이다. 그래서 부사의삼제라든가 부사의삼관이라고 하는 것이다. 그러나 실천적으로 이 일심삼관을 체득할 수 있다고 상정하고 이것을 실천하는 수행론이 『마하지관』의 4종삼매·10승관법인 것이다.

세속적인 입장에서는 제법을 실유(實有)라고 집착하나 불교세계에 들면 우선 장교(藏敎)가 있는데 그 실상론에서는 회신멸지(灰身滅智)를 이상으로 하고 제법을 분석하여 공을 증득해야 할 것이라고 설한다. 이 공을 석공(析空)이라고 한다. 그런데 대승의 초문인 통교에서는 당초부터 일체공(一切空)을 실상(實相)이라고 설한다. 이것을 체공(體空)이라고 한다. 그러나 통교 자체의 교설에서 말하면 그 체공은 부정주의로 떨어지고 제법을 부정하는 논거로 된다. 이것에 대해서 별교는 부정주의에 치우치는 것이 아니라 새로이 가관을 행하여 현실을 중시해야 할 것을 설한다. 그러나 별교는 최고원리인 중(中)을 공·가와는 별개의 것으로 하고 가관(假觀)으로 비춰지는 제법이 중관의 대경(對境)인 중(中)의 실상과는 관계없는 것이라고 한다. 그런데 법화원교에서는 삼관을 일심에서 동시에 행하므로 제법즉실상(諸法卽實相)이고 실상도 실즉상(實卽相)이라고 설한다. 얼핏 추상적인 논의에 지나지 않는 것처럼 느껴지지만 오히려 구체적인 현실에 사무치는 것이다. 이렇게 불교는 이제주의에서 삼제주의로, 그리고 삼제주의에서 원융삼제로 전개해 가는 것이다. 이 가운데 전 불교철학이 집약되었으므로 지의의 원융삼제는 중국 실상론의 역사에서 일대 진보를 가져왔다고 할 수 있다.

3. 일념삼천(一念三千)

우리들의 한 순간 마음에 우주만유가 갖추어져 있다는 것을 표현한 것이 '일념삼천설(一念三千說)'이다. 여기서 한 생각[一念心]이라고 하는 것은 범부의 순간적인 마음, 즉 느끼고[受] 생각하고[想] 작용하고[行] 분별하는[識] 마음을 가리키는데, 여기에 3천이라고 하는 삼라만상이 갖추어져 있다는 것이다. 3천이라는 수는 십법계(十法界)

와 십여시(十如是) 및 삼세간(三世間)을 곱한 것이다.

　우주만상을 3천이라고 숫자화한 것은 다음과 같은 원리 때문이다. 지옥·축생·아귀·수라·인간·천상 등 미혹된 여섯 세계와 성문·연각·보살·불 등 깨달음의 세계를 합해 10계(界)가 된다. 이 10계에 다시 10계가 겹쳐 있으므로 합하여 100계가 이루어진다. 이 100계는 하나하나 열 가지 범주로 이루어져 있는데, 이 열 가지 범주는 여시상(如是相)·여시성(如是性)·여시체(如是體)·여시력(如是力)·여시작(如是作)·여시인(如是因)·여시연(如是緣)·여시과(如是果)·여시보(如是報)·여시본말구경등(如是本末究竟等)이다. 이러한 10여시(如是)를 100계 하나하나가 갖추고 있으므로 천여(千如)가 된다. 이 천여는 또 오온세간(五蘊世間)·중생세간(衆生世間)·국토세간(國土世間) 등 3세간에 갖춰지므로 합하여 3천이 이루어지는 것이다. 이것이 바로 우주만유이다. 이러한 온 우주만유가 한 순간의 우리 마음에 있다는 것이다.

　찰라의 일념에 삼라만법의 수많은 모습이 완연하게 존재하고 게다가 일사불란한 상태에서 정연하게 개별적인 모습을 가지고 존재하고 있는 것이다. 그러한 무한한 모습, 게다가 전체성(全體性)과 상관성(相關性)의 원리로 뒷받침된 연기의 실상을 인간의 불완전한 사유·언어·문자로 표현할 수는 없다. 그래서 그러한 대자연의 미묘한 불가사의한 작용을 삼천이라는 숫자에 의해 표현한 것이므로 삼천제법이라고 하는 말은 삼라만법을 가리키는 것으로서 제법실상의 다른 이름이다. 이처럼 3천이 무한을 의미하는 것이라면 반드시 3천이라고 하는 수를 사용할 필요는 없다. 10만이라든가 100만이라든가 해도 좋지 않을까 생각된다. 물론 이처럼 표현해도 좋을 것이지만 지의는 『화엄경』『법화경』『대품반야경』 등의 경전설에 근거하여 3천의 법수를 가정한 것이다. 즉 『화엄경』에는 10계의 중생이 설해져 있고 『법화경』에는 10계의 중생에 10여시의 측면이 있다고 설해져 있으며, 『대품반야경』에는 우리 중생이 3세간 중에서 생활하고 있는 것이 설해져 있다. 그래서 10계와 10여시와 3세간에 의해 3천의 법수를 산출한 것이다. 이 계산에는 두 종류가 있는데, 하나는 10계에 10계를 갖췄다고 하므로 100계로 되고 거기에 10여시를 가하여 천여시로 되며 다시 3세간을 가하여 3천의 법수가 계산되는 것이다. 또 하나는 10계에 10계를 갖췄다고 하므로 100계로 되고 거기에 『법화경』의 30종세간을 가하므로 3천의 법수가 산정되는 것이다. 전자는 『법화현의』 2상에 나오는 설이고 후자는 『마하지관』 5에 나오는 설인데 보통 전자를 대표적으로 쓰고 있으므로 이제 이것에 기초하여 설명하기로 한다.

1) 십계호구(十界互具)설

십계(十界)라고 하는 것은 중생의 미오(迷悟)상태를 가지고 열 가지로 분류한 것으로서, 소위 지옥·아귀·축생·수라·인간·천상·성문·연각·보살·불이다. 이 중 앞의 6계는 즐거움과 괴로움의 차별은 있지만 모두 미혹한 세계이므로 6범(凡)이라 하고 뒤의 4계는 대소심천의 차별은 있지만 모두 깨달음을 얻은 세계이므로 4성(聖)이라고 한다.

10계라는 용어는 경문에 나오지 않지만 그 사상은 『화엄경』과 『대지도론』에 있다. 특히 『법화경』 「법사공덕품」에는 10계를 구성하는 각각의 명칭이 열거되어 있다. 즉 상품(上品)의 오역십악(五逆十惡)을 범하면 태어나는 극심한 고통의 세계인 지옥계, 중품의 5역10악을 범하면 태어나는 아귀계, 하품의 5역10악을 범하면 태어나는 축생계, 그리고 하품의 10선을 닦으면 태어나는 수라계, 오계(五戒) 즉 중품의 10선을 닦으면 태어나는 인간계, 상품의 10선이나 선정을 닦으면 태어나는 천상계, 불타의 교설을 듣고 4제를 관하여 회신멸지(灰身滅智)하는 이가 머무르는 성문계, 12인연의 이치를 관하여 회신멸지하는 이가 머무르는 연각계, 사홍서원을 일으켜 6바라밀을 행하는 이가 머무르는 보살계, 자리이타(自利利他)가 원만한 불타가 머무르는 불계가 그것이다.

지의에 의하면 이 10계는 6도(道) 4성(聖)의 차별을 가진 법계라고 한다. 그 이유로는 다음과 같은 세 가지 점을 들고 있다. 소위 '삼전독문(三轉讀文)'이라고 불리는 읽는 방법을 십법계의 세 자에 적용한 것이 그것이다. 법계에는 차별·무차별·평등의 세 가지 면이 있는데 공관(空觀)에 입각하면 법계는 무상(無相) 무차별(無差別)이다. 그러나 가관(假觀)에 입각하면 법계는 10계의 차별상에서만 자기를 표현한다. 동시에 중관(中觀)에 입각하면 차별즉평등(差別卽平等)이다. 결국 법계에는 공무차별의 면과 10계 차별의 면과 차별즉평등의 세 면이 있다고 하는 것이다.

그런데 이 10계가 호구호융(互具互融)의 관계에 있다고 하는 것이 유명한 십계호구(十界互具)의 사상이다. 지옥계 내지 불계 각각이 다른 9계를 자기 안에 본래 갖추고 있으므로 10계 하나하나는 그대로 완전한 소우주를 이룬다. 예를 들면 불계는 지옥계·아귀계·축생계·수라계·인간계·천상계·성문계·연각계·보살계의 9계를 갖추고 보살계도 역시 마찬가지로 지옥계·아귀계·축생계·수라계·인간계·천상계·성문계·연각계·불계의 9계를 갖추고 있다. 그러므로 하나하나는 모두 동격이고 전체이며 절대이다. 이를 그림으로 나타내면 다음과 같이 표현할 수 있다.

십계호구(十界互具)

	1	2	3	4	5	6	7	8	9	10
										불
									불	보살
								불	보살	연각
							불	보살	연각	성문
						불	보살	연각	성문	천상
					불	보살	연각	성문	천상	인간
				불	보살	연각	성문	천상	인간	수라
			불	보살	연각	성문	천상	인간	수라	아귀
上性		불	보살	연각	성문	천상	인간	수라	아귀	축생
外相	불	보살	연각	성문	천상	인간	수라	아귀	축생	지옥
下性	보살	연각	성문	천상	인간	수라	아귀	축생	지옥	
	연각	성문	천상	인간	수라	아귀	축생	지옥		
	성문	천상	인간	수라	아귀	축생	지옥			
	천상	인간	수라	아귀	축생	지옥				
	인간	수라	아귀	축생	지옥					
	수라	아귀	축생	지옥						
	아귀	축생	지옥							
	축생	지옥								
	지옥									

예를 들어 겉으로 드러나는 모습[外相]으로는 불계(佛界)일 때 나머지 9계가 하성(下性)으로서 자체에 갖추어져 있고, 보살계가 외상일 때는 상성(上性)으로 불계가, 하

성으로 나머지 8계가 갖추어져 있다는 것이다. 지옥이 외상이라면 축생계부터 불계까지는 상성이 된다.

10계의 차별이 있다는 점에서 본다면 이 10계를 포섭하는 일대법계(一大法界)가 존재한다고 생각된다. 그런데 10계의 하나하나는 각각 완전한 법계이므로 일대법계와 하등의 차이가 없다. 대법계와 소법계 혹은 대우주와 소우주의 차별을 고찰하는 것이 아니라 10계 하나하나가 그대로 법계 전체인 것을 나타내는 것이 십계호구(十界互具)의 본뜻이다. 그러므로 위로는 불계에서 아래로는 지옥계에 이르는 하나하나의 세계가 그대로 전 법계이다. 개별 중에 전체를 개현(開顯)하는 것이 십계호구설의 뜻이다.

10계는 우리들의 정신활동을 열 가지로 분류한 것으로서 누구나 본래 이 열 가지 측면을 가지는 것이다. 단지 미혹이 강한가, 증득이 강한가의 차이에 따라 인간의 작용에 차이가 생기게 되는 것이다. 따라서 지옥계라 해도 단순한 지옥계가 아니라 다른 9계의 작용을 가지고 있는 것인데, 단지 지옥계의 작용이 강하게 나타날 뿐이며 불계라 해도 다른 9계의 작용을 가지고 있지만 단지 불계의 작용이 강하게 나타나는 것에 지나지 않는다. 예를 들면 지옥도에 있는 것처럼 보이는 사람이라도 보살이나 불심을 가지고 있으며, 또 부처와 같다고 존경을 받는 사람의 마음에도 지옥이나 아귀나 축생과 같은 마음은 가지고 있는 것이다. 우리들이 타락하여 지옥계를 창조하거나 향상하여 불세계를 실현하는 것도 우리들 중에 지옥이 되고 부처가 될 소질을 구비하고 있기 때문이다. 나아가 지옥계에 있을 때도 아귀 내지 불계의 소질을 갖추고 있고 부처가 될 때에도 보살 내지 지옥계의 소질을 구비하였다고 설한다. 이렇듯 10계의 상호가 10계를 구비하고 있는 것을 수학적으로 표현하면 10계에 10계를 곱하여 100계로 된다. 이러한 것을 십계호구설(十界互具說)이라고 하는 것이다.

여기서 강조하는 것은 10계의 중생들이 비록 하나의 세계에 속한다고 하더라도 여타의 9계의 성질을 가지고 있다는 것이다. 극악한 지옥이라 할지라도 부처의 성질을 잠재하고 있다는 것이고 반대로 부처에게도 지옥의 성질이 잠재해 있다는 것이다. 이것이 바로 성구설(性具說)이다. 우리에게는 어떤 세계도 잠재해 있으므로 우리는 무한한 가능성을 지닌 존재이자 반대로 어디로든 떨어질 수 있는 타락의 가능성도 함께 보유하고 있는 존재임을 깨우쳐 주는 것이다. 불계(佛界)는 비록 부처의 세계를 보이고 있더라도 잠재적으로는 지옥의 세계도 갖추고 있으므로 성악설(性惡說)이라고 할수 있을 것이다. 또 지옥중생계는 비록 지옥세계를 보이고 있지만 잠재적으로는 부처의 세계도 갖추고 있으므로 성선설(性善說)이라고 할 수 있을 것이다. 이렇듯 상대적으로 성악설도 되고 성선설도 되는 것이 호구(互具)사상이다.

2) 십여시(十如是)설

이렇듯 다른 9계의 성질을 갖추고 있는 10계 하나하나에 구체적이고 존재적인 경험 속성이라고 할 만한 열 가지, 즉 십여시(十如是)를 배당한다. 십여시라고 하는 것은 10계를 분석하여 열 가지로 분류한 것인데, 그 열 가지라고 하는 것은 『법화경』「방편품」에서 설하는 10여시이다. 그것은 여시상(如是相)·여시성(如是性)·여시체(如是體)·여시력(如是力)·여시작(如是作)·여시인(如是因)·여시연(如是緣)·여시과(如是果)·여시보(如是報)·여시본말구경등(如是本末究竟等)이다. 천태의 해석에 의하면 여시(如是)란 것은 특수하면서도 보편적이라는 뜻이다. 상(相)은 외형적 모습, 성(性)은 내면적 성질, 체(體)는 사물의 본체, 역(力)은 갖추어진 능력, 작(作)은 드러난 작용, 인(因)은 직접 원인, 연(緣)은 간접 원인, 과(果)는 직접원인의 결과, 보(報)는 간접원인의 결과, 본말구경등(本末究竟等)은 첫째의 여시상부터 아홉째의 여시보까지가 다 같다고 하는 것이다.

좀더 구체적으로 말하면 여시상(如是相)이라고 하는 것은 10계의 중생 모습으로서, 예를 들면 지옥에는 지옥의 형상이 있고 아귀에는 아귀의 형상이 있으며 내지 보살·불에는 각각의 형상이 있다는 것을 말한다. 여시성(如是性)이란 10계 각각에 모습이 있다고 한다면 10계 각각에 독자적인 성격이 있을 수 있다. 즉, 지옥에는 지옥의 성격이 있고 부처에는 부처의 성격이 있는 것을 말한다. 여시체(如是體)란 10계 각각에 상과 성이 있다면 그러한 상과 성을 갖추고 있는 주체가 있지 않으면 안 된다. 이것을 여시체라고 한다. 여시력(如是力)이란 10계 각각에 상·성·체가 있다면 이로부터 나오는 행위의 원동력이 있지 않으면 안 된다. 이것을 여시력(如是力)이라고 한다. 여시작(如是作)이란 10계 행위의 원동력에 의해 나타나는 작용, 즉 행위가 있지 않으면 안 된다. 이것을 여시작(如是作)이라고 한다. 여시인(如是因)이란 10계 중생의 행위 결과를 내는 원인을 말한다. 여시연(如是緣)이란 10계 중생의 행위 원인을 도와 10계 업생의 행위 결과를 갖게 하는 조연(助緣)을 말한다. 여시과(如是果)란 10계 중생의 행위 원인과 조연에 의해 갖게 되는 결과를 말한다. 여시보(如是報)란 선악의 행위에 따라 받는 과보를 말한다. 여시본말구경등(如是本末究竟等)이란 제1의 여시상을 본(本)으로 하고 제9의 여시보를 말(末)로 하여 본에서 말에 이르기까지의 하나하나가 삼천삼제(三千三諦)이므로 '구경에는 같다[究竟等]'고 한 것이다. 이와 같이 10계에 10계를 갖추고 있으므로 100계가 되고 100계의 중생에게 각각 10여시의 작용이 구족하므로 1,000여시의 작용이 나타나므로 단순히 한 개인의 마음 작용을 고찰해 보아도 무진의 상관관계를 가지고 원융무애한 상호관계에 의해 성립하는 것을 알 수 있다. 일체만물은 모두 반드시 이 열 가지 방면을 구비하고 있기 때문에 이것을 수학적으로 100세간에 곱하여 1,000세간이라고 하는 것이다.

십여시(十如是)에 대해서 『법화현의』 2에 따르면 지의의 스승 혜사는 "시상여(是相如)이고 시성여(是性如)이고 시체여(是體如)이고…"라고 읽었다고 하는데 지의는 끊어 읽기를 달리 하여 이 문장을 세 가지 방식으로 읽었다. 즉 첫째는 혜사와 같이 읽고, 둘째는 "여시상(如是相) 여시성(如是性)…"이라 읽고, 셋째는 "상여시(相如是) 성여시(性如是)…"라고 읽는 것이다. 이를 삼전독(三轉讀)이라 하는데 이처럼 세 번 읽는 방법을 바꾸는 것은 십여(十如)의 실상이 원융상즉함을 밝힌 것이다.

여기서 10여는 제법실상을 나타내고 있지만 실상이란 어떠한 것을 의미하는지 명확히 할 필요가 있다. 먼저 앞의 9여시의 한 문장을 취하여 세 번 문장을 바꾸어 읽는 것으로 3제의 뜻을 나타내고, 다음으로 열 번째의 본말구경등의 귀절을 취하여 이것 역시 세 번 문장을 바꾸어 읽어서 3제의 이치를 나타내고 있다. 이것이 삼전독문(三轉讀文)이라 불리는 지의의 특수한 독해법이다. 즉 10여시의 문장을 읽을 때 처음에 먼저 시상여(是相如)나 시보여(是報如)와 같이 '여(如)'에 중점을 두고 읽는다. '여'는 다르지 않다는 뜻으로서 모두가 평등한 모습이며 차별적인 견해를 타파하는 공제를 나타낸다. 두 번째는 같은 문장을 여시상(如是相)이나 여시보(如是報) 등으로 끊어 각각 '상(相)'이나 '성(性)'에 중점을 두고는 차별을 나타내는 것으로 읽는다. 이러한 것은 다르다는 뜻인데 여러 차별적인 제법이며 가제를 나타낸다. 세 번째는 상여시(相如是)나 보여시(報如是) 등으로 '시(是)'에 중점을 두어 읽는다. '시'는 진실의 뜻으로서 이들 모두가 유와 공의 두 극단을 떠나 절대중도의 진실한 이치에 맞닿는 중제 절대를 나타내는 것이다.

삼전독(三轉讀)

시상여(是相如) — 공 : '여(如)' – 평등
여시상(如是相) — 가 : '상(相)' – 차별
상여시(相如是) — 중 : '시(是)' – 절대

이렇듯 『법화경』에 나오는 십여시를 삼전독이라는 방법으로 각각 다르게 끊어 읽음으로써 삼제에 의해 해석하는 것에 천태의 특색이 있다.

3) 세간(世間)의 세 가지 분류

지의는 또한 세간을 세 가지로 분류하는데 이를 삼종세간(三種世間)이라고 부른다. 삼종세간이라고 하는 것은 오음세간(五陰世間)·중생세간(衆生世間)·국토세간(國土世間)을 말한다. 『대지도론』 70의 "세간에 세 가지가 있다. 첫째는 오음세간이고 둘째는 중생세간이며 셋째는 국토세간이다"고 하는 경문에 의거하고 있다. 요컨대, 3천세간이란 시간·공간의 차별상을 의미한다고 해도 좋다. 즉, 오음세간은 특히 10계를 구성하는 공통요소인 신심(身心)의 차별상, 중생세간은 정보(正報)의 차별상, 국토세간은 의보(依報)의 차별상이다. 우리 인간, 즉 10계의 중생은 국토를 떠나서 생활할 수 없다. 국토 중에 생존하고 있는 것이므로 국토세간이 없어서는 안 된다. 또한 우리 인간이 인간으로 사는 한 중생세간 안에서 활동하고 있는 것이다. 게다가 우리 인간은 육체와 정신을 떠나서는 생존할 수 없다. 따라서 우리의 생존은 오음세간 중에 있는 것이다. 이와 같이 고찰하여 우리 중생 즉 10계의 중생은 삼세간 중에서 생존하고 생활하고 있다고 한다면 천여시에 삼세간을 가하므로 삼천의 미묘불가사의한 상관관계가 고찰되는 것이다.

이와 같이 우리 개인의 입장에서 고찰해 보아도 나의 활동은 단순한 나의 생존이나 나의 활동이 아니라 시간적으로나 공간적으로나 무한히 주고받는 관계에서 생존하고 생활하는 것이다. 바꿔 말하면 나의 개인존재는 무한한 시간적 종(縱)으로 이어진 가운데 있는 동시에 무한한 공간적 횡(橫)으로 이어진 가운데 있는 것이다. 대우주 대자연의 미묘불가사의한 활동이 그대로 나 개인의 활동으로 되고, 나 개인의 활동이 그대로 무한의 우주활동으로 된다는 것이다.

실제로 경험적으로 성립시키기 위한 요건으로 나타나게 된 것이 중생·국토·오음의 3세간이다. 중생은 실제로 경험하는 주체이며 국토는 그 대상인 객관계를 지칭하는 것이고, 오음은 양자를 구성하는 요소인 물질과 정신이다. 대체로 지옥계 내지 불계도 이것을 창조하고 경험하는 데에는 반드시 주관계와 객관계와 그 요소의 세 방면이 구비되어 있기 때문에 100계의 하나하나에 중생과 국토와 오음이 구비되어 있지 않으면 안 된다.

4) 일념삼천(一念三千)의 사상

제법실상(諸法實相)의 사상을 원융논리로 설명하는 가운데 그 마지막 귀결이 일념삼천(一念三千)이다. 3천이란 것은 3천 세간의 약칭으로서 삼천 제법의 의미이다. 즉 우주만물을 총괄하여 3천 세간으로 하기 때문에 일체 제법 또는 만법이라 하는 것과 같다. 그러나 단순히 일체 제법 또는 만법이라고 하는 것과는 다른 뜻이 있다. 만물이 상호 원융무애하여 한 법이 다른 법을 포섭하고 만물이 서로 갖춘 것을 나타내기 위하여 만물이라 하지 않고 3천 세간이라고 한 것이다. 즉 3천 세간은 만물의 총칭임과 동시에 만물이 상호간에 원융무애한 묘법이란 것을 나타내는 어구이기 때문에 구사·유식 등에서 만물을 분류하여 5위 75법이나 5위 100법이라는 것과는 그 취지가 다른 것이다. 그러므로 3천이라고 하는 것은 단순히 일체 만물을 총괄한 것이 아니고 상호 원융한 것을 표시한 것이다.

3천 세간은 만유의 분류이면서 동시에 만물의 분석이며, 또는 한 사물에 포함된 만유의 형상을 표시한 것이라고 볼 수 있다. 3천 세간은 만유를 총괄 망라함과 동시에 하나의 사물이라도 각각 3천의 제법을 수납하고 있기 때문에 3천을 서로 갖추고 서로 원융하다는 것[互具互融]이다. 그러므로 우주의 만유는 상호 절대 무한의 가치를 가진 것이고 삼천의 제법이 각각 실상을 나타내고 있는 것이다. 즉 사물이 수로는 3천이나 실제로는 무량 무한의 의미를 구비하여 있기 때문에 삼천호구(三千互具)라고 하는 것이다. 그래서 어느 것이든지 원융삼제의 진리를 구비하고 있고 눈앞에 있는 현상 그대로가 실상이기 때문에 이것을 삼천실상(三千實相)이라고 하는 것이다. 천태의 원융사상은 여기에서 그 극치에 달하였다. 그것은 하나의 사물에 만유를 구비하고 만물이 서로 원융무애하여 동질·동량이며 그것이 모두 3제를 원만하게 갖추고 있어 동등하고 같은 가치인 것을 나타내어 낱낱의 사물은 어느 것이나 그 자체가 원만원족하고 원묘하다는 것이다.

이렇듯 삼천으로 표현되는 제법의 실상이 그대로 한 순간 일어나는 마음[一念心]에 갖추어 있다는 것이 일념삼천이므로 순간의 마음을 여실히 관함으로써 제법의 실상을 알 수 있게 된다. 그런데 이 일념(一念)을 관할 때 어떠한 마음을 관하는가가 문제가 된다. 마음에 대해서 불교에서는 여러 방면으로 고찰하여 치밀하게 분류하고 있으나, 천태의 관심 대상이 되는 하나의 마음이 망심(妄心)이냐 아니면 진심(眞心)이냐 하는 데 있다. 망심을 관하는 망심관(妄心觀)이란 것은 일상적으로 일어나고 있는 보통의 심리작용을 관하는 것이다. 이것은 오음(五陰)의 망심으로서 추위나 더위를 느끼는 매우 평범한 일상심에 삼제삼천(三諦三千)의 묘리(妙理)가 갖추어져 우주의 진리를 포함하고 있다고 관하는 것이다. 이에 비해 진심을 관하는 진심관(眞心觀)이란 우리들의 이성이라고 할 만한 참 마음을 상정하여 여기에 삼제(三諦)의 진리가 구비되어 있다고 관하는 것이다.

망심관을 주장하는 것은 사명 지례(四明知禮)를 비롯한 산가파(山家派)이고 진심관을 주장하는 것은 산외파(山外派)이다. 이 양설이 송(宋)나라 때에는 천태학의 중요 문제로 되어 격렬한 논쟁으로 비화되기에 이르렀다. 지의는 진심·망심의 어느 것에도 치우치지 않았으나 유일진심(唯一眞心)을 중시하는 화엄의 영향을 받은 송대의 천태학에서는 진심관을 역설하는 분위기가 고조되고, 이에 대하여 색심실상(色心實相)의 견지를 따르는 망심관이 나타나서 양쪽이 대립하게 되었던 것이다. 이 양설의 가부는 간단히 판정할 수 없으나 대체로 사명파의 망심관을 천태 정통의 설이라 보는 경향이 짙다. 색심실상을 논하여 가장 현실적인 것 중에서 가장 이상적인 것을 발견하려는 천태학의 정신으로는 망심관이 보다 철저한 것이라고 볼 수 있다.

4. 여래성악사상(如來性惡思想)

1) 성구설(性具說)

지의는 '성구(性具)'라고 하는 용어를 빈번하게 사용하지 않았다. 이 말은 담연(湛然)이 『금비론(金錍論)』이나 삼대부의 주석서에서 주목한 것이 최초라고 할 수 있다. 그러나 '성(性)'이라고 하는 것은 「방편품」 십여시(十如是) 가운데 하나로서 지의가 자주 사용한 것이다. 예를 들면 『마하지관』 5상에 불개(不改)·성분(性分)·실성(實性)의 세 가지 뜻은 공·가·중의 3면을 나타낸 것이라고 한다. '성(性)'은 표면에 드러나는 상(相)의 반대어로 쓰이고 있는 경우가 많다.

또한 '갖춤'이라는 뜻을 갖는 '구(具)'라는 용어도 자주 사용되고 있는데, 이미 서술한 『마하지관』의 관부사의경에서는 심생설(心生說)에 대하여 심구(心具)가 원교의 부사의경이라 설하고 있다. 특히 『법화현의』나 『법화문구』의 십계호구(十界互具)설도 '구(具)'의 사상을 강조한 것이다. 또 『사념처(四念處)』 4에서도 원교 사념처의 특색을 구(具)의 관득(觀得)에 있다고 하였다. 성(性)과 구(具)의 두 자를 지의는 그다지 빈번히 사용하지 않지만 이미 심구(心具)라는 용어도 있으므로 사상으로는 지의에게서 충분히 형성된 것으로 볼 수 있다. 그리고 후대 성구설의 근거로 『관음현의』의 성악설을 드는 것이 보통이다.

지의의 성구(性具)사상은 『사념처』에 나오는 "일법구일체법(一法具一切法)"으로 대표할 수 있다. 개별상의 하나하나가 그대로 법계 전체를 포섭한다고 하는 사상이다. 그러므로 예로부터 천태 성구설은 『대품반야경』의 "일체법취일법(一切法趣一法)"이나 『금광명경』의 "어일체법(於一切法) 함수일체법(含受一切法)" 혹은 『유마경』의 "수미개자상입(須彌芥子相入)" 등에서 유래하였다고 한다. 지의가 이 성구설을 설한 것은 십계호구(十界互具)·백계천여(百界千如)와 같은 동기인데 현실적 개별상에서 유리된 이성진여(理性眞如)를 상정하는 사상의 비현실적인 태도와 구별하기 위한 것이었다. 지의의 성구설은 하나의 법 가운데 다른 일체법(一切法)이 가능성으로 잠재한다고 하는 사상이다.

구(具)의 사상을 구상(具相)과 구성(具性)으로 나눌 수 있다. 구성설은 일법 가운데 다른 일체법의 성(性)이 가능성으로 잠재적으로 본래 갖추어 있다(本具)고 하는 사상이다. 이것에 대하여 구상(具相)설은 성은 물론 상마저도 그대로 갖추어 있다고 보는 견해이다. 천태의 성구사상은 구성설에서 구상설로 발전하고 드디어 성구설이 구상설로 되기에 이르렀다. 쉽게 경험적으로 실증할 수 없지만 법화삼매에 들면 원교의 묘한 지혜에 의해 명료하게 체증할 수 있다고 한다.

그러나 어떻든 구상설(具相說)은 당송 이후 점차로 유력하게 된 것이지만 지의는 오히려 구성설(具性說)적인 경향이 현저하였다. 천여(千如)가 마음 가운데 잠재하여 현전하지 않으므로 구성설이다.

여기서 주의해야 할 것은 지의의 구성설이 유심론과는 다르다는 점이다. 성구사상은 무엇보다도 지론계의 유심론이나 섭론계의 유식론에 대하여 형성된 것이다. 즉 하나하나의 법에 일체법을 갖췄다고 보는 사상이다. 지론종의 유심론은 법성심(法性心)을, 섭론종은 아뢰야식을 일체법의 근원으로 하고 제법과 이러한 근원심 혹은 근본식을 구별한다. 이것을 지의는 별교라 비평하고 원교실상론에는 미치지 못하는 법문이라고 하였다. 그런데 성구설은 심법도 절대, 불법도 절대, 중생법도 절대라 하여 글자대로 3법 무차별과 삼법 동격을 요구한다. 그러므로 심법을 불법이나 중생법의 근본으로 하는 유심론적 사상과는 취지를 달리하고 있는 것이다.

후세 화엄종의 징관(澄觀)은 『화엄경』의 '삼법무차별(三法無差別)' 설이 『마하지관』권5에 인용되었다는 것을 이유로 일념삼천을 유심론적으로 해석하려고 하였다. 그것은 『마하지관』이 관법의 편의에 기초하여 특히 3법 중에서 심법을 관의 대상으로 한 점을 무시한 것이기 때문에 지의의 성구설에 대한 정당한 견해라고 할 수 없다. 그러므로 『마하지관』의 심구설은 결코 유심론적 사상이 아니라 어디까지나 3법의 동격무차별을 말하는 성구사상을 배경으로 하고 있다는 것을 망각해서는 안 될 것이다. 지관을 실천함에 있어서 불법이나 중생법보다는 심법을 대상으로 하는 쪽이 편리하고 가까운 것이기에 일체법을 관찰할 때 한 순간 일어나는 마음을 대상으로 삼는 것이다. 그렇지만 이 심구(心具)에 의해 불구(佛具) 내지 중생구(衆生具)도 추측할 수 있다고 하는 것이 지의의 본뜻이므로 『마하지관』의 심구설의 기반이 되는 것은 심구(心具)・불구(佛具)・중생구(衆生具)의 사상과 공통하는 일구일체(一具一切)의 사상이다. 이것이 성구법문의 근본 취지이다. 그리고 지의 이후에 천태 성구사상에는 많은 변천이 있었지만 이 근본사상은 항상 유지되어 천태불교의 한 특징으로 된 것이다.

2) 성선악설(性善惡說)

천태 성구사상을 가장 현저하게 나타내는 것이 여래성악설이다. 보통 성구설과 성악설은 동의어로 사용되고 있다. 그렇지만 엄밀하게는 양자를 구분할 필요가 있다. 넓은 뜻으로 해석하면 성구(性具)사상은 반드시 천태법문의 독창이라고 할 것은 아니고 일즉일체(一卽一切)를 설한 대승의 공통 법문이라고 할 수 있다. 그러나 좁은 뜻의 성구설은 천태불교의 독창인데 이것이 즉 성악설(性惡說)이다. 천태 성악설을 중시한 사람은 송대의 지례(知禮)이다. 성악설을 설하고 있는 것은 『관음현의(觀音玄義)』뿐인데 지례는 3대부를 통하여 설해져 있다고 한다. 그래서 지례는 성악설을 천태불교의 근본 원리라 하고 이것에 의해 천태불교 전체를 통일시켰다.

이미 서술한 바와 같이 성악설이 설해져 있는 것은 『관음현의』이다. 이 책은 석명(釋名)・출체(出體)・명종(明宗)・변용(辨用)・교상(敎相)의 5장으로 나누어져 있다. 이 가운데 제1 석명장은 다시 통석(通釋)과 별석(別釋)으로 나누어지고 통석은 열명(列名)・차제(次第)・해석(解釋)・요간(料簡)의 4단으로 나누어져 있다. 이 가운데 제4 요간이 인법(人法)・자비(慈悲)・복혜(福慧)・진응(眞應)・약주(藥珠)・명현(冥顯)・권실(權實)・본적(本迹)・연료(緣了)・지단(智斷)의 10항으로 나누어져 있는데, 이 중 제9 연인불성(緣因佛性)과 요인불성(了因佛性)을 요간하는 곳에 성악설이 설해져 있다.

성악설은 여래에게 본성으로서의 악이 존재한다고 주장하는 사상이다. 우선 그 경우 악을 수악(修惡)과 성악(性惡)으로 구분한다. 수(修)는 수치조작(修治造作)이고 성(性)은 본유불개(本有不改)의 뜻이다. 간단히 말하면 수악은 현실적인 의식이나 행위에 나타난 경험악이고 성악은 악의 가능성인데 악성(惡性)과 같은 뜻이다. 그래서 여래는 이 경험악을 끊고 있지만 선천적 악성(惡性)만은 그대로 본구(本具)하고 있으며 이 악을 본구(本具)하고 있기 때문에 중생제도에 있어서 무작(無作)의 신통력을 자재로이 발휘할 수 있는 것이다. 만약 여래에게 성악(性惡)이 없다고 한다면 여래는 도리어 중생을 제도함에 있어서 부자유스러운 감을 느끼지 않을 수 없다고 하는 것이다.

악을 끊고 선을 닦는 것은 모든 종파에 통하는 불교의 목적이다. 재래의 여래관에 의하면 무명을 끊고 정각을 얻은 여래에게는 아무런 악도 존재하지 않는다고 하였다. 그런데 지의는 악과 무연(無緣)한 여래는 도리어 부자유스러운 존재이고 참된 여래는 악의 가능성을 자신 중에 포함하는 존재라고 설하였다. 그러므로 불교의 일반상식에서 보면 매우 놀라운 학설이다. 천태의 외부는 물론 내부에서도 의혹을 품은 적이 있었다. 특히 일본 화엄종의 보적(普寂) 같은 이는 성악설을 불교의 윤리성을 무시한 망설이라 하였다.

성악설은 수행자로 하여금 일체 자행타행의 이유가 각자 구비하고 있는 성덕(性德)의 삼인(三因)불성에 있는 것을 자각시키기 위해 설해진 것이다. 삼인불성이란 모든 중생에게 갖추어 있는 진여인 정인(正因)불성과 이 진여의 이치를 비추는 지혜인 요인(了因)불성, 그리고 이러한 지혜가 계발될 수 있도록 돕는 선근공덕인 연인(緣因)불성을 말한다. 그러므로 『관음현의』의 취지에서 말한다면 인개회(人開會)를 설하는 것이 목적이었던 것이다. 즉 일천제라고 하더라도 수선(修善)은 끊어져 있지만 성선(性善)은 구비하고 있다고 하는 천제성불(闡提成佛)사상이 성악법문 설정의 근본 동기였다. 그러나 어떻든지 여래 성악사상은 천태사상이다. 그리고 그 배경에는 지의의 현실주의사상이 있다. 「관세음보살보문품」은 관세음보살이 위로는 부처의 몸에서 아래로는 천·용·야차 등 33신상을 나타내어 일체중생을 구제하기 위해 보문시현(普門示現)한다고 하는 활동적인 여래를 이상으로 묘사하고 있다. 특히 지의가 애독한 『청관음경(請觀音經)』은 단지 정보(正報)뿐만 아니라 의보(依報)까지 중생과 같이 지옥고를 대신하여 받는다고 하는 대비대수고(大悲代受苦)사상이 설해져 있다. 지의는 이 활동적인 관세음보살을 가지고 이상적인 여래상으로 한 것이다.

지의는 현실 사바세계에서 도피하여 오로지 적정만을 즐기는 여래는 진정한 여래가 아니라고 보았다. 사바세계를 유일한 활동무대로 삼으면서 보문시현(普門示現)하여 적극적으로 활동하는 여래야말로 진정한 여래라고 여겼던 것이다. 그리고 이러한 활동적인 여래는 가능성으로서 9계의 악, 즉 성악을 자기 안에 갖고 있으며 언제까지나 이 성악을 발동시켜 9계에 응현(應現)하고 정보와 의보를 중생과 함께 하지 않으면 안 된다고 하였다. 지의가 이와 같은 성악본구(性惡本具)의 여래를 필요로 한 것은 『법화경』의 현실주의적인 교설에 의거하면서 북위(北魏)와 북주(北周)의 잔혹한 법난을 초래한 불교교단 및 승니의 타락을 정화하고 불교학의 현학적 풍조를 배격하여 새로운 불교를 건립하기 위한 것이었다.

六. 천태지관의 조직

천태지관은 천태불교가 이론과 실천, 교리와 수행 두 부분인 교관2문으로 나뉘듯이 그 실천·수행·관심의 부문을 총칭하는 것으로서 소위 4종삼매와 3종지관을 가지고 조직의 대강으로 한다. 4종삼매는 상행삼매(常行三昧)·상좌삼매(常坐三昧)·반행반좌삼매(半行半坐三昧)·비행비좌삼매(非行非坐三昧)로 이루어지는 것으로서 종합적으로 불도 수증의 행위 양식을 분류한 조직이다. 3종지관이란 원돈지관·점차지관·부정지관으로서 불도를 깨닫는 방법을 분류한 조직이다. 양자의 관계는 3종지관이 각각 4종삼매 가운데의 어느 한 가지를 통해 수행되는 것이라 할 수 있다. 즉 3종지관과 4종삼매는 일체로서 불교의 수행을 신의(身儀)상에서 말하면 항상 4종삼매 가운데 어떤 것이고 방법상에서 말하면 항상 3종지관 가운데 어떤 것이다. 불도를 종합적·방법적인 측면으로 체계를 세운 것이 각각 4종삼매와 3종지관이다. 여기서는 3종지관, 즉 세 가지 지관만을 설명한다.

1. 세 가지 지관의 구성

세 가지 지관이란 원돈지관(圓頓止觀)·점차지관(漸次止觀)·부정지관(不定止觀)으로서 불도의 깨달음을 형태로 분류한 조직이다. 3종지관 가운데 원돈지관은 실천 관심의 처음부터 가장 높고 가장 깊은 심경(心境)과 맞붙어 가는 방법이고 점차지관은 그것과는 반대로 낮은 곳으로부터 높은 곳으로 얕은 곳으로부터 깊은 곳으로 차례로 증득하고자 하는 것이다. 그리고 원돈지관이나 점차지관 어느 것에도 속하지 않은 것이 부정지관이다. 이 3종지관 가운데 원돈지관을 상설한 것이 『마하지관(摩訶止觀)』 10권이고 점차지관을 상설한 것이 『차제선문(次第禪門)』 10권이며, 부정지관을 약설한 것이 『육묘법문(六妙法門)』 1권이다. 이 가운데 부정지관은 점·돈의 법문을 전후 교대로 혹은 낮은 행법을 높게, 혹은 높은 법문을 낮게 사용하는 등 자유롭게 활용하는 것이므로 점차지관에 속한 여러 행법 가운데 6묘법문을 가지고 점차지관적 내지 원돈지관적인 뜻에 따라 자유자재한 활용을 나타낸 것이다. 따라서 1권의 찬술로도 충족되는 것이기 때문에 행법 그 자체로서는 돈·점의 두 가지 지관에 설명되어 있는 것 이외에 따로 다른 법문이 있는 것은 아니라고 되어 있다.

2. 세 가지 지관의 내용

1) 점차지관(漸次止觀)

세 가지 지관 가운데 가장 일찍 발표된 것은 점차지관이다. 점차지관은 낮은 곳으로부터 높은 곳으로, 얕은 곳에서 깊은 곳으로 차례로 증득하는 수행방법으로서 『차제선문』 10권에 상술되어 있다. '차제선문'은 약칭으로서 본래 제목은 '석선바라밀차제법문(釋禪波羅蜜次第法門)'이다. 또 '선문수증(禪門修證)'이나 '선바라밀(禪波羅蜜)'로도 약칭된다. 『마하지관』에서는 '지관(止觀)'이라는 한 마디 안에 불교의 수행법 전체를 포괄하고 있는데 이에 비해 『차제선문』에서는 그것 대신 '선(禪)'이라는 한 글자 안에 통괄하고 있는 것이 특색이다. 3종지관 가운데 가장 일찍 발표된 점차지관은 지의가 금릉(金陵)에 있을 때 와관사(瓦官寺)에서 강의한 것으로서 장엄사(莊嚴寺) 법신(法愼)이 필록한 것을 후에 장안 관정(章安灌頂)이 추려 10권으로 하였다고 한다. 그러나 법신이 기록한 그대로가 10권의 현행본이라는 설도 있다.

『차제선문』은 ①대의(大意) ②석명(釋名) ③명문(明門) ④전차(詮次) ⑤간법심(簡法心) ⑥방편(方便) ⑦수증(修證) ⑧과보(果報) ⑨기교(起敎) ⑩귀처(歸處)의 10장으로

이루어져 있다. 이렇게 10장으로 조직한 것은 그 명칭까지 『마하지관』과 거의 같다. 제1 대의부터 제5 간법심까지는 선(禪)에 대한 개요를 밝히고 제6 방편장에서는 실제의 준비, 제7 수증장에서는 좌선 수증의 방법이 설명되어 있다. 제8 과보·제9 기교·제10 귀처의 후3장은 장절의 명칭만 제시되었을 뿐 설명은 생략되어 있다. 특히 제7 수증장에서는 얕은 데서 깊은 순서로 여러 가지 수행 법문이 제시되고 있는데 이것이야말로 본론이라 할 수 있다. 우선 선에 크게 세간선(世間禪)·역세간역출세간선(亦世間亦出世間禪)·출세간선(出世間禪)·비세간비출세간선(非世間非出世間禪)의 4단계를 세우고 있다. 세간선으로 분류되는 선정은 사선(四禪)·사무량심(四無量心)·사무색정(四無色定)의 세 가지이고 역세간역출세간선은 육묘문(六妙門)·십육특승(十六特勝)·통명관(通明觀) 등이다. 출세간선은 대치무루(對治無漏)와 연리무루(緣理無漏)의 두 종류로 나누어지는데, 전자는 다시 관(觀)·연(鍊)·훈(薰)·수(修)의 4단계로 분류하여 구상(九想)·팔념(八念)·십상(十想)·팔배사(八背捨)·팔승처(八勝處)·십일체처(十一切處)·구차제정(九次第定)·사자분신삼매(獅子奮迅三昧)·초월삼매(超越三昧) 등의 선법이 자세하게 설명되어 있다. 『차제선문』 전 10권의 개요를 도시하면 다음과 같다.

『차제선문』 분과도

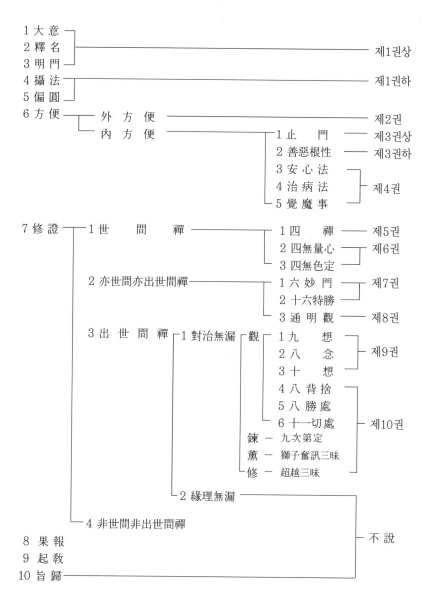

『차제선문』을 보면 기존 경론에 나와 있는 온갖 수행법을 네 가지 부류로 크게 나누어 낮은 곳에서 높은 곳으로 점차 닦아 나가는 체계로 조직하고 이를 다시 수행방법으로서 식(息)·색(色)·심(心)을 관찰하는 방법으로 정리하고 있다. 즉 일체법은 매우 많고 다양하지만 유형별로 정리하여 보면 호흡[息]과 대상세계[色] 및 만물에 대한 마음의 영역[心]으로 통괄할 수 있다. 그러므로 수행의 방법적 기조는 이러한 식·색·심을 바로 관찰하여 진실한 모습을 파악하는 형식에 따르지 않으면 안 된다. 그리고 네 가지로 구별되는 선법, 즉 세간선·역세간역출세간선·출세간선·비세간비출세간선의 각 선법이 식·색·심의 어떤 것에 관계하는 것이라 규정한 것이다. 식·색·심과 세간선 이하의 네 가지 선법의 관계를 조금 더 구체적으로 말하면 세간선·역세간역출세간선은 식에 의거하는 선법이고 출세간선은 색에 의거하는 선법이며, 그리고 비세간비출세간선은 심에 따르는 선법이라고 보는 것이다.

이리하여 수많은 선법도 수선방법이라고 하는 관점에서 보면 실로 세련되게 정리된다. 즉 4선부터 통명관(通明觀)에 이르는 각 선법은 식(息)에 따르고 구상(九想) 이하 출세간선에 상당하는 선법은 색(色)에 의거하며, 법화삼매 이하의 선법은 심(心)에 따라 수행해 가는 것이라고 하는 것이다.

그런데 식·색·심에 따르는 방법이란 어떠한 것인가. 첫째 식(息)에 의거하는 방법이란 기본적으로는 인도의 종교에서 중시되어 온 수행형식의 하나이다. 출입하는 호흡을 세어 마음을 진정시키는 아나파나(阿那波那 ; ānāpāna), 즉 안반(安般)이나 수식관(數息觀)을 기조로 하여 이루어진 방법이다. 단지 『차제선문』에 설명된 식에 의거하는 방법을 고찰할 때 그러한 인도 이래의 아나파나법 만을 골자로 하여 성립한 것이라고는 할 수 없을 듯하다. 물론 그 기본은 출입식(出入息)을 세어서 마음을 안정시키는 것으로 볼 수 있지만 그 정도로 그치지 않고 한층 다른 측면이 부가된다. 즉 출입식을 세어 마음을 진정시킨다는 기본 자세를 견지하면서 그 가운데 있는 호흡 그 자체의 상(相)을 살펴 가는 것이다. 다시 말하면 『차제선문』에서 채용된 세간선·역세간역출세간선의 방법으로서의 식에 의거하는 방법이란 출입식을 세어 마음을 안정시키면서 그 식 자체의 모습마저 살펴 가는 방법이라고 할 수 있다.

다음의 색에 따르는 방법이란 좁게는 자기의 신체에서부터 넓게는 우리를 둘러싼

세계의 모든 것을 보아 가는 방법을 말한다. 색(色)이라고 하는 것은 우리의 객관적 세계의 모든 것을 말하는 것이고, 신체도 심(心)에 상대하는 것으로서 색(色)의 하나라고 해석된다. 출세간선에 상당하는 선법은 색의 관찰을 방법의 기조로 하여 닦아야 하는 것이다.

마지막으로 심(心)에 따르는 방법인데, 자신의 근본으로서의 심상을 관찰해 가는 방법이다. 앞에서 색을 관찰하는 것이 객관적 세계를 관찰하여 가는 방법이므로 객관적 방법이라고 할 수 있다면, 이 심을 관찰하는 방법은 마음이라는 주체의 기저를 관찰하는 방법이기에 주체적인 방법이라고 할 수 있다. 이 방법은 비세간비출세간선법을 기본으로 하는 것으로서 가장 높은 차원의 선정 방법이다.

『차제선문』에서 말하는 선(禪) 체계란 낮은 선법의 수습에서 높은 선법의 수습으로 전개하는 수행체계라고 할 수 있다. 『차제선문』에서 설하는, 깨달음의 점진적인 완성을 가리키는 점차지관의 체계란 구체적으로는 식(息) − 색(色) − 심(心)을 차례로 관찰한다고 하는 것으로서 얕은 선법에서 깊은 선법으로 한 걸음 한 걸음 깨달음의 완성을 실현해 가는 체계를 말하는 것이다.

2) 부정지관(不定止觀)

부정지관을 설하는 책은 『육묘법문(六妙法門)』이다. 상서령(尙書令) 모희(毛喜)의 요청에 의해 금릉의 와관사에서 친히 찬술한 것이라고 한다. 『육묘법문』은 간단히 '육묘문(六妙門)'이라고도 한다. 『마하지관』과 『차제선문』이 10권인 것에 비해 겨우 한 권으로 되어 있을 뿐이다. 그 까닭은 『마하지관』 제1권에 의거해 보았을 때 부정지관은 돈 · 점의 법문을 서로 교차하여 얕은 행법을 깊게 하거나 높은 행법을 낮게 이용하는 등 자유로이 활용하는 취지로 하기 때문에 돈 · 점의 두 가지 지관에 설해져 있는 것 이외에 각별한 법문이 아니기 때문이다.

『육묘법문』은 수(數) · 수(隨) · 지(止) · 관(觀) · 환(還) · 정(淨)이라는 여섯 가지 법문으로 부정지관 수증방법의 요체를 나타내고 있다. 즉 6묘란 수식(數息) · 수식(隨息) · 지심(止心) · 수관(修觀) · 환문(還門) · 정문(淨門)의 6문 선법으로서 첫째 숨을 헤아리고[數], 둘째 숨을 따르며[隨], 셋째 마음을 한 곳에 모으고[止], 넷째 밝은 지혜로 비춰보며[觀], 다섯째 마음을 환원하여 무(無)의 실체를 알고[還], 여섯째 청정한 마음을 이루는 것이다[淨].

이 책은 역별대제선(歷別對諸禪)·차제상생(次第相生)·수편의(隨便宜)·수대치(隨對治)·상섭(相攝)·통별(通別)·선전(旋轉)·관심(觀心)·원관 (圓觀)·증상(證相)의 10문(門)으로 나뉘어 있다. 이것을 도시하면 다음과 같다.

『육묘법문』의 구조

```
 1. 역별대제선(歷別對諸禪) 육묘문  ┐
 2. 차 제 상 생 (次第相生) 육묘문  ┘────  차제증(次第證)
 3. 수 편 의 (隨 便 宜) 육묘문  ┐
 4. 수 대 치 (隨 對 治) 육묘문  │
 5. 상      섭 (相    攝) 육묘문  ├──  호  증(互  證)
 6. 통      별 (通    別) 육묘문  │
 7. 선      전 (旋    轉) 육묘문  ┘────  선전증(旋轉證)
 8. 관      심 (觀    心) 육묘문  ┐
 9. 원      관 (圓    觀) 육묘문  ├──  원돈증(圓頓證)
10. 증      상 (證    相) 육묘문  ┘
```

첫째 역별대제선(歷別對諸禪) 육묘문이란 여섯 가지 묘문의 하나하나가 여러 가지 선에 들어가는 문이 되는 것을 밝힌 것이고, 둘째 차제상생(次第相生) 육묘문은 여섯 가지 묘문을 차례로 닦아 하나의 선정을 이루는 것이다. 셋째 수편의(隨便宜) 육묘문은 여섯 가지 묘문 가운데 자신에게 맞는 것을 골라 편의대로 수행하는 것이고, 넷째 수대치(隨對治) 육묘문은 선정 중에 일어나는 각종 장애를 여섯 가지 묘문으로써 대치하는 것이다. 다섯째 상섭(相攝) 육묘문은 여섯 가지 묘문의 각각이 나머지 다섯 가지를 갖추고 있음을 밝힌 것이고, 여섯째 통별(通別) 육묘문은 범부·외도·성문·보살이 공통적으로 이 여섯 가지 묘문으로써 수행하면서도 각기 목적이 달라 증득하는 내용이 다름을 보인 것이다. 일곱째 선전(旋轉) 육묘문은 여섯 가지 묘문을 돌고 도는 것이고, 여덟째 관심(觀心) 육묘문은 여섯 가지 묘문을 마음에서 보는 것이며, 아홉째 원관(圓觀) 육묘문은 여섯 가지 묘문을 원교의 관에서 보는 것으로서 이상의 세 가지 는 모두 보살만이 닦는 수행법이다. 열째 증상(證相) 육묘문은 위의 아홉 가지 육묘문 을 수행하여 불도를 증득하는 양상을 차제증(次第證)·호증(互證)·선전증(旋轉證)· 원증(圓證)의 네 가지로 분별한 것이다. 제1 역별대제선 육묘문과 제2 차제상생 육묘 문은 차제(次第)의 선법을 설명하고 제3 수편의·제4 수대치·제5 상섭·제6 통별 육묘문에서는 호발(互發)의 선법을 설명하며, 제7 선전 육묘문에서는 선전(旋轉)의 선 법을 밝히고 제8 관심과 제9 원관은 원돈(圓頓)의 선법을 설하고 있다.

3) 원돈지관(圓頓止觀)

원돈지관을 조직적으로 논술한 것은 『마하지관』이다. 점차·부정의 2종 지관도 원교 의 이치를 기초로 하는 점에서는 원돈지관과 같지만 지의가 원교의 실천관법으로서 가 장 대표적인 것으로 하는 것은 『마하지관』에서 설한 십경십승(十境十乘)의 관법이다.

장안(章安) 관정(灌頂)의 기록에 의하면 지의는 남악 혜사로부터 돈·점·부정의 3 종지관을 전수 받았다고 하나 혜사선사는 3종지관의 윤곽을 제시한 것에 지나지 않 고, 그 체계적인 조직은 지의에게서 실현된 것이라 할 수 있다. 소승선에서 대승선으 로 이어지는 단계적인 수행방법을 상세하게 설명한 『차제선문』은 규모의 웅대함이 놀 랍고 혜사선사에서는 아직 체계화되지 못했던 부정지관을 처음으로 조직한 『육묘법 문』도 중국 선학사상 중대한 의의를 가진다. 그러나 원돈지관을 설한 『마하지관』의 강설은 지의의 최후 저작으로서 규모의 웅대함이나 사상의 원숙함으로 인해 저작 중 제일로 치며 예로부터 각별히 존중되어 왔다.

수(隋) 개황 14년 형주 옥천사(玉泉寺)에서 강술한 것으로서 지의의 최후의 강설인 『마하지관』 10권은 오략십광(五略十廣)으로 조직되어 있다. 담연의 『지관보행전홍결 (止觀輔行傳弘決)』에 의하여 이 책을 서분과 정설분으로 나누면 정설분은 대의(大 意)·석명(釋名)·현체(顯體)·섭법(攝法)·편원(偏圓)·방편(方便)·정수(正修)·과보(果報)·기교(起敎)·지귀(旨歸)의 10장으로 나뉘어진다. 이것을 10광이라 한다. 지의는 제1 대의장에서 자신이 몸소 증득한 원돈지관의 대의를 설명하면서 발대심(發大心)·수대행(修大行)·감대과(感大果)·열대망(裂大網)·귀대처(歸大處)의 5단을 설정하고 있다. 여기에서 지관의 대강이 간략하게 설해지고 있으므로 이것을 5략이라 한다. 그런데 10광의 제7 정수장에서 10경의 하나하나에 대하여 10승관법을 적용하는 가운데 제7경인 제견경(諸見境)으로 강의가 끝나고 남은 3경과 제8장 이하의 3장은 설하지 않고 있다. 그러나 제8 과보장은 5략 가운데 제3 감대과를, 제9 기교장은 제4 열대망을, 제10 지귀장은 제5 귀대처를 상세히 설한 것이므로 5략에 의거하여 지의의 의도를 추측할 수 있다. 이러한 『마하지관』의 5략10광을 도시하면 다음과 같다.

『마하지관』 분과도

10 廣

1 大意	發大心 ───────────────	제1권
	修大行(4종삼매) ─┐	
	5略 感大果 ─────┼─────	제2권
	裂大網	
	歸大處 ─────┘	

2 釋名 ─┐	
3 體相 ─┤	
4 攝法 ─┤─────────── 제3권	
5 偏圓 ─┘	
6 方便(25방편) ─────────── 제4권	

7 正修(10승관법) ── 觀陰入界境 ── 觀 不 思 議 境 ─┐
　　　　　　　　　　　　　　眞正發菩提心 ─┼─── 제5권
　　　　　　　　　　　　　　善巧安心止觀 ─┘
　　　　　　　　　　　　　　破　法　遍 ───┐─── 제6권
　　　　　　　　　　　　　　識　通　塞 ───┘
　　　　　　　　　　　　　　道 品 調 適 ─┐
　　　　　　　　　　　　　　對 治 助 開 ─┤
　　　　　　　　　　　　　　知　次　位 ─┼─── 제7권
　　　　　　　　　　　　　　能　安　忍 ─┤
　　　　　　　　　　　　　　離　法　愛 ─┘

　　　　　　　觀煩惱境 ─┐
　　　　　　　觀病患境 ─┤
　　　　　　　觀業相境 ─┼─── 제8권
　　　　　　　觀魔事境 ─┘
　　　　　　　觀禪定境 ─────── 제9권
　　　　　　　觀諸見境 ─────── 제10권
　　　　　　　觀上慢境 ─┐
　　　　　　　觀二乘境 ─┤
　　　　　　　觀菩薩境 ─┘

8 果報 ─┐
9 起教 ─┼─── 不　說
10 旨歸 ─┘

5략 가운데 첫 번째인 발대심(發大心)은 원돈지관을 닦기 위해서는 가장 먼저 대보리심을 일으키지 않으면 안 된다는 것이다. 4제·6즉·사홍서원에 맞추어 진정발대심을 설한 것이다. 대보리심이란 사홍서원인데 고제(苦諦)의 경(境)을 반연하여 중생무변서원도(衆生無邊誓願度)를, 집제(集諦)의 경을 반연하여 번뇌무수서원단(煩惱無數誓願斷)을, 도제(道諦)의 경을 반연하여 법문무진서원지(法門無盡誓願知)를, 멸제(滅諦)의 경을 반연하여 불도무상서원성(佛道無上誓願成)을 일으키는 것이다. 두 번째 수대행(修大行)이란 앞의 보리심을 실현시키기 위해서는 이에 상응하는 행을 닦지 않으면 안 되기 때문에 제2에 수대행을 세우는 것이다. 그 행으로서는 원돈지관의 삼매행법인 4종삼매가 설시되어 있다. 세 번째 감대과(感大果)란 4종삼매를 닦아 무명을 끊고 중도를 증득하면 수승하고 묘한 과보를 받게 되는 것을 설하고 있다. 지관수행이 중도불이(中道不二)의 이치에 위배될 때에는 두 변의 과보를 받아 방편유여토를 감득하는 것에 그치지만, 만약 중도불이의 이치에 따라 바로 행할 때에는 승묘한 과보가 나타나고 실보무장애토를 감득한다. 가령 분단생사를 겪고 있는 수행인도 중도의 지관을 성취하면 그 과보는 반드시 인천(人天)이나 2승, 3교의 보살보다 뛰어나다고 한다. 이것은 자리(自利)의 쪽에 맞추어 말하는 것이다. 네 번째로 열대망(裂大網)이란 원교의 지관을 수행하면 지혜가 밝아져 점·돈의 모든 가르침에 통달하게 되는 것을 말한다. 그리하여 중생들의 각종 근기에 맞추어 교화를 행할 수 있게 된다. 끝으로 귀대처(歸大處)는 법신·반야·해탈의 3덕으로 돌아가는 것을 나타냈다. 원돈지관의 수행에 의해 자리이타(自利利他)의 이익을 얻은 결과, 최후에 법신·반야·해탈의 3덕 비밀장이 갖춰진 구경처에 귀입하고 일체 모두 성불도의 이상을 이루어 간다고 설명하는 것이다.

제2 석명(釋名)장은 상대지관(相待止觀)과 절대지관(絕待止觀)의 두 방면에서 지관을 해석하면서 지(止)의 뜻과 관(觀)의 뜻에 대하여 설명하고 있다. 제3 체상(體相)장은 지관의 체(體)와 상(相)을 개현하는데 교상(教相)·안지(眼智)·경계(境界)·득실(得失)의 네 가지 측면에서 상술하고 있다. 제4 섭법(攝法)장은 이치[理]·미혹[惑]·지혜[智]·수행[行]·계위[位]·가르침[教]의 6법에 의해 일체를 포섭하고, 또 그 6법이 서로 포섭하는 것을 설명하고 있다. 제5 편원(偏圓)장은 대소(大小)·반만(半滿)·

편원(偏圓)·점돈(漸頓)·권실(權實)에 대하여 상술하고 있다. 제6 방편(方便)장은 25 방편에 대하여 서술하고 있다. 제7 정수(正修)장은 10경과 10승관법을 설하는데, 10 경이란 지관의 대상이고 10승관법이란 지관 쪽에서 서술한 것이다. 제8 과보(果報)장은 정관을 닦음으로써 공을 성취하고 드디어 묘과(妙果)를 받는 것을 설하고 있다. 제9 기교(起敎)장은 자행(自行)의 공덕을 성취하여 화타(化他)의 활동을 하는 것을 밝히고 있다. 제10 지귀(旨歸)장은 자타(自他)가 구경(究竟)에는 본유의 이치에 머물 수 있는 것을 설한다.

지의에게는 3종지관을 비롯하여 『소지관』과 같은 삼매 저작 및 참회저작 등도 있지만 무엇보다도 일념삼천의 부사의경을 설하고 4종삼매와 10승10경을 조직하여 다른 선사 위에 군림하게 된 것은 바로 이 『마하지관』 때문이다.

이와 같이 천태의 관문을 4종삼매와 3종지관으로 체계 지워 놓은 가운데 3종지관을 설명해 보았다. 물론 4종삼매도 천태관문체계에서는 빼놓을 수 없는 것이라고 하겠다.

七. 원돈지관의 실제

1. 수행의 준비 단계 – 25방편(方便)

원돈지관의 정수(正修)방법인 10승관법을 실천하기 앞서서 준비 단계로 25법을 구족해야 할 것을 정하고 있는데, 이것을 25방편(方便)이라고 한다. 25방편이란 구오연(具五緣)·가오욕(呵五欲)·기오개(棄五蓋)·조오사(調五事)·행오법(行五法)의 5과이다. 즉 첫째 다섯 가지 인연을 갖추는 것이요, 둘째는 다섯 가지 욕망을 꾸짖는 것이며, 셋째는 다섯 가지 덮개를 버리는 것이요, 넷째는 다섯 가지 일을 조절하는 것이며, 다섯째는 다섯 가지 법을 실행하는 것이다.

25방편은 『마하지관』 10광의 제6 방편장에서 설명하고 있으므로 보통 『마하지관』에 의거하는 것이다. 그러나 지의의 초기 강의인 『차제선문』에서도 25방편에 대하여 상세하게 설명하고 있다. 오히려 『마하지관』에서는 25방편의 설명을 『차제선문』에 미루고 있을 정도로 『차제선문』이 상세하다. 그러나 『차제선문』에서는 방편을 내(內)와 외(外)로 나누어 외방편에서 25방편을 설명하고 있고 『마하지관』에서는 그냥 방편으로 설명하고 있으므로 두 저작의 서술태도는 같지 않다. 그리고 두 저작의 중간에 저작된 『소지관』에서도 25방편이 설명되어 있다. 따라서 이 세 저작을 지의의 대표적인 관심저작이라고 할 때, 이 세 저작에 일관하고 있는 25방편을 지의의 관심체계의 대표적인 방편체계라고 보아도 무방할 것이다.

25방편은 주로 『대지도론』에 의거하여 조직한 것이다. 이 가운데 일부는 정영사 혜원(慧遠)과 같은 남도(南道) 지론계에서도 설하는 것으로서 지관을 수행하는 전방편

(前方便)으로 당시 중시된 흔적이 있다. 그런데 지의는 이것을 정규적인 지관체계로 조직한 것이다. 그러면 이런 25방편을 원돈지관의 예비조건으로 제정한 이유는 무엇인가. 지의 당시 돈오선의 세력이 왕성했다는 것은 『마하지관』에서 논란을 하고 있는 선사들, 즉 9사상승의 전6조의 학설에서도 분명하다. 그들은 체심(體心)·답심(踏心)·융심(融心)·요심(了心) 등의 선법으로 일가(一家)를 이룬 이들이다. 그런데 그와 같은 학설은 경론의 설을 무시하고 전부 자유로운 증득을 절대로 하는 것으로서 경건하고 착실한 수도를 행하는 것이 아니라, 오히려 경론이나 기존의 수행규칙을 무시한 돈오선이다. 이 돈오선은 악을 구가하고 파계를 득의로 하는 타락된 사상에 빠지기 쉽다. 잘못된 돈오선이 성행한 시대에 지의는 원돈지관의 전방편으로 25방편의 엄숙한 실천을 요구하였던 것이다. 그 근본이유가 북주폐불을 계기로 하여 돈오선이라고 해도 경론을 소의로 하고 경건하고 엄숙한 불도수행을 예비조건으로 하지 않으면 안 된다는 확신으로부터 나온 것은 분명하다. 그러므로 지의 당시의 교계정세를 배경으로 고찰할 때 단지 원돈지관을 조직하였다는 것만으로는 지의가 『마하지관』을 강설한 목적을 충분히 이해하였다고 볼 수 없다. 오히려 진정한 돈오선이야말로 10경10승의 관법을 닦기 전에 25방편과 같은 예비조건을 구비해야 하는 것이다. 즉 진정한 돈오선을 설시함으로써 타락한 돈오선에 일대 수정을 가하려는 것이 『마하지관』의 중요한 목적 가운데 하나였던 것이다.

1) 다섯 가지 인연을 갖추는 일[具五緣]

구오연(具五緣), 즉 다섯 가지 인연을 갖추는 것이란 계를 청정하게 지키는 것[持戒淸淨]·옷과 음식을 갖추는 것[衣食具足]·번거롭지 않고 고요한 곳에 있는 것[閑居靜處]·인연으로 빚어지는 일을 그치는 것[息諸緣務]·선지식을 가까이 하는 것[近善知識]의 다섯 가지 인연을 구비하는 것이다.

첫 번째 계를 지켜서 청정하게 하는 것이다. "계에 의하여 모든 선정과 괴로움을 없애는 지혜가 나온다"고 하므로 비구는 마땅히 청정하게 계를 지켜야 한다. 재가인과 출가인, 그리고 대승과 소승의 계로 나누어지는 것과 같이 계율의 규정은 매우 세밀하다. 이것은 지의가 당시에 타락한 교단을 바로잡기 위해 지계를 특히 중시하였기 때문이다. 『대지도론』의 불결(不缺)·불파(不破)·불천(不穿)·부잡(不雜)·수도(隨道)·무착(無著)·지소찬(智所讚)·자재(自在)·수정(隨定)·구족(具足) 등 성계(性戒)를 근본으로 하는 열 가지 계를 가지고 수행자가 갖추어야 할 본계(本戒)로 하고 3귀의·5계·250계를 객계(客戒)로 정하고 있다.

지의는 현실로서 지켜야 하는 사(事)의 지계 이외에 이치[理]로서의 지계를 밝히는데, 상술한 근본 10종계를 공관·가관·중관의 세 가지로 구분하여 관심 상에서 지계에 대하여 해설하고 있다. 즉 10계를 4단으로 나누어 앞의 4계는 인연소생법의 관경(觀境), 다음의 2계는 공관(空觀)의 지계, 다음의 2계는 가관(假觀)의 지계, 다음의 2계는 중관(中觀)의 지계로 하고 있다. 반대로 계를 범하는 과정 및 계를 일단 범한 경우 어떻게 참회해야 할 것인지를 설명하는 가운데, 소승에는 참법이 없으나 대승에는 있다고 하면서 4종삼매 특히 『보현관경』 『방등다라니경』 『청관음경』에 의지해야 한다고 한다. 과거의 두꺼운 업장이라도 소멸되는 것인데, 참회법은 수행하는 측면에서 순류(順流)의 10심과 역류(逆流)의 10심을 알지 않으면 안 된다고 『마하지관』 4상에서 설하고 있다. 순류의 10심이란 일념의 무명심에서 죄악생사가 전개하는 측면으로서 무명혼암심(無明昏闇心)·순악우심(順惡友心)·무수희심(無隨喜心)·종자삼업심(縱姿三業心)·편일체처기악심(遍一切處起惡心)·상념악사심(常念惡事心)·부장죄심(覆藏罪心)·불외악도심(不畏惡道心)·무참무괴(無慚無愧)·일천제심(一闡提心)이다.

이러한 순류의 10심을 대치하는 것이 역류의 10심인데, 정신인과심(正信因果心)·자괴극책심(自愧剋責心)·포외악도심(怖畏惡道心)·발로심(發露心)·단상속심(斷相續心)·발보리심(發菩提心)·수공보과심(修功補過心)·수호정법심(守護正法心)·염시방불심(念十方佛心)·관죄성공심(觀罪性空心)이다. 이 역류의 10심은 삼제실상을 관찰하여 죄의 본체가 공(空)임을 통달하여 이참(理懺)을 이루는 것이다.

두 번째로 의식구족은 문자 그대로 의복과 음식에 관한 규정이다. 설산에서 수행한 석존과 같이 세간과 단절한 채 의복의 질이나 양에 구애받지 않고 몸만 가리는 정도로 만족하는 것을 상사(上士)라 하고 세간에 출입하는 관계로 삼의(三衣)를 필요로 하는 것을 중사(中士)라 하며 환경이 어려운 곳에서는 세 벌의 옷 이외에도 백 가지의 도구 가운데 하나씩을 갖는 것을 허락하고 있는데 이를 하사(下士)라고 한다. 지의는 의식에 대해서도 관심적 해석을 하는데 상사가 몸을 가리는 것은 중도관, 중사의 세 벌의 옷은 3관, 하사의 여러 도구와 장의(長衣)는 일체의 조도법이라 한다. 그러나 수행자는 어떤 의복보다 『법화경』「법사품」에서 설한 여래의(如來衣)로써 몸을 장엄하라고 하는데, 여래의란 부드럽고 인욕하는 마음이고 세 벌의 옷은 3관으로서 견애의 한열(寒熱)을 차단하기 위해 3관의 3의를 입어야 한다고 한다. 음식에도 세 가지가 있다. 심산에서 열매나 채소로 생활을 하는 것은 상사, 탁발하여 생활하는 것은 중사, 외호하는 시주의 공양을 받거나 사중(寺衆)의 청정식으로 생활하는 것을 하사로 한다. 이것에 대한 관심석(觀心釋)은 상사의 음식은 중도관, 중사의 음식은 차제관, 하사의 음식은 설법을 듣고 이해하여 중도를 보는 것이다.

구오연 가운데 세 번째인 한거정처(閑居靜處)란 고요한 장소를 선택하여 거주하는 것이다. 여러 일을 하지 않는 것을 한가하다고 하며 시끄럽지 않은 곳을 적정(寂靜)하다고 한다. 이것은 속세를 멀리하라는 것인데, 선정을 닦는 데 방해받지 않도록 하기 위함이다. 이것은 주거에 관한 규정으로서 특히 수자의삼매를 제외한 3종 삼매를 수행하기 위해 중요한 조건이다. 적당한 주거로는 심산유곡·두타행처·사찰의 세 가지가 있다. 심산유곡이 무엇보다 이상적이고 마을 근교의 무덤이나 나무 아래 등이 다음이며 사찰이 최하라고 한다. 그리고 일단 좋은 장소를 얻었으면 자주 이전하지 말라고 주의를 주고 있다. 지의에 의하면 이상의 세 곳 이외의 주거를 금지하고 있다. 또 주거를 관심으로 풀이하여 심산유곡이 중도관, 두타행처가 출가관, 사찰이 입공관이라고 설명하였다.

네 번째로 식제연무(息諸緣務)란 모든 인연으로 맺어지는 일을 쉬는 것이다. 생활을 쉬고 세상일을 쉬며 예술이나 기술 등을 그치는 것이다. 다시 말하면 인간생활의 잡사를 끊는 것이다. 분분한 잡사 때문에 수선(修禪)이라는 대사가 장애 받기 때문이다. 『마하지관』 4에서는 연무(緣務)를 생활·인사(人事)·기능·학문 등 네 가지로 규정하고 이들은 선을 방해하는 것이 매우 심하다고 배척하고 있다. 생활이란 직업이고 인사는 경조사 등의 교제이며, 기능이란 취미 및 기술이고 학문이란 논의문답이다.

이것은 사상(事相)에 맞춘 것인데 관심의 입장에서 본다면 정신생활에도 이런 네 가지 연무가 있다. 즉 생활이라는 애욕, 인사라는 업, 기능이라는 허망한 기술, 학문이라는 세속적 지혜로 변증하는 것들이다. 이러한 실제 및 정신의 두 측면에서 일체의 일에서 벗어날 것을 설하는 것이다.

마지막으로 근선지식(近善知識)이란 선지식을 가까이 하는 것이다. 선지식에는 세 종류가 있다. 하나는 시주자처럼 밖에서 보호하는 선지식이고 둘은 수행을 함께 하는 선지식이며 셋은 가르쳐 주는 선지식이다. 수자의삼매(隨自意三昧)나 심산유곡에서 지관을 수행하는 경우는 제외되지만 일반적인 지관을 수행할 때 우선 외호가 필요하다고 한다. 진나라와 수나라의 왕사로서 선비나 서민들을 가르친 다양한 체험을 지닌 지의의 언어에는 주도면밀한 견식이 엿보인다. 수자의삼매 및 법화삼매에서는 동행하는 선지식이 반드시 필요하지 않지만 방등삼매나 반주삼매는 반드시 좋은 반려자를 필요로 한다. 지도하는 선지식은 반야 및 방편에 통달한 이라야 한다.

또한 이러한 선지식을 관심의 입장에서 말하면, 불보살 등이야말로 외호이고 6바라밀의 도품이야말로 도에 들어가는 법문으로서 동행이라 할 것이며, 제불이 스승으로 삼는 법성실제(法性實際)의 진리야말로 참된 교수라고 한다. 지의는 『마하지관』 4에서 『화엄경』 「이세간품」의 10가지 마의 사상에 의거하여 선지식에도 진위가 있다고 한다. 거짓된 선지식은 수행자를 가짜 성으로 유혹하므로 4교 가운데 원교의 교수, 원교의 동행, 원교의 외호를 선지식으로 할 것을 설하고 있다.

2) 다섯 가지 욕망을 꾸짖는 일[呵五欲]

25방편 가운데 두 번째인 오욕을 꾸짖는 것[呵五欲]은 색·성·향·미·촉의 5경에 대한 욕심을 가책하는 것이다. 즉 형색을 꾸짖는 것·소리를 꾸짖는 것·향기를 꾸짖는 것·맛을 꾸짖는 것·촉감을 꾸짖는 것이다. 첫째 형색을 꾸짖는 것이란 남녀의 단정한 용모 즉 긴 눈썹, 높은 코, 붉은 입술, 흰 이와 같은 것이나, 세간의 보물 및 여러 가지 묘한 색깔 등에 미혹되지 않도록 경계하는 것이다. 둘째 소리를 꾸짖는 것은 현악·관악·타악 소리 등 음악소리와 남녀의 노래와 시 읊는 소리 등에 빠지지 않도록 경계하는 것이다. 셋째 향기를 꾸짖는 것은 남녀의 체취와 세간의 음식냄새 등에 탐내는 것을 경계하는 것이다. 넷째 맛을 꾸짖는 것은 식탐 등에 빠지지 않도록 꾸짖는 것이다. 다섯째 촉감을 꾸짖는 것은 남녀 육체의 부드럽고 섬세함에 탐닉하거나 추울 때 따뜻함과 더울 때 시원함 등을 바라는 것을 꾸짖는 것이다.

이렇듯 가오욕은 수행을 위해 외경적 방면을 정리한 것으로서 5근이 현전하는 5경의 경계에 미혹하여 색·성·향·미·촉의 5욕이 생기는 것을 꾸짖는 것이다. 우선 아름다운 모습에 대한 색욕은 생사의 근본이 되는 것이고, 음탕한 교성이나 악기 소리에 대한 욕심, 꽃향기나 남녀의 체취에 대한 욕심, 술과 고기와 같은 미각에 대한 욕심, 부드러움이나 강함과 같은 감촉에 대한 욕심 등이 모두 수행을 방해하는 것이다. 이것이 현실적인 사(事)의 가오욕이다. 관심적 해석에서는 즉색공(卽色空)으로써 색을 가책하고 종공입가(從空入假)로 색을 가책하며, 두 극단에 집착하지 않고 색의 중도실상을 나타낸다. 나머지 성·향·미·촉 역시 그러하다고 관한다. 이처럼 5경을 원교의 입장에서 관찰하고 5경 그대로 중도실상이라 관찰하는 것이 이치[理]의 가오욕이다.

3) 다섯 가지 덮개를 버리는 일[棄五蓋]

25방편 가운데 세 번째 조목인 기오개(棄五蓋)는 탐욕·성냄[瞋恚]·흐리멍덩함[睡眠]·들뜨고 후회함[掉悔]·의심[疑]의 오개(五蓋)를 버리는 것이다. 이들은 인간의 심신을 혼미케 하고 정혜를 발하지 못하게 하기 때문에 이것을 버려 장애를 없애야 하는 것이다. 5개는 앞에 나온 5욕을 생기게 하는 것으로서 의식이 과거를 연하거나 미래를 생각하여 생기는 번뇌심이다. 개(蓋)는 '개부(蓋覆)'라는 뜻으로서 번뇌심이 수행인의 마음을 덮어 지관을 닦지 못하게 하는 것을 뜻한다. 5개는 5욕의 근본인 의지(意地)에 깊게 뿌리를 내린 것이다. 삼매를 수행하는 이로서는 5욕보다도 더 두려워해야 할 것이므로 이 5개를 근본적으로 버리지 않으면 안 된다. 탐욕은 5경에 미혹케 하여 정념(正念)을 방해하며 선정을 버리게 하고 진에(瞋恚)는 한을 맺어 정신적 평정을 잃게 하며, 수면(睡眠)은 정신을 미혹케 하고 도회(掉悔)는 들뜨게 하고는 후회하게 하며, 의(疑)는 자기나 스승의 역량 및 법을 헛되이 의심하여 선정이 일어나는 것을 방해하는 것이다.

지의는 이러한 5개를 버리는 방법에 사(事)·이(理)의 두 가지가 있다고 한다. 사(事)로 버리는 방법으로서 탐욕개는 부정관, 진에개는 자비관, 수면개는 정진, 도회개는 수식관, 의개는 믿음을 가지고 들어가는 것이 필요하다고 한다. 즉 자중심(自重心)을 내어 여래를 공경하고 불법에 믿음을 일으켜야 하는 것이다. 이(理)로 버리는 방법은 원교의 묘리에 의거하여 오개즉보리(五蓋即菩提)라는 것을 증득하는 것이다. 별교의 입장에서 말한다면, 사(事)의 기오개는 범부의 위치에서는 행하지 못하고 2승위에서는 속제의 5개를 버리며, 보살위에서는 중도를 장애하는 5개를 버린다고 설한다. 그런데 원교에서는 번뇌 그 자체를 파악하여 실상이라고 개회하기 때문에 초심의 범부도 일념에서 일체의 5개를 완전하게 버릴 수 있다고 한다.

4) 다섯 가지 일을 조절하는 것[調五事]

25방편의 네 번째 조목은 다섯 가지 일을 조절하는 것[調五事]이다. 첫째 음식을 조절하는 것은 음식을 너무 허기지게 조금만 먹거나 배부르게 포식하지 않는 것이다. 둘째 수면을 조절하는 것은 잠을 너무 적게 자지도 않고 너무 많이 자지도 않는 것이다. 셋째 몸을 조절하는 것은 몸을 너무 이완시키거나 긴장시키지 않는 것이다. 넷째 호흡을 조절하는 것은 호흡을 너무 거북하거나 가쁘지 않게 하는 것이다. 다섯째 마음을 조절하는 것은 마음을 처지지도 않고 들뜨지도 않게 하는 것이다. 잠과 음식은 선정 밖의 것이고 다른 세 가지는 삼매에 들기 전후에 걸쳐서 조절하는 것이다.

이를 관심(觀心)의 입장에서 풀이하면 다음과 같다. 공관을 배고픈 상, 가관을 배부른 상으로 하고 양변에 치우치지 않는 중관을 배가 고프지도 부르지도 않게 적당한 것으로 한다. 또한 수면에 대해서는, 공관은 무명을 아직 깨지 못하였으므로 잠자는 상이 많고 가관으로는 무명을 조복시킬 수 있으므로 잠자는 상이 적으나 중도관은 무명을 끊지 않고 그대로 전환시켜 지혜와 해탈을 얻으므로 잠을 알맞게 조절한 것으로 한다. 6바라밀을 행할 때 성급하지도 태만하지도 않은 것을 몸이 알맞다고 한다. 선정을 통해 얻은 반야가 둔하지도 않고 날카롭지도 않은 것을 호흡이 알맞은 것이라고 한다. 또 보리심을 내어 부당하게 낙관도 하지 않지만 부당하게 비관도 하지 않는 것은 마음이 조절된 모습이다. 이상을 관심의 조오사라고 부르는 것이다. 이들 가운데 몸·호흡·마음을 조절하는 것에 대해서는 별도로 선정에 들 때와 나올 때에 걸쳐 상세하게 규정하고 있는데, 특히 수식(數息)을 통해 정심(停心)하는 방법을 중시하는 점은 주의해야 할 것이다.

5) 다섯 가지 법을 행하는 것[行五法]

이상과 같이 안팎에 걸쳐 지관을 수행하기 위한 조건을 갖춘다 해도 자신이 진지하게 지관을 수행하고자 희망하고 정진하려는 결심을 세우지 않으면 진전이 없으므로 다시 다섯 법을 행하는 것이 필요하다. 다섯 가지 법을 행하는 것[行五法]은 욕(欲)·정진(精進)·염(念)·교혜(巧慧)·일심(一心)의 5법에 의하여 수행을 여법하게 해 나가는 것이다. 첫 번째로 의욕[欲]은 세간의 모든 망상과 전도됨을 끊고 출세간의 온갖 선정과 지혜의 문을 얻으려고 하는 것이다. 두 번째로 정진은 계율을 굳게 지키며 다섯 가지 덮개를 벗어 버리려고 초저녁·한밤중·새벽에도 부지런히 닦으며 정진하는 것이다. 세 번째 생각[念]은 항상 선정만 생각하고 세간사는 생각지도 않는 것이다. 네 번째 교묘한 지혜[巧慧]는 선정이란 존귀한 것이며 욕계의 즐거움이란 허망한 속임수일 뿐이라고 생각할 줄 아는 분별을 말한다. 다섯 번째로 한 마음[一心]은 생각하는 지혜가 분명하여 세간의 근심스러운 것과 나쁜 것을 밝게 보고 선정과 지혜의 공덕이 존귀함을 아는 것이다.

이러한 행오법은 특히 『아비담론』과 『대지도론』에 의거하고 있다. 그리고 이것을 자행(自行)·화타(化他)·관심(觀心)의 세 방면에서 논술하고 있다. 즉 수행할 때 선정을 닦으려는 의욕과 부지런히 닦는 정진과 그에 대한 생각과 선정을 존귀하게 보는 교묘한 지혜와 일심의 결연한 의지가 없을 때에는 지관의 성취가 불가능하다고 한다. 그래서 이 5법을 지심으로 행해야 한다고 말한다. 이것은 자행으로서의 5법이다. 이것을 관심에 맞춘다면 두 극단을 벗어나 중도에 들어가려는 것을 욕법, 두 극단에 물

들지 않는 것을 정(精), 자유로이 들어가는 것을 진(進)이라 한다. 또 연(緣)을 법계에 걸쳐 생각을 법계와 같이 하는 것을 염(念), 중관의 방편을 닦는 것을 교혜(巧慧), 마음이 청정하여 제법 및 실상의 상즉(相即)을 아는 것이 일심(一心)이다.

2. 바른 수행[正修行]

방편을 갖춘 다음에 해야 하는 것이 바른 수행이다. 바른 수행에는 외형적 체계로서의 4종삼매와 내면적 조직으로서의 10경10승관법이 있다. 이 중에서 중요한 것은 바로 10승관법이 아닐 수 없다. 그래서 『천태사교의』에서는 10승관법 만을 소개한 것이다. 그런데 여기서 간과해서는 안 될 것은 4교마다 고유의 10승관법이 있다는 점이다. 뿐만 아니라 10경이나 4종삼매도 4교마다 각각 다르다는 것을 유추해 보아야 할 것이다.

1) 네 가지 삼매[四種三昧]

지의의 저작 가운데 초기 저작은 거의 관문에 관한 저작이라고 해도 과언이 아니다. 지의의 초기 시절부터 이루어진 삼매 수행을 후기에 와서 조직적으로 통합한 것이 바로 『마하지관』에서 구체적으로 설명되는 4종삼매이다. 이것은 원교지관의 입장에서 다시 재구성한 것이기에 개별적인 삼매에 관한 저작과는 돈·점의 형식에 차이가 있다.

4종삼매는 『마하지관』에 기초한 것으로서 권2상에서 권2하에 걸쳐서 행법의 실제를 상세하게 서술하고 있다. 지관을 수증하는 실제 행법이 4종삼매이다. 4종삼매는 구체적으로 상좌삼매(常坐三昧)·상행삼매(常行三昧)·반행반좌삼매(半行半坐三昧)·비행비좌삼매(非行非坐三昧)이다. 상좌삼매는 좌선을 중심으로 하는 행법이고 상행삼매는 행도(行道)를 중심으로 하는 행법이며, 반행반좌삼매는 좌선과 행도가 짝을 지어 조직되어 있는 행법이다. 비행비좌삼매는 사구(四句)로 분별하는 설명의 편의상 비행비좌라고 하지만 실은 좌선과 행도 모두에 통하는 것으로 앞 행법에 포함되지 않는 행법은 모두 이 삼매에 포함된다.

그러므로 상좌삼매 · 상행삼매 · 반행반좌삼매 · 비행비좌삼매란 행주좌와(行住坐臥)의 동작형식으로 분류한 것이므로 이 가운데에는 염불도 있고 좌선도 있으며 다니도 있다. 그 각각의 도량의 본존(本尊)도 다양하고 소의경전도 다르다. 결코 어떤 특정한 한 경 한 논에 의거하는 것은 아니다. 예를 들어 『법화경』에 기초한 법화삼매(法華三昧) 행법도 『방등다라니경(方等陀羅尼經)』에 기초한 방등삼매와 같이 반행반좌삼매의 하나로 취급한다. 즉 4종삼매란 일체의 경전으로부터 다양하게 나타나고 있는 행법의 종류를 모아 그것을 분류하고 총괄한 불교 수행법이라 할 수 있다.

상좌삼매는 『문수설반야경(文殊說般若經)』에 의한 일행삼매(一行三昧)라고 명기되어 있는데, 즉 좌선이다. 또한 상행삼매는 반주삼매(般舟三昧)로서 『반주삼매경(般舟三昧經)』에 의거한 것이다. 걸음걸음마다 생각생각마다 소리소리마다 아미타불을 떠나지 않는 것이다. 반행반좌삼매에는 두 가지가 있는데 법화삼매는 법화참법(法華懺法)이라고도 한다. 방등삼매(方等三昧)는 『대방등다라니경(大方等陀羅尼經)』을 염송하여 좌선과 함께 사용하는 행법으로서 말하자면 진언밀교에 속하는 행법이다.

4종삼매 가운데에서 가장 중요한 행법은 비행비좌삼매이다. 각의삼매(覺意三昧)라고도 하고 수자의삼매(隨自意三昧)라고도 한다. 역연대경(歷緣對境)의 지관으로서 행주좌와 · 견문각지(見聞覺知) · 어묵동정(語默動靜) 등 모든 것에 걸쳐 있다.

사종삼매라는 명칭은 행위에 따라 선정을 네 가지로 나눈 것으로서 법에 맞출 때에는 일행삼매(一行三昧) · 불립삼매(佛立三昧) · 방등삼매(方等三昧) · 법화삼매(法華三昧) · 수자의삼매(隨自意三昧) 등으로 부른다. 삼매를 네 가지로 한정하는 것은 동작에 네 가지가 있는 것과 화의4교나 화법4교와 같이 지의가 4구분별을 행하던 예에 따른 것이라고 할 수 있다. 각 행법의 전거로 되어 있는 경전과의 관계를 도시하면 다음과 같다.

사종삼매

신의(身儀)명	근 거 경 전	의법(依法)명
상 좌 삼 매	문수문반야경 문수설반야경	일행삼매(一行三昧)
상 행 삼 매	반주삼매경	불립삼매(佛立三昧)
반행반좌삼매	방등다라니경 법화경	방등삼매(方等三昧) 법화삼매(법화참법)
비행비좌삼매	대품반야경 청관음경 대승경전	각의삼매(수자의삼매) 관음참법(觀音懺法)

(1) 좌선을 중심으로 한 삼매[常坐三昧]

상좌삼매(常坐三昧)는 일행삼매(一行三昧)라고도 하는데 『문수사리문경』과 『문수사리소설마하반야바라밀경』에 근거하고 있다. 신업으로는 90일을 기간으로 하여 조용한 곳에 머물면서 한 부처님[一佛]을 향하여 결가부좌하고 경행이나 식사 또는 대소변을 볼 때 이외에는 오로지 좌선만 한다. 구업(口業)으로는 침묵을 하는 것이 원칙이지만 질병이나 수면 등 장애가 생겼을 때 한 부처님의 명호를 불러서 이 장애를 제거한다. 그런데 여기서 한 부처님을 향하여 결가부좌한다거나 또는 한 부처님의 명호를 불러야 한다는 것에 대해서 형계 담연은 상좌삼매의 본존이 아미타불이라고 단정하였다. 의업(意業)으로는 일체의 망상분별을 버리고 제법실상의 이법을 관찰하여 법성진여의 이치를 체득하는 것이다. 이 행이 성취될 때 한 부처님이나 시방부처님의 상호를 볼 수 있다고 한다.

『문수사리소설마하반야바라밀경』에서는 일행삼매를 설하고 있지만 90일간 상좌한다는 등의 내용은 없고, 『문수사리문경』에는 90일간 상좌한다는 규정은 있지만 일행삼매의 명칭은 없이 단지 무아상(無我想)을 닦아야 한다고 설할 뿐이다. 그리고 『마하지관』에서 규정하고 있는 앉는 방법은 두 경전이 아니라 다른 경론에서 채용한 것이라고 추정된다. 특히 『대지도론』 제7권에 의거한 것 같다. 대체로 『문수문』과 『문수설』 두 경전 및 『대지도론』 등에 의거하여 불교수행의 근본 형식으로 상좌삼매를 설정한 것이다. 특히 지의가 좌선을 중시한 것은 따로 『좌선지관요문(소지관)』 1권을 지은 것에서도 알 수 있는데 후대 선가(禪家)에 미친 영향도 크다.

『마하지관』 본문에서 이 상좌삼매를 일행삼매라고 이름 붙인 것에 대하여 담연은 『지관보행』 2권에서 상좌라는 것은 몸의 자세를 오로지 앉는 것만 취하고 다른 자세는 섞지 않으므로 일행삼매라고 하는 것이라 설명하고 있다. 『문수설반야경』 등에 의하면 일상평등(一相平等)의 법계를 오로지 생각하는 것을 일행삼매라 하고, 『대지도론』에 의하면 나머지 행과 섞지 않고 공삼매(空三昧)를 닦는 것을 일행삼매라고 하므로 지의가 두 면을 취하여 일행삼매라고 명명한 것으로 보고 있다.

(2) 행도를 중심으로 한 삼매[常行三昧]

상행삼매(常行三昧)는 반주삼매(般舟三昧), 즉 불립삼매(佛立三昧)라고도 하는데 『반주삼매경』을 근거로 하고 있다. 우선 도량을 장엄하게 하고 아미타불의 상을 본존으로 안치한다. 신업으로는 90일 간 밖으로 나오지 않으며 몸을 청정히 하고 오로지 행도(行道)하는 것이다. 구업으로는 90일 간 끊임없이 아미타불의 명호를 부르거나 32상을 염하고 혹은 양자를 함께 행하면서 쉬지 않고서 걸음걸이마다 소리소리마다 생각생각마다 오직 아미타불을 떠나지 않는 것이다. 이에 대해 지의는 혹은 창념구운(唱念俱運)이라 하고 혹은 선념후창(先念後唱)이라 하며 혹은 선창후념(先唱後念)이라 하는데, 창(唱)이란 칭명염불을 말하고 염(念)이란 관상(觀想)염불의 뜻이다. 의업으로는 32상을 갖춘 아미타불의 의보와 정보만을 오로지 생각한다. 어느 것이나 인간의 색신을 가지고서는 알 수 없는 것이어서 본래 공한 것임을 관찰하고 또 아미타의 의보와 정보도 마음이 깨끗하면 나타나게 된다는 것과 마음과 부처는 본래 평등한 것임을 관찰하는 것이다. 즉 내가 이르는 곳도 없고 부처님이 오시는 곳도 없다고 생각한다. 내가 생각하는 바를 바로 보고 마음이 불심을 이루면 스스로 마음과 불심을 보니 불심과 나의 마음은 하나가 된다. 이 삼매를 불립삼매(佛立三昧)라고 하는데 시방에 두루 계시는 부처님이 현재 자기 앞에 서 있는 것처럼 아미타불을 염하는 것이다. 이

의업으로 행하는 지관에 대해서는 『반주삼매경』에 의거하여 지의가 공·가·중의 3
관에 알맞게 배대하여 설한 것이다.

(3) 행도와 좌선을 겸한 삼매[半行半坐三昧]

반행반좌삼매(半行半坐三昧)에는 두 가지가 있다. 『대방등다라니경』에 근거한 방등
삼매와 『법화경』과 『보현관경』에 근거한 법화삼매이다.

우선 방등삼매(方等三昧)에 대해서 서술한다. 한가하고 고요한 곳에 도량을 정하고
는 향을 실내외에 바르고 규정에 따라 도량을 장엄한다. 원단(圓壇)을 설치하여 오색
의 기를 달고 24구의 존상을 봉안하여 백 가지 맛의 음식을 공양하고 율사를 청하여
스승으로 삼는다. 7일 간 매일 세 번 목욕하고 다음과 같이 행도 및 좌선의 수행법을
행한다. 즉 120번 행선하고 한 번 행선할 때마다 한 주문을 외우고 이것이 끝날 때 열
부처님에게 예배하고 좌선사유하여 실상을 관한다. 다시 의복을 단정하게 하고 행선
을 120번 하고 120번 주문을 외우고는 좌선을 한 후에 실상을 사유관찰한다.

이 삼매는 밀교적인 색채가 매우 농후한데 사상(事相)의 규정이 엄중하고 또 밀주
(密呪)를 송하는 것이 이색적이다. 이것을 4종삼매 가운데 넣은 것은 천태불교의 포용
성을 나타내는 것으로서 매우 흥미 깊은 점이다. 이러한 사참(事懺)도 결국 지의에게
있어서는 이참(理懺)을 위한 전방편일 뿐이다. 그것은 이미 서술한 사상(事相)상의 규
정이 모두 이참, 즉 일심삼관(一心三觀) 등의 원교의 관법을 본질로 한다고 해석하는
것에 의해서도 알 수 있다. 이 『방등다라니경』에 대한 지의의 관심은 매우 커서 『국청
백록』 제1권에는 따로 「방등참법」1권이 수록되어 있으며, 지의는 재세시에 이 참법을
중시하고 특히 문인으로 하여금 수행토록 하였다.

반행반좌삼매로는 또 법화삼매(法華三昧)가 있다. 『마하지관』에서는 법화삼매에 관
하여 ①도량을 엄정하게 하는 것 ②몸을 깨끗하게 하는 것 ③3업으로 공양하는 것 ④
부처님을 청하는 것 ⑤부처님께 예경하는 것 ⑥육근을 참회하는 것 ⑦걷는 것[繞旋]
⑧경전을 독송하는 것 ⑨좌선하는 것 ⑩증득하는 경계 등 10장으로 나누어 논술하고
있다. 그런데 이 10장은 『법화삼매참의』의 내용과 일치하고 있다. 이제 『마하지관』 및
『법화삼매참의』에 의거하여 그 대요를 서술한다. 우선 고요한 곳을 선택하여 도량을

정한 뒤 그 도량 중에 고좌(高座)를 두어 『법화경』 1부를 안치하고 꽃·향·등 등을 공양한다. 기간을 3·7일로 정하고 수행자는 깨끗한 몸으로 도량에 들어가 우선 널리 시방의 불·법·승 삼보께 예배하고 석가여래·다보여래·시방분신제불 등 『법화경』과 관련있는 제불이나 보살·성문 등 8부중을 권청하며, 안·이·비·설·신·의의 6근을 참회한다. 일어나 법좌를 돌며 향을 사르고 꽃을 뿌리며 자귀의불(自歸依佛)·자귀의법(自歸依法)·자귀의승(自歸依僧)의 삼귀의문을 제창하고, 행도하면서 송경을 행한다. 이 경우 구족송경(具足誦經)과 불구족송경(不具足誦經)의 두 가지가 있는데, 구족송경을 하는 이는 미리 1부를 독송한 이후에 도량에 들어가 행도가 끝날 무렵에 송경도 끝내는 것이다. 불구족송경을 행하는 사람은 「안락행품」 1품만을 두세 번 독송한다. 경우에 따라서는 나머지 품을 독송하는 것도 좋지만 나머지 경은 독송하지 않는다. 이것은 처음 송경을 하는 사람의 경우이다.

(4) 행도와 좌선의 형식이 없는 삼매[非行非坐三昧]

비행비좌삼매(非行非坐三昧)는 각의삼매(覺意三昧)라고도 하고 수자의삼매(隨自意三昧)라고도 한다. 『대품반야경』에 설해진 각의삼매, 특히 혜사선사의 수자의삼매 등이 여기에 속한다. 『법화경』 『청관음경』 『대품반야경』 『수능엄경』 『대집경』 『열반경』 『앙굴마라경』 『대지도론』 등 대승경론에 의거한다. 비행비좌라고 하는 것은 선정을 4구에 의해 분류하였기 때문에 이렇게 부른 것인데, 실제로 몸은 행주좌와 어느 때나 자유롭다고 하는 의미이다. 혜사선사가 찬술한 『수자의삼매』에 행(行)·주(住)·좌(坐)·와(臥)·식(食)·어(語)의 여섯 가지 동작 하나하나에 대하여 삼매를 얻는 방법이 설해져 있는 것을 범주로 한 것으로 보인다.

그런데 지의의 수자의삼매는 혜사선사의 학설보다도 훨씬 광범위한 의의를 가지고 있다. 즉 지의는 우선 수자의삼매라는 것을 일체의 몸의 동작이나 환경에 응하여 실상진리를 증득함을 목적으로 한다고 정의하고 지금까지 설명한 세 가지 삼매 이외의 삼매를 모두 이 수자의삼매에 포함시켰기 때문이다. 『마하지관』에서는 수자의삼매를 특정한 경전의 규정에 의거한 것과 특정한 경전에 의거하지 않고 자유로이 선·악·무기의 3성에 대하여 지관을 행하는 것의 두 가지로 구별하고 있다. 그래서 이미 서술한 세 가지 삼매 및 수자의삼매 가운데 특정 경전을 소의로 하는 행법은 모두 진여실상의 이법을 직접 소관으로 하는 이관(理觀)이고 수자의삼매의 3성에 따른 관법은 사관(事觀)이라고 한다.

우선 경전에 의거한 관법을 설명하면 다음과 같다. 경전에서 설하는 수자의삼매를 대표하는 것이 『청관음경』이다. 그 행법에 대해서는 따로 『청관음경소』에 설명이 있는데 그 중에서 청관세음참법이라 하여 장엄도량(莊嚴道場)·작례(作禮)·소향산화(燒香散華)·계념(繫念)·구양지(具楊枝)·청삼보(請三寶)·송주(誦呪)·피진(披陳)·예배·좌선의 10조목을 제정하고 있다. 이것도 『국청백록』 제1권에 수록되어 있는 청관음참법을 가리키는 것이다. 그러나 청관음참법은 단지 사상(事相)을 낼 뿐이고 의업으로서 지관에 대한 규정은 없다. 이제 『마하지관』에 의거하여 그 대요를 살펴보자.

우선 도량을 장엄하게 하고 서방에 미타·관음·세지의 존상을 봉안하며 이 닦는 가지[楊枝]와 깨끗한 물을 준비한다. 존상을 향하여 오체투지로 예배하고 향을 사르고 꽃을 뿌리고는 결가부좌하여 호흡을 세는 것에 생각을 집중한다. 열 호흡을 하나의 염으로 하고 열 염이 성취되면 일어나 분향하고 삼보를 청하기 위해 세 번 삼보의 명을 부르며 다시 바꾸어 관세음보살의 명호를 부른다. 이어서 합장하여 경에서 설하는 4행게를 읽고는 3종 다라니를 한 번 내지 일곱 번 읽고는 참회하고 다시 예배하며 자리에 올라 『청관음경』을 독송한다.

이상이 신개차(身開遮) 및 구설묵(口說默)에 관한 규정이다. 그리고 지관방법으로는 근경식의 3경이나 지수화풍 등을 4구로 추검하여 본래공(本來空)을 증득하는 것으로 한다. 이 점에 대해서는 『청관음경소』에서 원교의 입장을 명료히 밝히고 있다.

수자의삼매의 제2류에 속하는 것은 삼성(三性)에 의거한 관법으로서 선·악·무기의 세 가지 일상심을 수시수처(隨時隨處)에서 지관의 대경으로 하는 행법이다. 수자의삼매로서는 이 유형의 행법이 대표적인 것으로 된다. 우선 선(善)이라고 하는 것은 주로 육바라밀을 행하는 자심을 반성하고 미념(未念)·욕념(欲念)·염(念)·염이(念已)의 사운(四運)을 구분하여 그 하나하나를 추검하여 본래공인 것을 깨달으며, 그 자심에 탐착을 일으키지 않고 육바라밀 하나하나에 육바라밀 전체가 구족하는 것을 깨닫는 것이다. 다음은 악(惡)의 자심을 관하는 방법이다. 즉 악심을 사운추검(四運推檢)하여 악심이 공인 것을 깨닫고 드디어 번뇌즉보리(煩惱卽菩提)의 이치를 증득하는 것이다. 그리고 선도 아니고 악도 아닌 무기법을 대경(對境)으로 하는 경우도 마찬가지이다.

이상이 수자의삼매의 요점인데 특히 악을 대경으로 하는 수자의삼매에 대하여 지의는 주의를 환기시키고 있다. 즉 악을 대경으로 하는 것은 극력 피해야 하니, 악을 탈피하지 못하는 경계에 있는 일부의 사람들만이 행해야 할 행법이라는 것이다.

이상에서 본 바와 같이 약경관(約經觀)과 약성관(約性觀)으로 이루어진 비행비좌삼매는 약경관은 경전에서 그 근거를 찾는 것이고 약성관은 선·악·무기의 성품으로 그 근거를 찾는 것으로서 수행의 자유로운 태도를 확인할 수 있다. 그리고 어느 것에도 속하지 않는 것을 빠짐없이 보충하려는 지의의 태도에서 완벽성을 볼 수 있다.

이상이 4종삼매의 대요이다. 4종삼매 가운데 수자의삼매를 제외한 다른 3종 삼매는 이미 사상(事相) 방법을 달리하고 소의의 경론도 다르며 지관의 규정도 한 가지가 아니다. 그리고 상좌삼매·상행삼매·반행반좌삼매 및 수자의삼매는 모두 직접 실상을 관득하는 것을 목적으로 하는 이관(理觀)이고 수자의삼매 가운데 삼성(三性)을 관경으로 하는 행법은 때와 장소를 불문하고 자심에 대해 사운추검(四運推檢)을 행하는 사관(事觀)이다. 그렇지만 이 사관의 목적도 결국 이관에 있는 것이다. 모든 사상(事相)의 수행은 이관을 목적으로 하는 것이므로 이 이관이야말로 사종삼매를 통하여 가장 중요하다. 그 이관의 측면을 구체적으로 설명하고 있는 것이 10광 가운데 제7 정수장이다. 즉 5략 가운데 설해진 4종삼매는 사상(事相)의 형식적인 면에 주의하여 천태지관을 설한 것이므로 원교 수행법의 본질적인 내용은 십경십승의 관법이 되는 것이다.

2) 십경(十境)

25방편을 갖춘 다음 천태지관을 정수(正修)하는 관법이 10승관법이다. 이 10승관법에는 일정한 대경(對境), 즉 관경(觀境)이 있어야 하며 먼저 무엇을 관경으로 할 것인가를 규정할 필요가 있다. 물론 일체법을 관경으로 할 수 있지만 쓸데없이 공허한 법을 관경으로 정하는 것은 지관의 효과를 극대화시킬 수 없으므로 가깝고도 중요한 관경을 선택해야 한다. 그래서 지의는 음입계경(陰入界境)을 초관(初觀)의 대경으로 정했다. 그런데 지관수행이 진전함에 따라 갖가지 장애가 나타날 수도 있는데 이것들도 관경으로 해야 한다. 그래서 음입계경 이하 일체의 관경을 열 가지로 분류하는 것이 10경이다. 10경이란 음입계경·번뇌경·병환경·업상경·마사경·선정경·제견경·증상만경·이승경·보살경이다. 이것은 범부위에서부터 진위(眞位)에 들어가지 못한 방편위까지 만나는 갖가지 장애를 열 가지로 구분한 것이다.

(1) 음입계경(陰入界境)

25방편을 닦은 지관의 수행자가 10승관법을 닦을 때 최초의 관경이 음입계경이다. 음입계경을 가장 먼저 관하는 것은 물론 경전에 근거한 것이지만 그보다도 음입계경이 일상생활에서 항상 나타나는 가장 가까운 것이며 또한 이것을 통제하는 것이 가장 절실한 문제이기 때문이다. 현실적이고 구체적 대경인 음입계경을 먼저 관하여 그 음입계를 실상의 부사의경으로 관득하는 것이 목적이지, 구체적 현실을 떠난 추상적 진리나 현실과는 별개의 초월적 경계를 관경으로 하는 것이 아니다. 어디까지나 현실이 문제이므로 이를 제일관경으로 한다. 여기에 천태지관의 전통적 특색이 있다. 담연은 지의가 10경을 설정한 의의를 밝히면서 이 10법을 사용하여 경계로 삼는 것은 보통 청정진여의 무생무루(無生無漏)를 세우는 것과 다르다고 하였다.

그런데 음입계경 가운데 음(陰)은 색·수·상·행·식이고 입(入)은 12입 또는 12처(處)로서 안·이·비·설·신·의와 색·성·향·미·촉·법이며 계(界)는 18계로서 6근·6경·6식이다. 이들 3과를 첫째의 관경으로 하지만 3과 중에서도 오음, 오음 중에서도 식음(識陰)을 선택하여 관경으로 정한다. 3과 중에서 5음을 택하는 것이 『마하지관』의 비유 가운데 '거장취척(去丈就尺)'이고 5음 중에서 식음을 택하여 관경으로 하는 것이 '거척취촌(去尺就寸)'에 해당한다. 지의가 이렇게 관경을 고르는 것은 『대지도론』의 사상, 특히 본론 권27에 인용된 내용을 근거로 하는 것이다. 지의는 『마하지관』 5상에서 음입계의 3과를 지관의 대상으로 삼는 것을 설할 때 아비달마의 오음동시설(五陰同時說)과 『성실론』의 차제상생설(次第相生說)을 비평하고 식음을 관경으로 할 것을 주장하고 있다.

이 지관 대경(對境)의 문제는 송대에 이르자 산가파의 망심관(妄心觀)과 산외파의 진심관(眞心觀) 사이에 논쟁을 일으켜 심각한 대립을 낳았다. 『화엄경』의 "마음은 화가와 같아서 갖가지 오음을 만든다(心如工畵師 造種種五陰)"는 내용을 인용하여 고원(高遠)한 진불(眞佛)을 곧바로 실천지관의 대경으로 삼는 것은 부적절하다고 논하고 있으므로 지의가 진심관의 입장에 있지 않음이 확실하다. 담연이 무기(無記)인 제6의식을 관경으로 정하고 발득(發得)한 선악심은 번뇌경으로 삼으며 전오식 등은 대경이지만 뒤에 역연대경(歷緣對境) 중에서 관해야 할 것으로 한 것은 지의의 진의를 잘 나타낸 것이다.

지의에게 있어서는 지금 일상적으로 현전하는 5음 가운데 특히 식음(識陰) 즉 제6식인 심왕을 관경으로 하여 이 마음에 10승관법을 적용하고 일념삼천의 부사의경을 발득하는 것이 당면의 목적이다. 위에서 인용한 어리석음을 범하지 않고 그 목적에 도달하기 위해서는 우선 일상적으로 현전하는 일념(一念)을 관경으로 삼아야 한다. 여기에서 천태지관의 현실주의적 성격이 드러난다.

(2) 번뇌경(煩惱境)

제1 음입계경에 대해서 10승관을 적용하여 관심의 수행이 진전할 때 일어나는 번뇌를 새로운 지관의 대경으로 삼는 것이다. 보통은 번뇌가 잠복해 있는 줄 모르지만 일단 마음을 가라 앉혀 수행하고자 하면 삼독과 사대의 병이 두루 일어나 맹렬하게 정신을 압도한다. 이것은 옛 성현의 고백이나 우리들의 실증에 의해서도 확실한 사실이다.

남북조 말기에 자기반성의 수도를 게을리 하고 단지 고원한 공의 증득만을 과장하여 호언장담했던 선사가 많이 있었던 것은 지의가 종종 지적한 것이다. 『마하지관』 권8상의 번뇌경을 설하는 곳에서 번뇌가 8만4천이지만 견혹과 사혹, 이사(利使)와 둔사(鈍使)로 구별되고 이러한 네 가지 번뇌가 생기는 인연으로 습인(習因)의 종자, 업력의 작용, 마(魔)의 선동이 있다고 체험적인 말을 하고 있다. 이처럼 번뇌와 최후까지 철저하게 대결하는 것이 지의의 해학(解學) 및 행학(行學)의 최고 과제였다. 이 번뇌에 대해 10승관법을 적용하여 일념삼천의 부사의경을 발득하기까지 조금도 지관수행을 게을리 할 수 없는 것이다.

수행의 실제에서 말하면, 번뇌즉보리(煩惱卽菩提)라는 원교의 이치를 체득하는 것은 결코 쉽지 않고 무거운 번뇌는 정신을 압박한다. 이론과 실천, 관념과 체득을 혼동하여 엄숙한 수행을 버리거나 번뇌즉보리란 이름 아래 사음(邪淫)도 꺼리지 않는 선사들, 다만 고원한 불과(佛果)를 설하여 행학에 태만한 문자법사들의 사상은 지의에게 있어서는 수도의 실제를 무시하는 편파적 사상이며 특히 북지 폐불의 근본원인이었다고 여겨졌다. 지관수행의 제2경에 번뇌경을 둔 것은 지의 자신의 이러한 체험에 의한 것이다.

(3) 병환경(病患境)

10경의 세 번째는 병환경이다. 이것도 지관을 닦는 과정에서 수행자를 괴롭히는 장애이다. 바로 육체적 질병을 말한다. 일반적으로 질병에는 수행 중에 걸리는 실제병[實病]과 증득한 뒤에 나타나는 방편병[權病]이 있다. 후자는 석가와 유마가 방편으로 병을 보여 교화하는 것과 같은 경우로서 당면의 문제는 아니다. 전자의 현실적인 육체상의 질병이 문제이다.

상좌삼매와 상행삼매와 같은 지관행은 극도의 정신집중을 필요로 하므로 육체적 고통이 많고 일정기간 생활환경도 바뀌므로 질병이 생기기 쉽다. 더구나 지관수행의 중도에서 이런 질병이 생기면 수행자의 대부분은 절망해서 포기하기 쉽다. 따라서 이 장애를 돌파하기 위하여 적극적으로 병환을 지관의 대경으로 하여 정면에서 대결해야 하므로 10경 가운데 세 번째에 두었다.

지의는 육체상의 질병을 자세히 설명하고 있다. 소리를 듣고서 병명을 아는 것은 높은 의술이고 색을 보고 아는 것은 중간 정도의 의술, 맥을 짚어 아는 것을 낮은 의술이라고 한다. 맥이 크고 곧으면 간장, 맥이 가볍고 뜨면 심장, 날카롭게 찌른다면 폐, 염주와 같은 것은 신장, 가라앉고 무거우며 늦고 느린 것은 비장의 병상이라고 한다. 특히 지관 수행을 장애하는 여섯 가지 병을 설명하고는 그 원인으로 사대(四大)가 순조롭지 못한 것, 음식을 조절하지 못한 것, 좌선이 부적절한 것, 귀신, 마구니 및 전생의 업 등을 열거하고 최후로 4종삼매의 10승관법을 가장 이상적인 치료법으로 제시하고 있다.

특히 병의 원인을 설명하는 가운데 좌선이 부적절할 때에 나타나는 증상에 관한 설명은 아주 자세하게 지의의 체험을 말하고 있다. 즉 좌선할 때 정신이 태만하고 수식관이 부적절하거나 수행자의 좌선이 색·성·향·미·촉 등 오경에 대한 관으로 치우쳤을 때 오장의 질병이 생기기 쉽다고 지적하고 있다. 현대의 의학상식에서 볼 때 비판의 여지가 있지만 지의는 1400년 전 당시의 의학에 정통하고 있었고 특히 정신상의 병상과 치료법을 구명하는 방법으로 합리적이고 학적인 태도를 보였다고 할 것이다.

(4) 업상경(業相境)

10경의 네 번째인 업상경은 무량겁 이래 수행자가 지은 선악의 업으로 이미 과보를 받은 것과 받지 않은 것이 선정 중에 출현함을 지관의 대경으로 삼는 것이다. 밝은 거울은 닦을수록 여러 형상이 명료하게 나타나는 것과 같이 지관의 진행과 동시에 숙세의 업상까지도 생겨서 정신의 안정을 방해한다. 이 출현은 수행인에 따라 매우 복잡하지만 지의는 이것을 여섯으로 나누었다. 즉 보과(報果)만 나타나는 경우, 습인(習因)만 나타나는 경우, 보과가 먼저이고 습인이 뒤에 나타나는 경우, 습인과 보과의 순으로 나타나는 경우, 습인과 보과가 일시에 나타나는 경우, 전후부정으로 나타나는 경우이다.

지의는 이들 선악의 업상을 대표하는 것으로 선업상을 육바라밀로, 악업상을 육폐(六蔽)로 설명하고 있다. 예를 들면 선정 중에서 삼보와 성중(聖衆), 대덕(大德), 부모, 스승에 대하여 공양하는 수승한 모습이 나타나는 것은 전생에 자신이 보시바라밀을 수행했던 보과(報果)의 상이며 반대로 삼보나 스승이 초췌한 형상으로 나타나는 경우에는 인색했던 폐단의 보과라고 한다.

당시 선정의 수행 중에 일어나는 선악의 업상이 무엇인가는 수행자에 있어서 중대한 문제였다. 예를 들면 혜사선사가 혜문선사 곁에서 법화삼매를 닦을 때 가장 고민했던 것도 역시 선정 중에 나타난 악의 업상이었다. 이 악의 업상은 아무리 하여도 소멸되지 않는 것으로 혜사선사는 한때 심각한 절망에 빠질 정도였다고 한다. 지의도 대현산에서 법화삼부경을 독송하고 방등삼매를 닦을 때 수승한 상이 나타났다. 즉 『법화경』을 손에 들고 주위에 어지럽게 놓인 경전과 불상을 정돈하는 광경이었다. 이것에 의해 지의는 일찍이 강동에 물을 만한 스승이 없다고 자부하였다고 전한다. 업상에 관한 지의의 논술은 대부분 『구사론』과 『성실론』에 근거하고 또한 대치의 방법은 『중론』에 근거한 것이지만 결코 관념상의 논의가 아니라 당시 수선자가 가진 현실의 문제였다. 혜사선사나 지의는 선정 중에 일어나는 상에 의해 자신의 숙업을 알고 이것에 책임을 갖지 않으면 안 된다고 하므로 이 업상은 진지한 수도자가 갖는 운명을 결정할 중대 문제였다. 『마하지관』 8하 관업상경(觀業相境)을 설명한 데에서 지의는 당시 대승선사 사이에 만약 선정 중에 자신이 과거에 삼보의 물건을 빌리고 있는 모습을 보면 바로 수행을 그치고 삼보에 공양해야 한다는 신앙이 전해오고 있음을 기록하고 있다. 그런데 혜사선사는 이에 대하여 수행을 중지하는 것보다는 오히려 수행을 계속하고 그 수행을 성취한 후에 삼보에 공양해야 한다고 주장했다. 지의는 『우바새계경(優婆塞戒經)』을 들어 이 주장을 지지하고 있다.

(5) 마사경(魔事境)

10경의 다섯 번째인 마사경(魔事境)은 업상경을 대경으로 하는 지관수행이 진전하여 점차 악을 물리치고 선이 생기는 시기에 나타나는 악마를 가리킨다. 『대집경』 『화엄경』 『열반경』 『반야경』 『대지도론』 등에 근거하여 마구니의 본질 및 대치법을 자세히 설명하고 있다. 먼저 지의는 마구니에 퇴척귀 · 시미귀(時媚鬼) · 마라귀(魔羅鬼)가 있다고 한다. 퇴척이란 얼굴은 비파와 비슷하고 눈이 네 개, 입이 두 개이며 독특한 소리를 내어 선정을 방해하는 귀신이다. 시미란 『대집경』에 설명된 귀신으로 십이지에 해당하는 동물이 자신의 시간에 차례로 출현하는 것이며, 마라란 마왕 파순의 권속으로 항상 강하고 부드러운 양면의 교묘한 방법으로 유혹하거나 강박하여 수도를 방해하는 악마이다. 이들 세 악마가 선정수행을 방해하는 방법에 대해 지의는 유무(有無) · 명암(明暗) · 정란(定亂) · 우지(愚智) · 비희(悲喜) · 고락(苦樂) · 화복(禍福) · 선악(善惡) · 증애(憎愛) · 강연(强軟)의 20가지로 나누어 설명하고 있다. 퇴척이란 특히 선관을 퇴전시키고 시미는 사법(邪法)을 얻게 하며, 마라는 양자를 겸하고 있다.

이러한 세 가지 악마는 모두 수행자를 외부에서 유혹하는 존재로 설명되었지만 본질적으로는 수행자 자신의 정신적 약점을 상징한 것이다. 그래서 이 세 가지 악마를 대치하는 방법으로, 퇴척은 계를 독송하고 시미는 시간을 알아 그에 해당하는 짐승의 이름을 부르고 마라는 공관(空觀)을 철저하게 행함으로써 대치하는 것이다. 그러나 가장 근본적인 대치법은 원융삼제의 원리에 의해 10승관법을 적용해야 할 것으로 규정했다. 세 가지 마의 대치방법은 유송(劉宋)시대 저거경성(沮渠京聲)이 전역한 『치선병비요경(治禪病秘要經)』에 의한 것이라 추정된다.

이 악마관은 여러 경론에 근거한 것이지만 지의 자신이 이 수행과정에서 실제로 체험한 사실에 바탕을 두고 있다. 『별전』에는 지의가 금릉의 강단생활을 버리고 천태산에 들어가기 직전에 명리(名利)라는 연적(軟賊) 때문에 뼈를 깎을 만한 정신적 위기에 빠졌음과 화정봉 수행시 강마(强魔)와 유마(柔魔)의 유혹과 심각한 대결을 행한 사실을 기록하고 있다.

(6) 선정경(禪定境)

제6 선정경은 마사경을 대경으로 하여 수행하는 중에 나타나는 장애로서 과거에 닦아 익혔던 선정에 대한 집착심이다. 이 선정으로 집착심이 생기는 것은 안팎의 두 가지 인연으로 인한 것이다. 밖의 인연은 여래의 방편을 가리키고 안의 인연은 숙습(宿習)을 말하는 것으로서 지금 문제되는 것은 안의 인연이다. 선정에도 갖가지 유형이 있고 얕고 깊은 차이가 있다. 그러나 한결같이 깨달음을 목적으로 하는 것이므로 지금까지의 대경(對境)과는 달리 마음에 드는 대경을 본다. 그렇지만 지관수행의 실제에서 말하면 선정은 오히려 두려워해야 할 것이며 원돈지관을 방해하는 대적이다. 일단 체험했던 선정경지라 하는 것은 수행자가 갖는 색진(色塵)의 제법보다도 끊기 어려운 집착심을 동반하기 쉽기 때문이다.

『마하지관』에서는 이와 같은 장애가 생길 수행자가 있기에 여러 경론의 설을 종합하여 선문(禪門)을 요약해서 근본사선·십육특승(十六特勝)·통명관(通明觀)·구상(九想)·팔배사(八背捨)·대부정관(大不淨觀)·자심(慈心)·인연(因緣)·염불(念佛)·신통(神通)의 10문으로 나누어 하나하나에 관하여 상세한 설명을 하고 있다. 최후로 그 대치법인 10승관법을 어떻게 적용할 것인가를 간절하게 설명하고 있다. 10경을 통해 지의가 가장 주력을 쏟은 것은 이 선정경과 다음의 제견경(諸見境)이다. 아비달마 · 『성실론』은 물론 대승경론의 선관사상을 자세하게 소개, 비판하였을 뿐만 아니라 지의 자신의 체험에 기초하여 선법들의 상호관계 및 그 장애상(障碍相)이나 대치법을 상세하게 설명하고 있다.

(7) 제견경(諸見境)

10경 가운데 제7 제견경(諸見境)은 선정을 닦음으로써 생기는 독단적 사견이다. 대체로 선의 최고 목적은 무분별 · 무집착의 마음을 이루는 것이다. 그런데 이 무분별과 무집착에 마음을 집착하면 오히려 사견이 된다. 이러한 사견에는 법을 들은 데 따른 경우와 선정을 닦는 데 따른 경우가 있다. 선의 이면을 얻은 사견은 얼핏 깨달음과 흡사하여 지관의 수행상 중대한 방해가 된다. 지의에 의하면 남지에는 습선자가 적어 이러한 사견이 적으나 북지에는 매우 많았다고 한다.

사견에 얽매인 선정은 일보도 전진할 수 없다. 그래서 지의는 불법 밖의 외도, 불법을 따르는 외도, 불법을 배우면서 외도로 되는 것 등으로 나누어 사견을 개설하고 특히 장 · 통 · 별 · 원의 화법사교에 대하여 생기는 사견의 본질을 상세하게 설명했다. 상술한 바와 같이 북지에서 선관을 닦던 선사들 사이에는 분방하고 기묘한 언행을 자랑하고 이것에 의해 깨달았다고 자부하는 위선이 횡행했던 사실이 있었고, 당시 북주(北周)의 폐불을 도모한 환속승 위원숭(衛元嵩)이 방자하게도 불법을 폐하여 불교와 도교를 혼합하려고 기도한 것들이 지의를 자극하였을 것이다. 이러한 북지의 풍조에 각성을 촉구하고 또한 남지교단을 경계하기 위해서도 특히 노장사상과 불법이 근본적으로 다른 것임을 밝힐 필요가 있어서 제견경을 설정하여 양교의 사상의 상위점을 자세히 논술하였다고 볼 수 있다.

(8) 증상만경(增上慢境)

『마하지관』은 제견경까지만 있고 증상만경 이하는 설명하고 있지 않다. 그러나 『마하지관』의 10경의 생기(生起)를 밝히는 곳을 통해 알 수 있다. 제견경을 관하여 사견을 벗어날 때 자기의 깨달음이 궁극에 달했다고 망상하기 쉬우므로 증상만경을 새로운 대경으로 설정한 것이다. 지의가 강설했다면 위 7경과 같이 여러 가지 증상만이 생기는 인연, 호발(互發)의 상위, 사의경(思議境), 부사의경(不思議境)의 순으로 논술했을 것이다. 증상만경을 선정의 거의 마지막 단계에서 나타나는 장애로 한 것은 증상만이 선정수행의 도정에서 빈번하게 생기는 사실과 깨닫는 시기가 길어지면 길어질수록 더욱 더 이 경향이 많아지기 때문이다.

『마하지관』 1하에서는 이 증상만을 막기 위해 이즉(理卽)·명자즉(名字卽)·관행즉(觀行卽)·상사즉(相似卽)·분진즉(分眞卽)·구경즉(究竟卽)의 육즉(六卽) 계위를 설하여 경고하고 있으며,『법화현의』 적문 10묘 제3 위묘단에서는 원교에 "초발심즉변성정각(初發心卽便成正覺)"이라 설했을지라도 별교에 기탁하여 계위를 세워야 한다고 하여 수행의 단계를 자세하게 설명하고 있다. 어쨌든 증상만은 선정수행의 진전을 방해하는 중대한 장애이므로 지관의 입장에서는 어디까지나 증득의 고저를 명확하게 자각하여 특정의 선정을 반성 없이 최고라고 하는 독단을 하지 못하도록 하는 것이다.

(9) 이승경(二乘境)

10경 가운데 아홉 번째인 이승경은 전생에서부터 쌓인 습기가 생기는 것을 지관의 대경으로 삼는 것이다. 이 이승경의 강의가 행해졌다면 자리(自利)의 수행과 공에 대한 집착이 그 중심이었으리라고 생각된다. 이승근성의 자리심(自利心)에 대해서는 지의가 자주 지적하고 있다. 지관수행의 이 단계에도 아직 공견의 잔습이 생길 수 있음은 『마하지관』 5상의 10경호발을 설명한 곳에서 알 수 있다. 즉 증상만에 대한 지관수행을 행하는 과정에서도 여전히 전생의 숙습에 의해 소승의 편집이 정신 내에 뿌리깊게 남아 수행을 방해하고 있으므로 새로이 이 소승심을 대경으로 하여 10승관을 행하는 것이다.

앞에서 제견경(諸見境)의 지관을 설명한 가운데 특히 공견(空見)이 십법계(十法界)를 일으키는 중요한 계기임을 설명하고 있다. 대개 공관(空觀)은 불교의 근본원리이며 이를 설하지 않는 경전은 없다. 그렇지만 이 공관원리를 해석하는 방법에 따라 아래로는 지옥계부터 위로는 불계까지 십계가 생기는 것이다. 공관을 악용해서 삼보와 은사를 공경하지 않고 상품의 오역죄를 지으면 공관에 의해 도리어 지옥에 태어난다.

공을 잘못 해석하여 무참무괴(無慚無愧)하게 되는 것은 축생계를 스스로 만드는 것이다. 이와 같이 이승경도 공관의 불완전한 해석인 공견에 의해 성립된 것이다.

성문은 4제를 듣고 연각은 12인연을 깨닫는 것이므로 이승의 교법에 서로 차이가 있지만, 회신멸지(灰身滅智)의 자리(自利)를 구하고 이것으로 궁극의 증과로 하는 점은 같다. 이는 일천제보다도 구하기 어려운 사견으로서 대승경론이 배척하는 것이다. 따라서 이승의 독단적 공견은 지관수행을 방해하며 일보도 전진시키지 않는다. 일체 집착을 떠나 겸허하고 무심의 태도를 가르치던 공관이 지금은 구하기 힘든 독단이 되어 지관수행을 장애하고 있다. 여기에서 이승경으로 10승관법을 적용해서 사견과 편벽된 집착을 떠나 일념삼천 · 원융삼제를 관찰할 필요가 있는 것이다.

(10) 보살경(菩薩境)

10경의 제10 보살경은 소승보살심이다. 대승보살, 즉 통교의 진도(眞道)나 별교 및 원교의 보살은 아니다. 여기서 지의가 문제로 삼고 있는 것은 소승보살의 비방심(誹謗心)이다. 『대품반야경』에서 소승의 편집(偏執)을 가진 자에 대하여 심반야(深般若) · 일체종지(一切種智) · 십팔공(十八空)을 설하지 말 것을 경고하고 있고 「수희품(隨喜品)」 「신훼품(信毁品)」 등에서도 소승편집을 가진 자가 깊은 반야와 18공을 들으면 반드시 비방을 한다고 강조하고 있다. 지금 지의는 이승경을 벗어나도 특히 이 소승보살의 독선적 편집을 제거하지 않으면 원돈지관의 완성을 바랄 수 없으므로 이 보살경을 지관의 대상으로 제정한 것이다.

소승보살은 소승근성을 가진 점에서 성문 · 연각과 같다. 다만 3승이 자리(自利)를 구하여 회신멸지(灰身滅智)를 이상으로 함에 비하여 육바라밀을 행하여 중생제도를 이상으로 한다. 이 점에서 3승 가운데 제일의 존재이다. 그런데 석공(析空)을 실상원리로 하여 공이 구경이라 관찰하므로 이승과 같이 공견의 편집을 가지고 있다. 석공(析空)을 구경으로 하는 공견으로 육바라밀을 행하므로 이 육바라밀은 편원(偏願)이다. 그러므로 지의는 공견에 집착해서는 안 된다고 비판하였다. 따라서 지관을 닦는 일은 공견에 집착한 소승보살의 독선을 물리치기 위한 것이므로 이것을 관경으로 10승관을 행하여 겸허한 정신적 자유를 회복해야 한다는 것이다.

마지막으로 주의할 것은 10경이 차례로 생기는 것으로 설명했지만 제2경 이하의 9경은 전후교차하고 단복(單複)의 상위도 있다. 『마하지관』에서는 이것을 호발(互發)이라 하여 열 가지 경우를 열거한다. 첫째는 차제불차제(次第不次第)의 차이이다. 상술한 바와 같이 순서대로 생기는 경우를 차제(次第), 그렇지 않은 경우를 불차제(不次第)라고 한다. 둘째 잡부잡(雜不雜)으로 경(境)마다 차례로 일어나는 것을 부잡(不雜), 한 경이 아직 사라지지 않았는데 다른 대경이 생기는 것을 잡(雜)이라고 한다. 셋째 구불구(具不具)로서 10경 전부가 생기는 것을 구(具), 구족하지 않는 경우를 불구(不具)라고 한다. 넷째 화의불화의(化意不化意)로서 고의로 특정의 대경을 일으키는 것을 화의(化意), 자연적으로 경상(境相)이 생기는 것을 불화의(不化意)라고 한다. 다섯째는 성불성(成不成)이니 특정한 경에 대한 지관을 성취한 후에 다른 경으로 바꾸는 것을 성(成), 성취하지 않은 채로 전환하는 것을 불성(不成)이라고 한다. 여섯째 익불익(益不益)으로서 대경이 지관수행에 이익되는 경우를 익(益), 그렇지 않은 경우를 불익(不益)이라고 한다. 일곱째 난발불난발(難發不難發)로서 이것은 선악 2법의 난이(難易)를 가리킨다. 여덟째는 구불구(久不久)로서 오래 지속함과 곧바로 소멸하는 차이를 말한다. 아홉째는 경불경(更不更)으로서 간격 없이 대경이 전환하는 것을 경(更), 지속하는 것을 불경(不更)이라고 한다. 열 번째는 삼장사마(三障四魔)로서 10경을 업장(業障) · 보장(報障) · 번뇌장(煩惱障) 및 음마(陰魔) · 번뇌마(煩惱魔) · 사마(死魔) · 천자마(天子魔)로 구분하여 대경의 종류와 성격을 구분한 것이다.

10경은 이와 같이 다양한 형태로 일어나므로 반드시 10경이 한 가지로 정연한 순서를 밟아서 선정 중에 출현하는 것은 아니다. 상술한 바와 같이 전후의 순서로 설해진 것은 규칙적인 경우를 예로 든 것으로 알 수 있다. 어느 경우에도 10경 속의 제1 음입계경은 모든 수행자에게 현전하는 필연적인 대경이므로 반드시 이것을 최초의 관경으로 닦지 않으면 안 된다. 그래서 이것을 현전의 대경이라고 한다. 이것에 대하여 나머지 9경은 상술한 바와 같이 생기(生起)의 유무(有無)와 순서가 반드시 모든 수행인에 있어서 필연적인 것은 아니고 발득하는 경우에만 관경으로 닦는 것이기에 이 경우를 발득의 대경이라고 한다.

10경은 수행할 때에 일어나는 현실적인 장애를 가지고 그 대경으로 삼는 것을 말한다. 이것은 교리를 실제 수행에 적용하는 것으로서 지의에 의해 처음으로 시도되는 것이라고 해도 과언은 아닐 것이다. 이것이 바로 천태의 생명력이다. 이에 상응하는 10승관법이 경론상에 있는 실천내용을 정리한 것이라면 이 10경은 교의상에 있는 여러 문제를 현실화시켜 그 문제를 구체적으로 적용한 것이다. 10경은 단순히 나열된 것이 아니라 지관수행의 도정에서 필연적으로 만나는 장애이다. 이 설은 대승경론에 의거한 것이지만 지의 자신이 실제 체험한 사실을 근거로 한 점에 유의해야 한다.

이들 10경을 관경으로 제정했던 것은 기술한 바와 같이 남북, 특히 북지에서 행해진 돈오선의 오류를 지적한 것이다. 진실한 돈오선은 구체적 현실인 음입계 특히 식음(識陰)을 먼저 관해야 하며 그 후 선정수행의 도정에서 무수히 장애가 일어나는 것을 착실히 타파해야만 진정한 선정에 도달할 수 있음을 강조하고 있다. 이것이 지관이 가지는 의의이다.

3) 십승관법(十乘觀法)

이와 같이 10경의 경계가 정해지면 능관(能觀)의 관법이 필요하니 이것이 소위 십승관법(十乘觀法)이다. 10승관법이란 관부사의경·기자비심·교안지관·파법편·식통색·수도품·대치조개·지차위·능안인·무법애이다. 이것은 10법으로 관행을 성취하기 때문에 십법성관(十法成觀)이라 하고 또는 10법의 원인으로 결과가 되기 때문에 십법성승관(十法成乘觀)이라고도 한다. 10승관법은 10경 하나하나에서 수행하는 것이므로 10승관법과 10경을 곱해 100법성승관이라고도 한다.

(1) 부사의한 경계를 관찰하는 것[觀不思議境]

관부사의경은 10승관법 가운데 천태지관의 최고의 행이고 이 한 법을 완성하기 위해 10경의 하나하나에 10승관법을 적용하는 것이다. 만약 첫째 대경인 음입계경에 대하여 제1 관법인 관부사의경을 적용하여 완전한 구경의 성과를 얻으면 다른 대경이나 9승관법은 필요 없는 것이다. 그러므로 담연에 의하면 상근기는 단지 이 관부사의경만으로도 지관의 목적을 이룰 수 있는 것이고 중근기는 더하여 제2 기자비심 이하의 여섯 가지 관법을 필요로 하고 하근기는 10승관법의 전체를 적용하여 비로소 목적을 달성할 수 있다고 한다. 이 견해는 특히 관부사의경과 다른 9승관법의 관계를 분명하게 나타내는 것이다.

관부사의경은 부사의경을 관하는 관법이다. 그런데 지의는 이 관법을 설함에 있어서 우선 사의경(思議境)과 부사의경(不思議境)으로 구분하였다. 사의경은 장·통·별 3교에서 지관을 행할 때의 대경으로서 마음이 6도세계를 만든다는 소승의 이치나 10계를 만든다는 이치가 그것이라고 규정하였다. 결국 6계를 설한 것과 10계를 설한 차이는 있지만 이전 3교의 대경은 '마음에서 생긴다'는 점에서 공통적이다. 그리고 이 심생(心生)이라고 하는 대경의 성격, 즉 심생이라는 이법에 이전 3교의 지관내용의 사의적 성격이 있는 것을 지적한 것이다. 다음으로 원교지관의 대경을 부사의경이라 명명하고 또 10계·3세간·10여를 논하여 드디어 일념삼천을 설한 것이다. 이미 서술한 바와 같이 사의경이 심생인 것에 대해 부사의경은 심구(心具)에 특색이 있다. 이것은 성구(性具)원리를 지관에 적용한 것이다. 그렇다면 관부사의경(觀不思議境)이라는 명칭에 어떠한 관법을 제시하였는가. 담연의 설명에 의하면 관부사의경을 설한 일단에는 세 가지 경이 설해져 있다고 한다. 첫째 성덕경(性德境), 둘째 수덕경(修德境), 셋째 화타경(化他境)이다. 이 경우 수덕경이 능관의 관법을 구체적으로 나타낸 것으로 보이는데 이것을 담연은 사구(四句)로 추검하였다. 그러나 과연 담연이 수덕경의 사구추검만을 관부사의경의 관법이라고 하였는가는 의문이다. 그러므로 후대에 이 3경에 각별한 관법이 설해졌다고 하는 설, 혹은 일심삼관과 관부사의경의 관법이 동일하다는 설 등이 생기고 이 점에 대해서 활발한 논쟁이 야기되기에 이른 것이다.

(2) 자비심을 일으키는 것[起慈悲心]

10승관법 가운데 두 번째인 기자비심은 발진정보리심(發眞正菩提心) 또는 진정보리심(眞正菩提心)이라고도 한다. 『마하지관』 이외에서는 진정발심(眞正發心)으로 부르는 경우가 많다. 제1 관부사의경을 닦아 일념삼천의 부사의경을 알게 됨으로써 친히 부사의경을 완전히 체득하는 것과 함께 일체중생으로 하여금 이익을 받도록 보리심을 내는 것이다.

장교와 통교의 2승근성은 자행(自行)을 우선으로 하여 회신멸지를 구하므로 그 발심은 자리적 성격을 가진다. 그런데 별교와 원교 수행인의 보리심은 자행 뿐만 아니라 화타(化他)를 서원한다. 그래서 『마하지관』에서는 원교지관의 수행자가 발하는 보리심의 화타적 성격을 표시하기 위해 제2의 관법을 기자비심이라 이름 붙인 것이다. 그러나 그 본질은 넓은 의미의 발보리심이다. 담연에 의하면 상근기는 관부사의경만으로 지관의 목적을 성취할 수 있는데 중하근기는 보리심을 발하여 제2 이하의 관법을 닦아야 한다고 한다. 그러나 이 해석과는 달리 관부사의경의 관법을 가지고 원교지관의 대경을 우선 알고 제2 기자비심 이하의 관법에 의해 수행하는 것이라는 견해도 있다.

기자비심의 자비란 고통을 없애고 즐거움을 주려는[拔苦與樂] 마음으로서, 이 발고여락의 심정을 자비라고 한다. 일체중생에 대한 발고여락의 심정이 보리심으로 구체화된 것이 사홍서원이다. 지의에 의하면 발고(拔苦)를 염원하는 대비심(大悲心)으로부터 중생무변서원도(衆生無邊誓願度) 및 번뇌무진서원단(煩惱無盡誓願斷)의 두 가지 서원을 내고, 여락(與樂)을 염원하는 대비심으로부터 법문무량서원학(法門無量誓願學) 및 무상불도서원성(無上佛道誓願成)의 두 가지 서원을 내는 것이라고 한다. 그래서 이 사홍서원은 원교 수행자가 발할 만한 서원이므로 중생·번뇌·법문·불도에 대하여 하등의 편집(偏執)을 내지 않고 즉공즉가즉중의 원융삼제의 실상에 즉한 진정발심이라고 한다.

원래 보살이 수행위에서 발하는 서원을 네 가지로 하는 것은 예로부터 행해졌는데 『도행반야경(道行般若經)』에서는 아직 건너지 않은 사람을 건너도록 하고 아직 해탈하지 않은 사람을 해탈케 하며 공포스러운 사람을 공포가 없도록 하고 반열반하지 않은 사람을 반열반하도록 하는 것 등으로 정해져 있다. 『법화경』에서도 건너지 않은 것을 건너도록 하고 요해하지 않은 것을 요해하도록 하고 안정하지 않은 것을 안정케 하고 열반하지 않은 것을 열반토록 하는 것이 설해져 있는데 대체로 내용은 동일하다. 그런데 『영락경(瓔珞經)』에서는 4제에 맞추어 네 가지 서원을 세우고 있다. 고제를 건너는 것, 집제를 이해하는 것, 도제를 닦는 것, 멸제를 얻는 것을 서원의 내용으로 하였다. 지의는 『영락경』의 4제에 맞춘 4종서원을 채용하였는데, 『법계차제초문』

등에서는 이것을 들고 있다. 그런데 초기의 강의인 『차제선문』에서 중생무변서원도·번뇌무진서원단·법문무량서원학·무상불도서원성이라는 소위 4홍서원이 설해지기 시작한다. 4홍서원의 원형은 『대지도론』에 나오고 있지만, 적어도 4홍서원이 중국에서 최초로 설해진 문헌은 『차제선문』이라 하는 것은 확실하다.

이 4홍서원을 재래의 서원 내용과 비교해 볼 때 대승보살의 왕성한 자행화타의 의지를 두드러지게 나타내는 것이라고 할 수 있다. 부사의경의 일념삼천을 관하여 번뇌즉보리·제법즉실상의 묘한 이치를 알 때 현실세간의 미망을 슬퍼하고 자타 모두 이 미망을 벗어나려는 굳은 결의를 갖기에 이른다. 그러므로 기자비심은 관부사의경과 뗄 수 없는 관계에 있다는 것이다. 이와 같이 자비서원과 부사의의 경지(境智)는 전후가 없이 동시에 함께 일어난다. 자비란 즉 지혜, 지혜는 즉 자비, 무연무념(無緣無念)으로서 널리 일체를 덮고 자유자재하게 고통을 없애고 자연스럽게 즐거움을 주는 것인데 이것을 진정발심보리라 이름한다. 『마하지관』 5상에서 진정발심보리라고 하는 바와 같이 부사의경을 알고 이것을 아끼는 맹렬한 서원이 발보리심이다. 그래서 이 발보리심을 특히 『마하지관』만이 기자비심이라고 명명한 것은 피아·자타가 함께 미망에 속박되는 것을 슬퍼하기 때문이다. 만약 자리(自利)만을 구하는 보리심을 발하면 이것은 진정한 보리심이 아니라 보리심마(菩提心魔)라는 것을 『무행경(無行經)』이나 『열반경(涅槃經)』에 의거하여 표현하기도 하였던 것이다.

(3) 묘한 지관에 마음을 안주하는 것[巧安止觀]

10승관법의 제3 교안지관은 자세히 말하면 선교안심지관(善巧安心止觀)이다. 지관에 의해 묘한 이치를 체득하여 마음을 법성에 안주케 하는 것을 의미한다. 그런데 마음도 법성이므로 엄밀하게 말하면 법성으로 하여금 법성에 안주케 하는 정혜(定慧)라고도 할 수 있다. 보리심을 발하여 자타 모두 부사의경을 드러나게 하여 4홍서원을 발한 이상에는 이 서원에 상응하는 행을 실천해야 할 것이다. 그 행이 교안지관이다. 무명즉법성(無明卽法性)이라고 하는 원교의 이치를 체득하여 정신을 이 법성에 집중시켜 무명과 법성을 구별하는 분별의식으로부터 완전히 자유로워지는 것이 교안지관의 목적이다.

교안지관에는 두 가지 구체적인 방법이 있다. 첫째는 총체적인 교안지관이고 둘째는 개별적인 교안지관이다. 총체적인 교안지관이란 마음의 근원으로 돌아가 일체 유동하는 망상을 초탈하고 법계진여의 이법을 체득하는 방법으로서 지관 양면을 일행(一行)에 구비한다고 한다. 무명즉법성이라고 하는 원교의 진리를 총체적으로 관하는 것으로서 환원반본(還源反本)하는 것이 총체적인 교안지관이다. 이에 대해 개별적인 교안지관이라고 하는 것은 원교의 진리를 총체적으로 관하는 것만으로는 마음을 법성에 안주케 할 수 없는 경우에 수행하는 관법이다. 그런데 담연에 의하면, 이 개별적인 교안지관은 총체적인 원돈에 대한 차제격력의 관법이 아니라 단지 총체에 대한 개별로서 총체적인 교안지관에 비교하여 구체라고 하는 차이를 가진 것에 지나지 않는다고 한다. 개별적인 교안지관에 대한 논술이 훨씬 상세한데 총체적인 교안지관에 의해 반본환원의 목적에 달한다는 것은 거의 공상에 지나지 않는다는 것이다. 이것은 범부들로써 구성되어 있는 교단의 현실에 입각한 것으로서 『마하지관』에서는 대상도 이 범부에 두어야 할 것이라고 언명하고 있다. 그러므로 지의가 논술의 중심을 특히 개별적인 교안지관에 둔 것은 당연하다고 하겠다.

(4) 법을 두루 깨뜨리는 것[破法遍]

10승관법의 제4 파법편은 교안지관에 의해 정혜를 완전히 개발할 수 없는 경우는 아직 법에 대한 집착이 남아 있기 때문이므로 이것을 대치하는 관법이다. 이 파법편의 관법에 관한 논술이 10승관법 가운데 가장 상세한데 『마하지관』 5하 및 6상하에 걸쳐 있다. 이 파법(破法)을 행하기 위해서는 어떤 규준에 의거하지 않으면 안 되는데 여기서는 교리를 규준으로 한다. 교리에는 장·통·별·원의 네 가지가 있는데 전 3교의 파법은 각각 한계가 있으므로 파법을 철저하게 완수할 수 없고 단지 원교만이 종횡으로 파법을 철저하게 할 수 있다. 원교에도 유문·무문·역유역무문·비유비무문이 있는데 어떤 것이나 파법의 기준으로 사용할 수 있다. 그러나 우선 무문 즉 무생문을 규준으로 해야 한다고 한다. 무생문은 본래 생사의 속박을 초탈해야 할 것을 나타내는 불교의 제1원리인데 그 부정주의는 파법에 있어서 가장 적절한 원리이기 때문이다.

(5) 통하는 것과 막힌 것을 아는 것[識通塞]

파법편을 닦아도 지관의 목적을 달할 수 없을 때에는 식통색(識通塞)의 관법을 닦지 않으면 안 된다. 식통색이라고 하는 것은 해행(解行)이 나아가거나 지체하는 까닭을 아는 것으로서 수행의 득실이나 교법의 시비를 아는 것이다. 즉 항상 점검하여 막힌 곳을 타파하고 통한 곳을 조장하여 화성·초암을 넘어 향성(香城)의 보소(寶所)에 도달케 하는 관법이다. 이 관법은 『법화경』「화성유품」의 경문을 근거로 한다. 즉 대도사와 같이 중생을 이끌어 500유순을 지나기 위해서는 이 500유순의 가르침·지혜·수행의 전 도정을 다 알고 수행자에게 좋은 길이나 위험한 곳을 알려줄 필요가 있다. 그러므로 지의는 「화성유품」의 500유순에 대해 3계를 300으로 하고 방편 및 인연의 2종생사에 만족하여 500유순으로 하는 지론종의 설과, 혹은 500유순을 10신·10주·10행·10회향·10지에 배당하는 지론종 등의 설을 들고는 다음과 같이 규정하였다. 즉 500유순이라고 하는 것은 첫째 생사의 장소로서는 3계 방편유여토 및 실보무장애토이다. 다음에 번뇌로서는 견혹이 100, 욕계의 다섯 번뇌인 오하분결이 200, 진사혹이 400, 무명이 500이다. 셋째 관지(觀智)에 따르면 공지(空智)가 300을 알고 가지(假智)가 400을 알고 중지(中智)가 500유순을 안다고 한다.

식통색을 구체적으로 서술하면, 우선 4제·12인연·6바라밀의 3법에 대하여 통함과 막힘을 논한다. 이것을 횡(橫)의 통색이라고 한다. 4제 가운데 고와 집은 관지(觀智)를 막는 것이고 멸과 도는 관지를 통하게 하는 것이다. 이와 같이 하여 무명의 12인연은 색이고 무명의 멸은 통이다. 또한 6폐는 색이고 6바라밀은 통이다. 그런데 이러한 것은 일의적으로 소파(所破)를 색, 능파(能破)를 통으로 하는 통상의 통색인데 만약 능파에 집착이 생길 때 이 능파마저 소파로 하는 것을 별상(別相)의 통색이라고 한다. 종가입공관(從假入空觀)에서는 공관이 능파이며 통이고 일체의 견혹이나 사혹을 색으로 하여 끊는다. 그러나 그것은 단지 300유순을 넘는 것에 지나지 않는다. 새로이 종공입가관(從空入假觀)을 행하여 400유순에 도달하는 것인데 그 경우는 우선 능파(能破)이며 통(通)인 종가입공관이 도리어 색(塞)으로 되는 것이다. 또 중도제일의제관을 통으로 하여 종공입가관의 색을 파하여 통할 때 드디어 500유순을 넘어 보소(寶所)에 도달할 수 있다고 하는 것이다. 이와 같이 앞 단계에서 통인 교(敎)·지(智)·행

(行)이 다음 단계에서 도리어 색으로 될 것을 알고 이러한 관행의 도정에서 만나는 복잡한 순로를 과오 없이 전진하는 것이 식통색의 관법의 목적이다. 교·행의 법상에 얕고 깊음이 있고 하위에 대하면 통이지만 상위에서 보면 색으로 되는 것을 특히 주의해야 한다.

이상은 차제삼관의 입장에서 식통색을 설한 것인데, 만약 일심삼관이라면 이런 종횡의 통색의 대립을 파하고 무애자재하게 보소에 도달할 수 있다. 이것을 통이라고 할 수 있지만 통은 본래 색에 대한 것으로서 일심삼관에서는 색이 아니므로 엄밀하게 통도 아니고 소파(所破)도 아니라면 능파(能破)도 아니라고 할 수 있다.

(6) 도품으로 조절하는 것[道品調適]

10승관법의 제6 도품조적은 수도품(修道品)이라고도 한다. 파법편이나 식통색의 관법을 행해도 도품조적을 닦지 않는다면 무루법에 상응할 수 없다. 도품조적이란 사념처·사여의족·오근·오력·칠각지·팔정도의 37도품을 적절하게 조정하는 것이다. 조적(調適)이란 근기에 따라 적당한 도품을 적용하여 지관을 조절하면서 4종삼매를 성취하는 방법이다.

37도품이란 본래 소승의 선법이지만, 지의는 특히 이 선법을 대승적 입장에서 받아들여 『유마경』『열반경』『대집경』『대지도론』 등의 경론에 의거하여 37도품 이외에 대승선법은 없다고 단정하였다. 물론 소승적 입장을 그대로 긍정하는 것은 아니고 화법4교에 의거하여 원교의 실상원리인 원융삼제에 기초한 37도품을 제시한 것이다. 이것은 4념처 등을 활용한 혜사선사의 학풍을 계승한 것이라고 할 것이다. 후대에 37도품은 소승선법이라 경시하였는데 지의는 비록 그 기본은 소승이라고 하더라도 그 의미를 확장시키고 원교의 원리에서 일체의 선법을 집대성한 것이다. 물론 원교의 입장에서 닦는 도품이므로 각각의 단계를 하나하나 거쳐가는 차제수행이 아니라 37도품을 원행(圓行)·무작행(無作行)으로 응용하는 것이고, 그 목적은 일심삼관을 실현하는 것이다. 더불어 37도품을 적용함으로써 지관행이 성숙하여 드디어 공(空)·무상(無相)·무작(無作)의 삼해탈문(三解脫門)에 들어가 실상의 향성(香城)에 도달하는 것이다. 그 경우 3해탈문도 원교의 원리에 의거하는 것이므로 공·무상의 삼매라고 해도 장교와 통교의 단공(但空), 혹은 격별불융(隔別不融)한 별교의 단중(但中)이 아니라 원융삼제(圓融三諦)의 삼매라는 것은 말할 것도 없다.

(7) 보조행을 열어 대치하는 것[對治助開]

10승관법의 제7은 대치조개(對治助開)이다. 이것은 조도대치(助道對治)라고도 한다. 특히 근기가 둔하고 장애가 두터워 앞의 3해탈문을 증득하지 못하는 경우에 보조행[助道]을 이용하여 이 장애를 없애는 방법이다. 이것은 『대지도론』에 "모든 대치(對治)가 조개문법(助開門法)"이라고 하는 문장을 근거로 하여 설정된 것이다.

그런데 보조행[助道]은 본래 무량하지만 특히 6바라밀을 활용하라고 한다. 즉 4종삼매를 수행하고 도품조적의 관법을 수행해도 탐욕심이 생길 때는 보시바라밀로써 대치하고 파계심이 생길 때는 지계, 진에심이 생길 때에는 인욕, 방일해태심이 생길 때에는 정진, 산란심이 생길 때에는 선정, 우치심이 생길 때는 지혜바라밀을 가지고 대치하는 것이다. 요컨대 대승경론에서 설하는 6바라밀을 보조행[助道]으로 하여 수행하고 정행(正行)인 관부사의경 이하의 여섯 가지 관법을 성취하는 것이다. 게다가 6바라밀은 이 경우 4종삼매의 수행자 가운데에서 근기가 둔하고 장애가 두터운 이만이 수행하는 것이다. 그렇다고 단순히 조도(助道)로서 경시할 것은 아니고, 37도품·조복6근·10력·4무소외·18불공법·6통·3명·4섭·다라니·32상·80수형호 및 일체의 묘법을 섭입하는 것이라 한다. 이 가운데 앞의 두 가지는 인행(因行)이 6바라밀에 섭입되는 것을 나타낸 것이고 뒤의 열 가지는 6바라밀에 과덕(果德)이 포함되어 있다는 것을 설한 것이다. 일견 기이한 감이 있지만 이것은 "초발심변성정각"이라는 대승의 취지에 의거한 것으로서 『화엄경』『지지경』『대지도론』 등을 증거로 하고 있다.

그러므로 지의에 의하면 4종삼매의 수행자는 보조행으로서 이 6바라밀을 수행함으로써 부처의 위의에 머무르게 된다는 것이다. 도품이나 6바라밀을 행하여 부처의 위의에 머문다고 하는 사상은 재래의 초월론적인 불신론과 다르고 어디까지나 부처를 현실적이고 합리적으로 해석하고자 한 사상이다. 합리적인 자행화타(自行化他)의 법문을 실천하는 것에 부처의 진면목이 있다는 것이다. 그러므로 이러한 현실적이고도 합리적인 입장에서부터 6바라밀을 행함으로써 근기가 둔하고 장애가 많은 4종삼매의 수행자라고 해도 부처의 위의에 머물 수 있다고 한다.

(8) 계위를 아는 것[知次位]

10승관법의 제8은 지차위(知次位)이다. 지위차(知位次)라고도 한다. 앞의 대치조개로써 지관의 정행(正行)과 조행(助行)은 끝나고 여기서부터는 하근기에게 요심(要心)을 가르쳐 관행의 성취를 돕는 것이다. 지(知)란 요지(了知)의 뜻이고 차위(次位)란 차제행위의 약칭으로서 지관을 수행하면서 거치는 계위의 낮고 높음을 잘 파악하는 것을 말한다. 위 일곱 가지 관법을 수행한 다음 현재 자신이 처한 수행계위를 바로 파악하여 증상만(增上慢)이나 비하만(卑下慢)이 일어나지 않도록 경계할 필요가 있다. 증상만이란 아직 얻지 못한 것을 이미 얻었다고 하는 독단이고 비하만이란 중도에서 자기가 도저히 수행을 인내할 수 없다고 절망하는 퇴굴심이다. 이 두 가지 만심을 버리게 하기 위해 지의는 6즉, 즉 여섯 가지 상즉(相卽)을 설하였다. 지의의 6즉설은 『열반경』 「여래성품」에 의거하여 창설된 것이다. 지의는 6즉 이외에 『영락경』 52위를 채용하고 『법화경』 「분별공덕품」과 광택(光宅)의 학설에 의거하여 새로이 오품제자위를 부가하여 원교의 수행계위를 정하였다. 이것을 6즉에 배대하여 오품제자위는 관행즉(觀行卽)의 심천을 나타내는 것이고 10신은 상사즉(相似卽)에 해당하며, 그리고 10주 · 10행 · 10회향 · 10지 및 등각의 41위는 분진즉(分眞卽)이고 묘각이 구경즉(究竟卽)에 상당하는 것이라고 한다.

『법화현의』 『사교의』 『삼관의』 『사념처』 등에서는 식차위(識次位)에서 단지 6즉을 들어 간단하게 설명하고 있으나 『마하지관』에서는 이외에 원교의 계위에서도 설명하고 있다. 그는 논술의 중심을 특히 오품제자위의 수희품(隨喜品)에 속하는 오회(五悔)의 설명에 두고 있다. 이것은 하근기를 논술의 대상으로 한 것이고 보살경(菩薩境)에 대한 10승관법의 적용을 논한 것이며 또 원교의 계위를 자세하게 설하려고 했기 때문이다. 어떤 것이든지 식차위의 관법은 6즉 및 원교행위의 두 가지 규준을 조합하여 4종삼매의 수행이 어떤 지위까지 나아가고 있는가를 파악함으로써 수행인으로 하여금 증상만과 퇴굴심을 대치하도록 하는 것을 목적으로 하는 것이다.

(9) 안온히 참는 것[能安忍]

10승관법 가운데 아홉 번째인 능안인(能安忍)이란 앞의 여덟 가지 법을 행하여 법장(法障)을 전환하여 묘혜(妙慧)를 열 때 강하거나 부드러운 안팎의 유혹을 거부하고 안온하게 절제하는 관법이다. 앞의 수행을 통해 외범위에 드는 것인데, 여기에서 안팎의 장애를 안인(安忍)하여 오품제자위에 들고 나아가 육근청정위로 들어가야 하는 것이다. 안인(安忍)이란 싫거나 좋은 안팎의 경계에 인내하여 안주한다는 의미이다. 번뇌·업·선정·제견·만심 등이 안의 적이고, 명리·권속 등의 유혹이 밖의 적이다. 이 두 적에게 유혹될 때에는 자행(自行)을 방해받을 뿐만 아니라 화타행(化他行)도 성취할 수 없다. 그러므로 능히 안인(安忍)하여 내적에 대해서는 원융삼제의 원리에 입각하여 일심삼관을 써서 대처하고, 외적에 대해서는 막수막착(莫受莫著)·축덕로자(縮德露疵)·일거만리(一擧萬里)의 세 가지 방법을 가지고 처리해야 한다. 이것을 내삼덕(內三德) 및 외삼덕(外三德)이라고 한다. 막수막착이란 명예나 이익을 얻으려 하지 않고 또 이것에 집착하지도 않는 것이고 축덕노자란 명리의 유혹을 피하기 위해 고의로 덕을 숨겨 세간의 이목을 피하도록 노력하는 것이며, 일거만리란 멀리 외딴 지역으로 가는 것이다. 특히 외적의 유혹에는 각별한 주의를 필요로 한다. 세간의 명예와 이익에 유혹되어 타락하는 경우가 많기 때문이다. 『십주비바사론』에서는 이들을 파패(破敗)의 보살이라고 한다. 이 파패의 보살이 되지 않기 위해서는 강고한 의지와 내외의 세 가지 방법에 의해 강하고 유연한 두 적을 물리치고 안인행(安忍行)에 정진하지 않으면 안 된다.

이 능안인의 관법은 혜사선사나 지의 자신의 심각한 체험에 의거하여 제정된 것이다. 혜사선사는 「입서원문(立誓願文)」의 말미에서 경전을 강의하는 것, 공양으로 오는 것 등에 대해 특히 경계해야 할 것을 강조하고 있다. 지의는 이것을 『마하지관』에서 인용하여 서술하는데 그 경고가 매우 요령이 있다. 진(陳)과 수(隋) 두 왕조의 스승으로서 조야의 존숭을 한 몸에 받은 지의이기에 명예와 이양의 유혹 때문에 자행화타가 방해된 것을 실제 체험함으로써 통렬하게 경고한 것이다.

특히 외삼술(外三術)의 하나인 일거만리는 이러한 유혹을 회피할 수 없는 최악의 경우에 행하는 방법이다. 지의가 금릉에서 나와 천태산으로 들어간 것은 이 일거만리의 좋은 예이다. 지의는 구나발마(求那拔摩)가 왕위의 유혹을 거부하고 멀리 외지로 가서 수행한 것을 일거만리의 예로 들고 있다. 그렇다고 지의가 세간으로부터 도피할 것을 주장한 것은 아니다. 단지 내외의 유혹에 견딜 능력이 없는 이가 세간으로 나와서 화타를 행할 때에는 반드시 실패하여 파패(破敗)보살이 되기 때문에 우선 능히 안인(安忍)하여 삼매에 철저하며 자행(自行)을 성취한 뒤에 세간으로 나와서 화타행을 하면 결코 잘못되지 않는다는 것이다. 이와 같은 사상은 혜사선사나 지의 자신의 체험으로부터 나온 것이다. 또 이름을 들지는 않았지만 옛날 업도나 낙양에서 명성이 높았던 선사의 위선적인 행적 등에 미루어 용의주도하지 못한 세간교화가 결국 실패로 돌아갈 것을 지적한 것으로서 귀중한 교훈이라 할 것이다.

(10) 법에 대한 애착을 버리는 것[無法愛]

10승관법의 제10은 무법애(無法愛)이다. 이법애(離法愛)라고도 한다. 앞의 아홉 가지 관법을 닦아 10신위를 성취하고 내외의 장애를 제거하여 육근청정(六根淸淨)을 얻었음에도 불구하고 의연하게 초주위로 오를 수 없다면 그것은 법에 대한 애착이 생겼기 때문이다. 이것을 정타(頂墮)라고도 한다. 보통 정타라고 하면 사선근(四善根) 가운데 제2 정선근위(頂善根位)에서 퇴타하여 악취로 생을 받는 것이다. 그러나 지의는 『대지도론』에 의거하여 정위(頂位)를 타재주착(墮在住著)이라 하고 10신위에서는 순도법애(順道法愛)가 생겨 악취로 떨어지지는 않지만 초주에도 들지 못하는 주착(住著)이라 하였다. 이 법애를 물리쳐야 비로소 지관의 수행자가 초주위로 진입할 수 있는 것이다. 법애를 끊는다면 초주에 들어 정각을 이루고 실상을 알아 자연히 살바야해에 유입할 수 있다. 10승관법은 초주에 들 때까지의 지관행을 강의한 것이므로 이무법애의 관법을 최후로 하여 어떤 둔근행자라고 해도 상사위(相似位)에서 나아간 초주위로 전입할 수 있는 것이다.

지금까지 10승관법의 개요를 설명하였다. 초심자는 이 10승관법을 음입계경(陰入界境)에 적용하여 수행하면 초주위에 들 수 있다. 그런데 여전히 초주위에 못드는 경우는 번뇌·병환·마사 등의 쌓인 습기가 발동하여 지관을 방해하기 때문이므로 다시 아홉 가지 대경(對境)에 10승관법을 적용하여 이러한 장애를 없애야 한다. 이와 같이 10경에 각각 10승관법이 있는 것이므로 10승을 100법성승이라고도 한다. 10승관법의 명칭은 『금광명경』 『대지도론』 등 대소경론에서 채용한 것이다. 『사교의(四敎義)』의 장교 관법을 설명하는 곳에서도 그것을 암시하고, 특히 『삼관의(三觀義)』 하권에서는 10승관법은 일반 대소승경론에 있으며 천태 원교만의 관법에 한정하지 않는다고 한다. 다만 제1 관부사의경만은 원교에 한한 명목이고 나머지 명칭은 장·통·별 3교와 같다고 한다. 따라서 명목상으로 말하면 10승관법의 대부분은 결코 천태지관의 독특한 관법 명칭이라고 할 수 없다. 『법화현의』 『사교의』 『삼관의』에서는 장·통·별·원의 10승관법을 상세하게 설명하면서 4교 공통의 명목 아래 각 관법의 우열을 비교하고 있다. 지의는 10승관법에 의해서 지관사상을 종합하여 천태원교의 관법으로 통일시켰다. 그래서 『천태사교의』에서 "다음으로 바른 수행으로서의 10승관법을 밝힌다. 역시 4교마다 명칭은 같지만 뜻은 다르다. 이제부터 원교의 10승관법을 밝히는데 나머지 3교는 이에 견주라"고 한 것이다.

10승이라 하는 것은 『법화경』 「비유품」의 대백우거(大白牛車) 비유와 『섭대승론』의 이승(理乘)·수승(隨乘)·득승(得乘)에 근거한 것으로 추정된다. 4종삼매에서 행해진 10승관법은 말할 것도 없이 원교의 10승관법이다. 이를 십법성승(十法成乘)이라고 하는데, 10승관법을 십경에 낱낱이 적용한 경우에는 백법성승(百法成乘)이라고 한다. 특히 『마하지관』 권7하의 음입계경에 대하여 십승을 적용한 부분에서는 "이 십승법을 대승관이라 한다. 이 승(乘)을 배우는 자를 마하연이라고 한다"고 설명하여 십승관법이 대승, 특히 법화원교의 진법임을 강조했다. 즉 「비유품」의 백우거(白牛車)는 확실히 10승관법이다. 생각마다 수행자로 하여금 실상을 관하게 하므로 '동등한 하나의 큰 수레[等一大車]'라 하고 원융삼제의 원리를 증득토록 하고 일념(一念)에 10법계를 받는 까닭에 '그것이 높고 넓다[其高廣]'고 하고, 다른 교와 같지 않은 도품을 구비하는 까닭에 '많은 보배로 장식한다[衆寶莊校]'고 하는 것이다. 이와 같이 10승관법을 『법화경』의 관법이라고 보았다. 그렇지만 『삼관의』에서 노장사상과 대결하고 있는 점도 10승관법 조직의 역사적 배경을 이해하는 데 중요하다.

이 수행법을 체계 지은 것은 선관사상사에서 중요한 의의를 가진다. 당시까지 중국

선은 오로지 선 관계의 경전이나 논서에 의해 선관을 닦았을 뿐이고 중국인의 입장에서 새로이 조직한 예는 보이지 않기 때문이다. 물론 양(梁)대에 보리달마의 도래가 있었고 또 지의 당시 경론을 떠나 구체적인 선법을 내고자 한 형적도 있지만, 웅대한 교상체계를 기반으로 하여 불교 전체의 지관법문을 집대성하고 천태원교의 이상적인 관법으로 25방편·10경·10승관법을 조직한 인물은 없다고 해도 과언은 아니다.

八. 천태의 수행증과

1. 번뇌와 지혜

　불교의 수행이란 번뇌를 끊고 지혜를 얻어 가는 과정이라고 할 수 있다. 중생을 미혹하게 만드는 번뇌에 대해서는 여러 가지 분류 방법이 있는데 천태에서는 끊어야 할 번뇌[惑]를 삼혹(三惑)이라고 하여 견사혹과 진사혹 및 무명혹의 세 가지로 나눈다. 견사혹(見思惑)이란 견혹과 사혹을 합쳐서 부르는 것이다. 신견(身見)이나 변견(邊見) 등과 같이 삿되게 도리를 분별하여 일어나는 미혹을 견혹이라 하고 탐욕이나 성냄 등과 같이 사물을 전도하여 감정적으로 일어나는 미혹을 사혹이라고 한다. 모두 외계(外界)에 집착하여 중생으로 하여금 삼계의 생사에 유전하도록 하는 것이다. 만약 이를 끊는다면 윤회를 벗어날 수 있다고 하여 이승은 이것을 구경의 열반으로 삼지만 보살은 중생을 교화하여 성불에까지 나아가기 위해 뒤의 두 가지 미혹도 끊는다. 이와 같이 견사혹은 3승인이 모두 끊는다는 점에서 통혹(通惑)이라 하고, 진사혹과 무명혹은 보살만이 끊는다고 하여 별혹(別惑)이라고 한다.

　진사혹(塵沙惑)은 견사혹의 습기(習氣)를 말하는 것으로서 불염오무지(不染汚無知) 또는 소지장(所知障)에 해당한다. 공(空)에 집착하는 점에서 집공혹(執空惑)이라고 하며 보살이 중생을 교화하는 것을 장애하는 점에서 화도장(化道障)이라고도 하지만 수가 매우 많다는 점에서 진사혹(塵沙惑)이라고 하는 것이다. 즉 먼지나 모래처럼 많은 미혹이라는 뜻이다. 십계(十界)의 의보(依報)와 정보(正報), 육도사생, 선악고락 등에 대한 중생의 미혹은 그 수가 한없이 많아서 가르침의 방법도 많아야 하고 알아야 할 경계도 무량하므로 이를 교화하는 보살도 무량한 법문에 통달하지 않으면 안 된다. 이 경우에는 알아야 할 경계에 따라 명칭을 붙인 것으로서 심성(心性)이 우매하여 무수한 법문에 통하지 못하고 자유자재한 교화를 하지 못한다하여 진사혹이라고 이름하는 것이다.

무명혹(無明惑)은 중도실상의 이치를 장애하는 미혹으로서 장중도(障中道)의 미혹이라고도 한다. 무명혹은 단지 치(癡)의 일념이라고도 하지만 사혹(思惑) 중의 치와는 같지 않다. 사혹 중의 치는 공의 이치를 덮는 미혹으로서 지말의 무명이지만 무명혹은 근본의 이체(理體)에 미혹하는 근본무명으로서 생사의 근원, 진망(眞妄)의 일념이다. 일념의 무명이 일어나면 법성이 숨어 미혹한 범부로 되는 것이므로 무명혹은 무품(無品)의 무명, 무초(無初)의 무명, 무시(無始)의 무명이라고 한다.

삼혹은 번뇌장(煩惱障)과 소지장(所知障)으로 분류되기도 한다. 견사혹은 번뇌장이고 진사혹과 무명혹은 소지장이다. 이것은 『대품반야경』이나 『대지도론』에 기초한 것이다. 소지장을 현상[事]과 이치[理]로 나누어 현상에 대한 지혜를 장애하는 것을 진사혹이라 하고 이치에 대한 지혜를 장애하는 것을 무명혹으로 한 것이다. 견사혹은 두 가지 미혹으로 되어 있으므로 합하여 네 미혹으로 해야 하지만 세 미혹으로 한 이유는, 견혹과 사혹은 똑같이 공(空)의 이치를 가로막고 진사혹은 중생교화를 장애하며 무명은 법성에 미혹하도록 하기 때문이다. 견혹과 사혹은 모두 소연(所緣)의 경계에 집착하여 공리(空理)를 장애하므로 이를 하나로 하여 종가입공관(從假入空觀)에 의해 대치하는 것이고 진사혹은 삼계 안팎의 법문에 어두워 중생교화를 장애하므로 종공입가관(從空入假觀)에 의해 대치하는 것이며 무명은 중도의 이치에 미혹케 하므로 중도제일의제관(中道第一義諦觀)에 의해 대치하는 것이다.

이와 같이 삼관(三觀)에 의해 삼혹(三惑)을 끊는 것인데, 삼혹을 끊는다면 삼지(三智)를 얻게 된다. 즉 공관에 의해 견사혹을 끊으면 일체지(一切智)를 얻고 가관에 의해 진사혹을 타파하면 도종지(道種智)를 얻으며 중관에 의해 무명혹을 없애면 일체종지(一切種智)를 얻는 것이다. 이를 삼안(三眼)으로 보면 각각 혜안(慧眼)·법안(法眼)·불안(佛眼)에 배당된다. 이를 도표화하면 다음과 같다.

삼혹, 삼관, 삼지, 삼안의 관계

삼혹 (三惑)	삼관 (三觀)	삼지(三止)	삼지(三智)	삼안 (三眼)
견사혹(見思惑)	종가입공관	체진지(體眞止)	일체지	혜안(慧眼)
진사혹(塵沙惑)	종공입가관	방편수연지	도종지	법안(法眼)
무명혹(無明惑)	중도제일의관	식이변분별지	일체종지	불안(佛眼)

이렇듯 삼관에 의해 삼혹을 끊는 데 있어 별교의 경우에는 삼혹의 체(體)가 불상즉(不相卽)이라 하여 차례로 타파하지만 원교에서는 삼혹의 체는 하나로서 오직 거칠고 미세한 차별이 있을 뿐이므로 삼혹동시단(三惑同時斷), 삼지일시득(三智一時得)이라 한다. 그렇지만 원교에서 동시에 끊는다고 하더라도 거칠고 미세한 차별에 의해서 다소 제한이 인정되는 것도 사실이다. 삼혹의 체가 삼계 안의 생사를 이끄는 거친 작용을 할 때를 견사혹이라 하므로 견사혹은 공통으로 삼제의 이치를 장애하는 것이 되고, 삼혹의 체가 중생교화를 장애하는 중간의 작용을 할 때를 진사혹이라 하므로 이것도 공통으로 삼제의 이치를 장애하며, 또 삼혹의 체가 삼계 밖의 생사를 이끄는 미세한 작용을 할 때를 무명혹이라 하므로 이것도 공통으로 삼제의 이치를 장애하는 것이다.

삼제즉일제(三諦卽一諦)라는 점에서 비록 추중세(麤中細)로 나누기는 하였지만 관지(觀智)의 친소(親疎)에 의한 것이므로 참되게 원교의 수행을 이루는 이라면 항상 절대지(絶待智)를 가지고 미혹을 끊는 것도 그와 같이 해야 한다. 그러나 이 지혜에 차이가 따르므로 거기서 친소(親疎)가 나타나고 이 친소에 따라 미혹을 끊는 것에 전후가 있으므로 거친 미혹이 우선 끊어지고 미세한 미혹이 뒤에 끊어지게 되는 것이다. 비유하면 삼관지(三觀智)는 밝은 해와 같고 삼혹은 망정(妄情)의 어둠과 같은데, 삼관의 해가 이구(理具)의 법계(法界)를 밝힌 다음에야 망정의 어둠이 타파되는 것이다. 어둠에 각각의 별체(別體)가 있는 것은 아니지만 해의 작용에 강약이 있기 때문에 어둠에 거칠고 미세한 차별이 있게 되는 것이다. 삼관지(三觀智)에 강약이 있어서 이치를 밝히는 데 친소(親疎)가 있고 미혹에 거칠고 미세함이 있게 되므로 그것을 타파하는 데도 차례가 있게 되는 것이다. 미혹에 거칠고 미세한 뜻이 있고 무차별 중에서 삼혹이 나누어진다고 하므로 수행의 공력도 분별하지 않으면 안 된다. 수행의 공이 나누어짐으로써 수행의 계위가 설해지는 것이다.

2. 수행의 계위(階位)

제법의 실상[諸法實相]을 탐구하는 과정에 있어서는 번뇌의 대치와 다른 면에서는 그에 상응하는 이치의 관득(觀得)이 수반되어야 한다. 이 두 가지가 동시에 실현됨으로써 제법실상을 궁극적으로 깨달을 수 있다. 이러한 과정을 천태에서는 공·가·중의 3관을 골격으로 하여 설명하고 있다. 공·가·중의 기본적인 범주를 근간으로 삼아 지의는 불교의 교설을 장·통·별·원의 4교로 분류하고 있다. 공·가·중이 장·통·별·원교의 순으로 전개되어 각각 석공관(析空觀)·체공관(體空觀)·차제삼관(次第三觀)·일심삼관(一心三觀)이 이루어져 간다. 장교는 공제(空諦)를 분석하여 견혹과 사혹을 끊고는 석공관을 이루고 통교는 공제를 체득하여 견혹과 사혹을 끊고는 체공관을 이루며, 별교는 공·가·중 3제를 차례로 깨달아 견혹·사혹과 진사혹 그리고 무명을 차례로 끊어 차제삼관을 이루고 원교는 공·가·중 3제를 단번에 깨달아 견혹·사혹과 진사혹 그리고 무명을 단번에 끊고는 일심삼관을 이룬다.

또 3백유순을 지나서 화성(化城)에 들어간다는 것은 3계의 견혹과 사혹을 끊고서 공제(空諦) 곧 진제(眞諦) 또는 치우친 진제를 깨달아 공관을 성취하여 혜안이 열리고 일체지를 얻어 범성동거토(凡聖同居土)에 머무는 것을 뜻한다. 4백유순을 지난다는 것은 3계 밖의 진사혹을 끊고서 가제(假諦) 즉 속제를 깨달아 가관을 성취하여 법안이 열리고 도종지(道種智)를 얻어 방편유여토(方便有餘土)에 머무는 것을 뜻한다. 5백유순을 지나 보소(寶所)에 들어간다는 것은 무명을 완전히 끊고서 중제(中諦)를 깨달아 중관을 성취하여 불안이 열리고 일체종지(一切種智)를 얻어 실보무장애토(實報無障碍土)에 머무는 것을 뜻한다. 이것은 지의의 독창적인 설로서 그의 불교관 내지 사상적 입장이 표출되어 있다.

이렇듯 사교가 각각의 수행방법을 가지고 수행하여 최종 목적지까지 도달하는 데는 여러 단계를 거치게 마련이다. 이를 수행계위라 하며 천태에서 설하는 계위는 사교가 각각 다르지만 52위와 육즉론(六卽論)으로 나뉘는 원교의 설이 대표적이라고 할 수 있다.

1) 사교(四敎)의 수행계위

4교의 내용 가운데 그 어느 것보다 중시되는 것이 바로 수행계위이다. 이 수행계위는 경전마다 차이가 있으나 『천태사교의』에서는 이것을 4교로 분별하여 정리하고 있다.

먼저 장교의 수행계위는 성문·연각·보살로 나누어져 있는 가운데 성문의 수행계위는 범위(凡位)와 성위(聖位)로 나뉘며 범부위는 오정심(五停心)·별상념처(別想念處)·총상념처(總想念處) 및 난(煖)·정(頂)·인(忍)·세제일(世第一)의 사선근위(四善根位)로 구분된다. 성인위는 견도(見道 : 초과)와 수도(修道 : 2과·3과) 및 무학도(無學道 : 4과)로 나뉜다. 그 위로 연각·보살·부처가 있다. 통교도 성문·연각·보살이 각각 간혜지·성지·팔인지·견지·박지·이욕지·이판지·벽지불지·보살지·불지로 이루어져 있는 가운데 성문은 이판지까지, 연각은 벽지불까지, 보살은 불지까지 이를 수 있다. 별교는 크게 범부위와 성인위로 나뉘는 가운데 범부위는 외범(外凡)과 내범(內凡)으로, 성인위는 인위(因位)와 과위(果位)로 나누어진다. 외범부는 10신, 내범부는 10주·10행·10회향, 인위는 10지와 등각(等覺), 과위는 묘각(妙覺)으로 배당되어 있다. 원교의 수행계위는 범부위와 성인위로 나누어져 있는 가운데 범부위는 외범과 내범으로 나누어지고 성인위는 인위와 과위로 분류된다. 외범부는 오품위, 내범부는 10신, 성인위의 인위는 10주·10행·10회향·10지·등각, 과위는 묘각에 해당된다.

이러한 4교의 계위에는 수행을 통해 보다 상층으로 나아갈 수 있는 통로가 마련되어 있는데, 특히 전술하였듯이 피접(被接)이라고 하여 근기에 따라 각각 별교나 원교로 나아갈 수 있는 통로가 통교에 마련되어 있다. 이 가운데 원교는 별교보다 세밀한 수행계위로 이루어져 있다. 즉 오품제자위(五品弟子位)가 그것이다. 5품이란 수희품·독송품·설법품·겸행육도품·정행육도품으로서 초심자가 나아가야 할 단계이다. 이 5품제자위는 지의가 『법화경』 「분별공덕품」의 설 가운데에서 뜻을 취하여 세운 것이다. 여러 경론 가운데 『화엄경』의 10주·10행·10회향·10지·불지의 41위, 『영락경』의 10신·10주·10행·10회향·10지·등각·묘각의 52위처럼 보살행위를 설하고 있는 것이 많으나 지의는 그것에 만족하지 않고 『법화경』의 설을 이용하여 새롭게 5품제자위를 더한 것인데, 그것이 여러 경론에 설해져 있는 어떠한 계위보다도 더 낮은 것을 가한 것에 주의해야 할 것이다.

이와 같은 원교의 계위는 화법4교에서 원교가 차지하는 위치를 분명히 보여준다. 즉 별교의 궁극적 과보인 묘각이 원교에서는 10행 가운데 2행에 해당할 뿐이므로 결국 화법4교에 있어서는 원교가 최고 최상의 지위에 놓인다. 천태불교는 바로 원교에 해당한다는 것이 화법4교의 결론이다.

원교의 사상내용은 별교와 비교할 때 분명해진다. 별교의 중도는 상대 차별을 떠난 절대 평등의 진여중도로서, 공·가의 세계와는 다른 차원의 것이므로 단중(但中)이라고 한다. 또 상대 차별의 현상세계와 본질적으로 격리되어 있다는 뜻에서 격력불융(隔歷不融)의 가르침이라고 한다. 그런데 별교의 단중과는 달리 원교에서는 부단중(不但中)을 설한다. 원교의 중도는 상대차별의 현상을 떠난 것이 아니라 상대차별이 절대평등한 것이라 하여 차별현상 그대로가 바로 중도라고 한다. 그리하여 개개의 차별현상이 그대로 원묘 원만 원족한 묘덕을 갖춘 절대 평등의 완전한 모습이라고 한다.

2) 육즉론(六卽論)

따라서 원교에서는 특히 즉(卽)이라는 개념을 사용하고 있다. 즉 이즉(理卽)·명자즉(名字卽)·관행즉(觀行卽)·상사즉(相似卽)·분증즉(分證卽)·구경즉(究竟卽)으로서 범부로부터 부처에 이르는 단계를 각 특성에 따라 6가지로 나눈 것이다. 6즉의 즉이란 본유(本有)의 덕성을 나타내고 6이란 지행의 수덕(修德)을 나타낸 것으로서, 범부와 부처는 본래 융즉하여 조금도 다른 것이 아니지만 정지(情知)의 공능은 다르다는 것이다. 즉은 비굴을 면하게 하고 6은 자만을 면하게 하는 것이다. 첫째 이즉이란 『열반경』에 "일체 중생은 모두 불성을 가지고 있다[一切衆生悉有佛性]"고 하는 것과 같이 우리 중생은 모두 본래 불성을 가지고 있지만 미혹한 범부는 그것을 알지 못하고 헛되이 고민하고 번뇌하는 것이다. 단지 도리상에서 불성이 있다고 할 뿐으로서 교리의 명칭마저도 알지 못하는 계위이다. 둘째 명자즉이란 경전이나 선지식으로부터 삼제원융이나 중도실상을 보고 들어 미오(迷悟)의 법체는 다르지 않다고 이해하는 계위이다. 셋째 관행즉이란 이치와 지혜가 상응하는 계위인데, 수행자의 지혜가 경계의 중도실상의 이치와 항상 상응하여 위배하지 않는 계위를 말한다. 넷째 상사즉이란 관행이 진척됨으로써 중도실상의 이치를 깨달은 것과 비슷한 계위를 말한다. 다섯째 분증즉이란 일부분의 무명을 끊고 일부분의 중도이치를 깨달은 계위를 말한다. 여섯째 구경즉이란 근본무명을 끊고 중도실상의 진리를 증득한 계위를 말한다. 이를 도표화하면 다음과 같다.

원교의 수행계위

6 즉(卽)	성범(聖凡)	52위+5품제자위	특 징
구경즉	성 인	묘각	무명을 끊음
분증즉		등각	
		10지	
		10회향	
		10행	
		10주	
상사즉	내범부	10신	견사혹과 진사혹을 끊음
관행즉	외범부	5품제자위	견사혹을 억누름
명자즉			
이 즉			

이상 6위는 차제순서의 차이는 있지만 절대중도에서 말하면 부처도 범부도 동일한 삼천실상(三千實相)으로서 이 밖에 어떤 것도 없는 것으로서, 6위의 각각 당체가 그대로 부처이며 삼천실상의 현상 밖에는 없는 것이다. 이 6즉의 설정은 천태불교의 독특한 교의적 해석이다.

6즉은 예로부터 지의의 독창설이라 불리어 왔다. 여러 대승경전 가운데 『화엄경』의 41위, 『영락경』의 52위처럼 보살의 행위단증이 설해져 있지만 그러한 것은 별교의 차제에 의한 것이고 발심즉도(發心卽道) 초후불이(初後不二)의 원돈지관의 오수(悟修)의 묘취를 표현하기에는 족하지 않으므로 지의는 6즉설을 세운 것이라 볼 수 있다.

3. 불신(佛身)과 불토(佛土)

일심삼관(一心三觀)의 수행이 완성되어 구경위(究竟位)에 도달한 시기에 실현되는 인격을 불신(佛身)이라 하고 그 인격이 활동하는 세계를 불토(佛土)라고 한다. 그리고 인격을 세 방면으로 보아 삼신(三身)이라 하고 세계를 네 방면으로 나누어 사토(四土)라고 한다.

삼신이란 법신·보신·응신이다. 법신(法身)은 중도실상의 이체를 직시하여 인격이 우주의 실재와 관통하는 방면을 말하고 보신(報身)은 우주의 실재를 체험하여 실현하는 방면을 말하는 것이며 응신(應身)은 주위의 사정에 응하여 인격이 활동하는 방면을 가리킨다. 즉 법·보·응의 3신은 이상적 인격을 이치와 지혜와 작용의 세 방면으로 보는 것이다. 보신은 다시 자수용신(自受用身)과 타수용신(他受用身)으로 나누고, 응신은 승응신(勝應身)과 열응신(劣應身)으로 나누어 설명된다.

또 3신 여래가 머무르는 불토를 네 가지로 구분하고 있으니 범성동거토(凡聖同居土)·방편유여토(方便有餘土)·실보무장애토(實報無障碍土)·상적광토(常寂光土)이다. 범성동거토란 간략하게 동거토(同居土)라고도 하는데 범부와 성자가 함께 거주하는 삼계 안의 세계를 의미한다. 여기에는 정토와 예토가 있으니 예토(穢土)는 현실의 사바세계와 같이 부정한 국토를 가리키고 정토(淨土)는 서방 극락세계와 같이 청정하지만 범부와 성인이 함께 하는 국토이다. 응신은 승응신과 열응신의 두 가지로 구분된다. 열응신 즉 상대적으로 열등한 32상을 나타내는 석가가 동거예토(同居穢土)에 응현하고 아미타여래와 같은 승응신이 동거정토(同居淨土)에 응현한다고 한다. 다음에 방편유여토는 방편토(方便土)라고도 하고 유여토(有餘土)라고도 하며, 방편도를 닦아 분단생사의 몸을 버렸지만 아직 변역생사(變易生死)를 초래하지 않을 수 없는 아라한이나 벽지불이 거주하는 곳이다. 이 방편토의 사상은 『대지도론』에 의거한 것이라고 한다. 다음에 실보무장애토는 실보토(實報土)라고도 하며 초지 이상의 계위에 오른 지상(地上)보살이 거주하고 있는 곳인데, 여기에서는 보신여래를 현현할 수 있는 것이다. 보살이 닦은 인행(因行)에 의해 과보를 받는 국토로서 과보토(果報土)이므로 위위당당한 대신상(大身相)을 현현할 수 있다. 마지막으로 상적광토라고 하는 명칭은 『보현관경』에서 채용한 것으로서 간략하게 적광토(寂光土)라고도 하며 법신여래가 머무는 불토이다. 4토 가운데 최고의 거주처로서 원교묘지(圓敎妙智)로 감견(感見)하는 법성토(法性土)이다. 이러한 3신과 4토의 관계를 도시하면 다음과 같다.

삼신(三身)과 사토(四土)의 관계

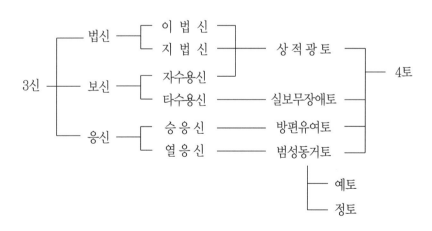

이와 같이 깨달음을 연 정도에 따라 불신과 국토가 다르다. 예를 들면 성문·연각·보살·부처는 깨달음의 정도가 다르므로 그러한 가르침의 세계관은 자기 깨달음의 정도밖에는 볼 수 없는 것과 같이 번뇌를 끊어 깨달음을 연 정도의 차이에 따라 삼신(三身)과 사토(四土)로 구별된 것이다. 그렇지만 성문의 세계나 연각의 세계나 보살의 세계나 부처의 세계는 본래 동일하므로 삼신과 사토가 있다고 하더라도 따로따로 존재하는 것이 아니라고 하는 것이다. 불신과 불토는 하나밖에 없지만 정도의 차이에 따라 세 가지와 네 가지로 분류한 것이다. 그래서 세 가지 불신과 네 가지 정토를 세웠지만 세 가지 불신과 네 가지 불토는 결국 하나의 불신과 불토이므로 삼신즉일(三身卽一) 또 사토즉일(四土卽一)이라고 하는 것이다. 나아가서 삼신의 세계인 사토는 궁극적으로 부처님의 세계이므로 불신과 불토는 따로 있는 것이 아니라는 점에서 신토불이(身土不二)라고 한다. 다시 말해서 삼신과 사토는 그대로 하나의 불신과 불토이며 불신과 불토 또한 불이(不二)라고 하는 것이 천태 불신론과 불토론의 특색이다.

결 어

　천태사상은 단적으로 제법실상(諸法實相)이라고 할 수 있다. 제법실상이란 우리가 일상적으로 경험하는 일체의 사상(事象)이 그대로 본체의 묘덕(妙德)이라는 것으로서 만물에 절대의 가치를 인정하는 사상이다. 이것을 철학적으로 말하면 현상즉실재론(現象卽實在論)이라 할 것이나 실제로는 현상과 실재를 병립하여 생각하지 않고 현상 중에 실재를 인식하고 실재 중에 현상을 포함시키는 원융불이(圓融不二)의 사상인 것이다.

　천태는 사상으로는 반야공관에 기초를 두고 한 걸음 더 나아가 제법실상의 묘리(妙理)로 전개한 사상으로서, 종파로서는 삼론종에서 일보 더 나아간 것이다. 지의는 철저한 체험에 기초를 두고 용수가 제창하고 구마라집이 전승한 공관불교를 더 전개하여 남북조의 불교사상을 통일하고 치밀한 두뇌로 불타의 일대 교설을 정리하여 천태학을 조직한 것이다. 이것은 중국불교가 낳은 가장 높은 불교 사상체계라고 하겠다. 더구나 긍정적이고 현실적인 사고의 정점을 이루었다는 점에서 천태불교를 인도와 중국을 막론하고 불교사상의 극치라고도 부를 수 있을 것이다.

　보통 천태의 교관조직은 사실단(四悉檀)·사교(四敎)·본적(本迹)·삼관(三觀)으로 체계가 이루어지지만 이것을 더욱 압축한다면 4교와 3관이라고 할 수 있다. 즉 교문을 구성하는 장·통·별·원의 화법4교에 대해 관문으로 공·가·중의 3관이 있는 것이다. 4교와 3관으로 불교를 체계 짓고 있는데, 이러한 4교와 3관을 보다 유기적으로 설명하기 위해서 5시8교라는 체계가 만들어졌다. 천태의 대표적인 교판인 5시8교는 단지 『법화경』의 우월성을 입증시키려는 교판이 아니라 부처님의 말씀을 바르게 정리하는 데 그 목적이 있다고 하겠다. 천태에 의하면 부처님은 모든 근기로 하여금 여래의 지견을 개시오입(開示悟入)시키는 데 출세하신 본뜻이 있다고 한다. 이런 점에서 5시8교라고 하는 것은 불타의 일대시교를 정당하게 밝히려고 하는 것에 그 본의가 있는 것이지 단순히 법화의 우월성만을 강조하는 데 그 목적이 있는 것이 아닌 것은 분명하다. 이 점을 여타의 교판과 비교해 본다면, 여타의 교판은 각자의 소의경전의 우월성을 주장하지만 천태의 5시8교는 모든 경전에 의미를 부여한다는 점에서 양자의 차이가 있다고 하겠다. 다시 말하면 법화는 그 하나의 법화 만으로는 의미가 없는 것이고, 반드시 부처의 일대시교라는 점에서만 법화의 본뜻을 찾을 수 있는 것이다. 이런 점에서 5시8교로 불타의 교설을 정리한 천태 지의야말로 부처님이 세상에 출현한 본뜻을 가장 잘 파악한 분이라고 하지 않을 수 없는 것이다.

천태사상은 중생으로 하여금 여래의 세계로 들어오게끔 하기 위하여 이론과 실천이 병행된다. 단지 이론만으로 끝나는 이론은 헛된 것이고 맹목적인 실천도 위험하다는 것이다. 따라서 이론과 실천의 통합이야말로 천태에서 제일로 내세우는 기치이다. 천태는 이론과 실천을 중시하는데 이론은 모든 경전을 정리한다고 한다면, 실천에서는 불교의 모든 수행법을 취하고 있다. 그런데 이론과 실천이 별개가 아니라 이론을 진정으로 이해한다면 그것이 바로 실천이라고 하는 점에 천태의 깊은 의미가 담겨 있다. 이론과 실천을 별개로 하여 이론과 실천을 다른 것으로 보는 것은 커다란 잘못이라는 것이다. 이런 점에서 천태불교는 이론과 실천을 병행하는 특징을 가지고 있는 것이다. 천태불교는 화엄불교와 더불어 중국 불교교학을 대표하는 동시에 선(禪)과 함께 실천수행의 쌍벽을 이루는 선관사상이기도 하여, 불교의 이론과 실천을 조직적으로 체계화시킨 중국불교의 정화라고 불려지고 있는 것이다. 더구나 천태불교는 정토신앙이나 관음신앙도 아우르고 있다는 점에서도 그 가치를 더하고 있다. 천태불교는 이론과 실천은 물론 신앙까지도 구비하고 있는 불교체계이므로 중국불교 가운데 최고봉에 있다는 평가를 받는 것이다.

천태불교가 중국불교의 틀 속에서 꽃피운 것과는 달리 여타의 학파불교가 인도불교에서 완전히 벗어나지 못했다는 점에서 천태는 여타의 불교와 큰 차이를 보이고 있다. 특히 중국에서 성립된 삼론종과 법상종이라고 하더라도 인도의 중관과 유식을 잇고 있는 것이기에 다분히 인도적인 불교라 할 수 있다. 또 선과 정토는 그 사상적 기원을 인도에서 구할 수 있더라도 그 색깔은 상당히 중국적인 불교인데, 이 선과 정토의 중국적 완성이 바로 천태의 이론적 뒷받침에 의거한 것이라는 점도 주의하지 않으면 안 된다.

천태는 인도에서 일어난 대승불교 경전인 『법화경』에 중국의 철학적 사변과 종교적 실천을 부가한 특이한 사상이다. 따라서 천태는 한편으로는 인도 고유의 장대하고 화려한 시적 상상의 흔적이 남아 있을 뿐만 아니라 다른 한편으로는 중국 고유의 깊고 치밀한 사변과 실천방법도 함께 하는 것이다. 이런 점에서 천태는 인도불교와 중국불교를 이으면서 불교사상의 획기적인 발전을 이룩하였다고 할 수 있다.

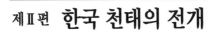

제Ⅱ편 **한국 천태의 전개**

一. 법화경의 수용과 신앙

한국에 천태사상은 일찍이 전래되었으나 지금은 자료가 많이 남아 있지 않다. 단편적인 사료들을 가지고 한국에서 어떻게 천태사상이 전개되었는가를 유추한다는 것은 어려운 일이다. 중국불교로 토착화한 사상체계인 천태 교학사상은 『법화경』이 중요한 소의경전으로 되어 있고 그 밖에 대승경론도 많이 원용되고 있다.

일반적으로 천태 교학체계는 교문(敎門)과 관문(觀門)으로 나누어지지만 궁극적으로는 교문과 관문이 하나가 되는 체계이다. 따라서 어떠한 가르침도 실천을 수반하는 것이 천태교학이다. 『법화경』의 독송·서사 등도 실천적인 의미가 있다. 일찍이 삼국시대 이래 전래된 경전 중에서 『법화경』도 상당히 신앙되고 연구되어 왔다. 그리고 천태의 교관을 실천하는 수행자도 단편적으로 보이므로 이들의 행적을 밝혀 한국의 천태 교관사상을 살펴본다. 그리고 법화경의 수용과 신앙, 연구를 삼국·통일신라 불교에서 중점적으로 밝혀보고, 고려 이후에는 본격적인 천태교단이 성립됨으로써 교문과 관문이 조화롭게 전개되었음을 부각시켜 보려고 한다.

1. 삼국의 법화·천태 신앙

1) 고구려의 혜자와 파야

삼국시대 고구려에 불교가 전래된 것은 우리나라 불교의 시작을 의미한다. 소수림

왕 2년(372) 불상과 경문을 전진(前秦)의 부견(符堅)이 보내온 것이 『삼국사기』 18에 처음 보이고, 약 20년 후인 광개토왕 6년(396), 중국의 담시(曇始)화상이 경과 율 수십 부를 가지고 와 포교한 것이 『양고승전(梁高僧傳)』에 보인다. 이 전래 기록만으로는 『법화경』의 전래 여부는 알 수 없으나 『열반경』은 그 경명이 『삼국유사』에 전한다. 그러나 『법화경』이 고구려에 전래된 흔적을 유추할 수 없는 것은 아니다. 일본과 중국에서 활동한 고승들의 예로 그 활동을 짐작할 수 있는데, 혜자(慧慈 ; 595~615 일본 체재)와 파야(波若 ; 595~613)가 그들이다.

고구려 혜자스님은 영양왕 6년(595)에 일본으로 건너가 스이꼬(推古)왕의 섭정이던 쇼오토쿠(聖德)태자의 스승이 되어 불법을 가르쳤다. 그 때 쇼오토쿠는 『법화의소(法華義疏)』4권을 지었는데 현재도 전한다. 그 저술의 진찬 여부는 여기서 논할 겨를이 없으나, 아무튼 그가 혜자스님에게서 『법화경』 강의를 들었으리라고 추정된다. 그런데 이 『법화의소』는 27품으로 된 광택 법운(光宅法雲)의 『법화의기(法華義記)』에 근거하고 있다. 법운은 『법화경』을 혜차(慧次)에게서 전해받았는데, 혜차는 법운뿐 아니라 강북의 초법사(招法師)에게도 이 경을 전해 주었으므로 이것이 고구려에도 전해졌으리라 추정된다.

파야의 활동은 중국에서 이뤄진다. 고구려 파야는 진(陳)에 입국하여 금릉에서 청강하다가 천태산 지의선사에게 가서 선법을 전해받고 깨달음을 얻는다(596). 지의는 그가 대승의 근기이므로 조용한 수행처에서 묘행(妙行)을 닦기를 권했다. 그는 천태산 화정봉(華頂峯) 아주 깊은 곳에 들어가 밤낮을 가리지 않고 앉은 채 16년간을 계속 수도하였다. 어느날 홀연히 하산하여(613) 처음 불롱사(佛隴寺)에 갔다가 국청사(國淸寺)에 이르는데, 자신의 수명이 오래 가지 않음을 미리 도반들에게 예고한다. 그 후 며칠 지나지 않아 단정히 앉아서 정념(正念)하고 입적하니 그의 나이 52세였다. 귀국하지는 않았지만 천태의 묘관을 닦은 최초의 고구려 사람이다. 파야가 금릉에서 청강하고 천태산에서 지의의 선법을 전해받은 것은 사실이지만 고구려에 전래하였다는 근거는 희박하다. 그러나 지의의 관문을 체득한 최초의 고구려인이다.

2) 백제의 현광과 혜현

백제에서 『법화경』이 유통된 것은 현광(玄光)과 혜현(惠現)의 기록을 통해 알 수 있다. 백제 현광은 『송고승전』에 「신라현광전(新羅玄光傳)」으로 나와 있으나 그는 웅주인(熊州人)이므로 백제인인 것이다. 현광의 전기는 다음과 같다.

> 진(陳)의 형산(衡山) 남악 혜사 문하에서 선법을 익혔다. 그는 스승으로부터 법화안락행문(法華安樂行門)을 은밀히 전해받아 정진에 매진하다가 드디어 법화삼매를 증득한다. 혜사는 그에게 "너의 증득한 바는 진실하여 헛됨이 없다. 이를 잘 마음에 간직하여 법을 증장시키도록 노력하라. 그리고 본국에 돌아가 좋은 방편을 베풀어 교화하라"고 하였다. 현광은 스승의 뜻을 받들어 웅주 웅산에 귀국하여 절을 세우고 교화에 힘썼다. 전법제자로서 기별(記莂)을 받은 이가 1명, 화광삼매(火光三昧)를 증득한 사람이 1명, 수광삼매(水光三昧) 증득자 2명이고, 중국에 혜민(慧旻)선사가 제자로 남았다.

이 전기를 보면 혜사로부터 인가받은 장면이 지의선사와 비슷한 데가 있다. 그리고 현광이 스승의 부촉을 받고 백제에 귀국하여 교화한 후에 제자들이 증득한 삼매가 다른 곳에서는 볼 수 없는 화광·수광이란 독특한 삼매이다. 이것이 어떤 삼매인지는 알 수 없으나 아주 독특한 수행경지를 보여준다. 중국 남악 혜사의 영당(影堂)에는 28명이 봉안되었는데 그 중에 현광(玄光)이 있고, 또 국청사 조사당에도 현광의 영정이 모셔져 있었다고 전한다.

여기에서 우리는 현광이 백제 27대 위덕왕(554~597) 때 귀국하여 법화행자로서 활동한 것을 추측할 수 있다. 현광이 익힌 선법이란 혜사의 『법화경안락행의』에 있는 내용이라고 보인다. 『안락행의』는 "법화경이란 대승의 돈각(頓覺)으로서 스승 없이 스스로 깨달아 속히 성불을 이룬다"고 시작되는 서두에서 알 수 있듯이 『법화경』의 수행법에 근거하여 저술한 것이다. 이 수행법은 무상행(無相行)과 유상행(有相行)으로 나뉜다. 무상행이란 『법화경』 「안락행품」 14에 의해 모든 깊고 묘한 선정을 닦는 것으로서 법화삼매라고 한다. 이는 몸·입·뜻과 자비서원의 네 법에 안주하여 선정을 닦는 것이다. 또 유상행이란 『법화경』 「보현보살권발품」 28을 독송하며 일심으로 법화문자(法華文字)에 전념하는 행법이다. 이 수행을 성취하면 이가 여섯인 흰 코끼리를 탄 보현보살[金剛色身]이 수행자 앞에 현전한다고 한다. 보현도량이란 이 수행을 닦는 도량을 일컫는다.

현광은 스승으로부터 무상행의 심묘한 선정을 전수받아 법화삼매를 증득한 뒤, 스승의 인가를 받고 자비행을 실천하기 위해 귀국하였으므로 백제에는 법화경 선법이 유행하였을 것으로 추측된다. 현광은 천태 지의선사와 동문의 도반이다. 그러나 천태 지의는 중국 강남에 대종단을 이룩하였으나 현광은 백제에서 어떤 활동을 하였는지, 전기한 삼매를 증득한 제자 외에 아무 자료도 찾을 수 없음이 유감이다. 다만 고려시대에 만덕산(萬德山)의 원묘 요세(圓妙了世)가 고종 19년에 개설한 보현도량(普賢道場)이라는 명칭은 이와 무관하지 않다고 추측된다.

다음으로 백제에는 30대 무왕(600~640) 때 석 혜현(釋惠現 ; 569~627)의 영험담이 『삼국유사』 5에 전한다. 혜현은 어려서 출가하여 오로지 한 마음으로 『법화경』 독송을 업으로 하였다. 삼론도 겸학하며 수덕사에 머물렀다. 배우는 학인이 있으면 강설하고, 혼자일 때는 『법화경』을 독송하였다. 모여드는 대중을 피하여 강남의 달라산(達拏山)으로 옮겨 그곳에 정좌하여 세속을 잊고 지내다가, 정관(貞觀) 초년(627) 세수 58세로 삶을 끝마쳤다. 입적 후에 유언에 따라 석실에 시신을 두었더니 호랑이가 그 유해는 다 먹었으나 혓바닥만 남겼다고 한다.

이상의 혜현의 『법화경』 지송으로 나타난 신기한 설화는 백제에 『법화경』 신앙이 상당히 유행했고, 또 혜현의 신앙이 돈독했음을 시사한다. 현광처럼 뚜렷한 스승의 계보는 찾을 길 없으나 백제 법화사상이 독송·강경·좌선을 고루 갖춘 교관이었음을 짐작케 한다.

3) 신라의 법화신앙과 천태 묘관(妙觀)

신라의 법화신앙 관련 기사는 고구려·백제보다는 기록이 많이 남아 있는 편이다.

연광(緣光)은 천태행자이며 낭지(朗智)·연회(緣會)·원효(元曉) 등은 『법화경』 강의
와 신이한 기적을 남겼다. 또 법융(法融)·이응(理應)·순영(純英)이 천태 선법을 전했
다고 한다.

연광(緣光)은 명문가 출신으로서 출가 후 중국에 들어가 천태 지의의 제자가 되었
다. 지의 문하에서 조석으로 『법화경』을 수학하며 경전과 수행 모두 통달하고 몇 년
되지 않아 홀연히 깨달았다. 그 후 스승은 그에게 『법화경』을 강의하도록 권하여 강의
를 하니 당대의 준재와 석학들이 모두 그의 강의에 굴복하였다. 후에 천태별원(天台
別院)에 머무르며 묘관(妙觀)을 닦다가 귀국하였다. 연광과 관련해서는 많은 영험설
화가 있다. 그가 귀국할 때 천상의 천제와 해신(海神)에게 『법화경』 강의를 하였고, 또
입적 후 화장하니 혀만이 타지 않고 남아서 가끔 『법화경』을 강설하여 모르는 글자를
묻는 이가 있으면 답해 주었다는 신이한 내용이다. 연광의 연대는 이 영험설화에 싸
여 불분명하지만 인수(仁壽) 연간(601~604)에 신라로 귀국하고 신라 진평왕 초기에
『법화경』 홍통에 힘쓴 신라 최초의 천태 묘관행자라고 추측된다. 저술을 남기지 않아
그의 사상은 알 수 없다. 그러나 그가 남긴 영험설화는 그의 법화홍통의 역량을 중
국·신라뿐 아니라 인간을 초월한 세계까지 영향을 미칠 정도로 확대시키고 있다. 이
것은 법화신앙이 민중 속에 널리 유포되면서 초자연세계까지 미치고 있었음을 의미
한다. 그리고 그의 전기에서 그를 교와 관, 즉 이론과 실천 양면에 달통한 존재로 부
각시키는 점에서 7세기 초 신라에는 천태사상의 전통이 전하고 있었음을 본다.

낭지(朗智)에 대해서도 구체적 사적은 없지만 간단한 법화경 관련 기록이 남아 있
다. 영취산의 혁목암(赫木庵)에 신이한 승려 낭지가 『법화경』을 강송하고 그로 인해
신통력도 있었다는 것이 『삼국유사』 5에 보인다. 신라 원효가 그에게 예경하였다는
것으로 미루어 아마도 원효의 스승으로서 『법화경』으로 수행하는 당대의 고덕이었으
리라 짐작된다.

연회(緣會)는 원성왕(元聖王 ; 785~799) 때의 고승인데 『삼국유사』 5에 전기가 보
인다. 영취산에 은거하며 항상 『법화경』을 독송하고 보현관행(普賢觀行)을 닦았다. 그
의 앞뜰 연못에는 사계절 시들지 않는 연꽃이 늘 피어 있었다고 한다. 이 소문을 들은
국왕이 국사로 봉하고자 하였다. 이 소식을 들은 연회는 피하여 가다가 도중에서 문

수보살과 변재천녀(辯才天女)의 화신을 만났으므로 다시 돌아가 국사가 되었다고 한다. 이 밖에도 『홍찬법화전』에는 어떤 사미(김과의의 아들)가 『법화경』을 독송하며 남긴 영험설화가 있다.

이상의 연광·낭지·연회에 관한 이야기들은 영험이 가미되어 있는 점에서 사실을 알기에는 약간의 혼동이 오지만, 신라의 『법화경』 신앙형태를 짐작케 한다. 연광은 중국기록이지만 천태 문하라는 것이 주의를 끈다. 그리고 영취산이란 산명이 신라 곳곳에 일찍부터 명명되고 그 산에 『법화경』 강송자가 있었으며, 그들 중에 법화참법의 성격을 가진 보현관행을 닦은 이도 있음은 실오라기 같지만 신라에 일찍이 법화신앙이 전법되었음을 짐작케 한다. 이 영험설화는 법화신앙이 민중 속에 깊이 전파되었음을 의미한다. 삼국신라의 불교신앙 가운데 법화신앙은 일반적 신앙형태를 말해 주는 예들이다. 초기 법화신앙은 대체로 신라인의 종교적 경험의 세계를 상징하고 있다고 보인다. 이런 영험적 법화신앙은 중국·일본에도 흔히 있는 일반적 신앙과 공통점이 많다고 하겠다.

천태종 제5조인 좌계 현랑(左溪玄朗)의 문인에 신라인인 법융(法融)·이응(理應)·순영(純英)의 3인이 있었다고 『석문정통(釋門正統)』 2와 『불조통기(佛祖統紀)』 7에 전한다. 이 세 사람은 현랑의 문인 중 영걸이었다. 이들은 좌계 현랑의 가르침을 받고 (730) 고국으로 돌아가 법을 유포했다고 하나 신라에서의 행적은 전하는 게 없다. 6조인 형계 담연(荊溪湛然)의 문인이라고도 하고 형계-법융-이응-순영의 차례로 법을 계승한 것처럼 보기도 하지만, 신라에 귀국하여 전법한 것만은 사실인 듯하다.

현랑은 전술한 대로 측천무후 시대에 천태산에 은둔하여 천태지관의 깊은 뜻을 터득하고 두타행을 실천하며 제자를 기른 천태교단의 제5조이다. 그의 동문에 영가 현각(永嘉玄覺)이 있었던 바와 같이 이들의 관심은 주로 천태관문이었던 것 같다. 따라서 신라에 전법한 세 사람도 천태관법에 역점이 주어졌을 듯하다. 이렇게 본다면 신라에는 연광(緣光)이 6세기 말이나 7세기 초에 천태묘관을 익히고 귀국한 이래 다시 5조 현랑의 법이 전승되었다고 보인다.

이 밖에 연대는 미상이지만 돌에 새긴 『법화경』이 유행했다는 자료가 있고, 성덕왕대(702~736)에 오대산 서대(西台)의 미륵방(彌勒房)에서 법화경을 독송하는 수정사

(水精社)가 결성될 것이 예정되기도 하였다고 『삼국유사』 3에 전한다. 뿐만 아니라 경덕왕대에 어떤 모자가 금자로 된 『법화경』 한 권을 신도들의 도움으로 만들어 매년 봄 도량을 세우고 『법화경』의 묘리(妙理)를 홍포하며 예경참(禮敬懺)을 정성스레 닦았다는 기록이 『법화영험전』하에 전한다. 신라에 보현관행과 예경참이 실행되었다는 것은 법화참법(法華懺法)의 유상행(有相行)을 의미하는 것이다.

4) 신라 법화회(法華會)의 성격

이상과 같이 『법화경』의 강의·독송·예참 등이 신라에 이어졌다고 하는 것은 천태법화신앙이 상당히 활발히 보급되고 있었음을 시사한다. 신라에 대중적인 법화회(法華會)가 있었다는 구체적인 기록은 없으나 신라 말 당나라에서 신라적인 모임이 있었으므로 신라 법화회의 성격을 유추할 수 있다.

일본의 천태종 승려 엔닌(圓仁)이 쓴 유명한 『입당구법순례행기(入唐求法巡禮行記)』에 보면 당에는 신라인들이 세운 신라사원이 여러 곳 있었다고 한다. 그 중에서 흥덕왕대(826~836)에 청해진(淸海鎭) 대사로 무역에 종사하던 장보고(張保皐)가 세운 절이 적산법화원(赤山法華院)이다. 이 산원(山院)은 산동반도 문등(文登)현 청녕(淸寧)향 적산촌(赤山村)에 있는데 1년 5백석지기의 부유한 사찰이다. 여기서는 겨울에 『법화경』, 여름에는 『금광명경』을 강의하였다. 이 산원의 겨울법회인 법화회, 즉 법화경강의 법회에 대해 엔닌의 기록을 통해 살펴본다.

이 법화회의 기간은 2개월로서 11월 16일에 시작하여 이듬해 1월 15일에 끝난다. 강경 법주는 성림(聖琳)화상, 논의(論議)는 돈증(頓證)·상적(常寂) 두 스님이며 청중은 사부대중이다. 저녁에 예참(禮懺)과 청경(聽經)을 차례로 한다. 강경과 예참법은 모두 신라풍속에 의거한다. 모인 사부대중의 숫자는 250명쯤인데 끝난 후 최종일에 결원(結願)을 한 뒤 청법대중에게 보살계를 준다. 적산법화원의 상주 인구는 비구 23명, 비구니 3명, 사미 1명, 노파 2명이다. 적산원의 매일의 강경방식은 다음과 같다. 강경종을 치면 대중이 입당하고 강사가 상당(上堂)하면 대중은 부처님 명호를 외운다(음과 곡조는 신라 풍속). 강사가 앉으면 창이 끝나고 한 승려가 한 행의 시를 가지고 범패를 창하면 대중이 따라 외운다. 범패가 끝나면 강사는 경제목을 창하고 제목을 해석하면 법회를 총괄하는 유나사(維那師)가 나와 이 법회를 개설한 의의와 시주의 이름, 보시물의 품명을 말한다. 강사는 불자(拂子)를 들고 시주이름을 들어 서원을 말한다. 그리고서 논자는 논의를 시작하는데 묻기 시작하면 강사는 이를 듣고 답한다(일본과 같다). 논의가 끝나면 문구에 따라 강의하고서 끝낸다. 대중은 모두 장음(長音)으로 찬탄하고 회향게(廻向偈)를 외운다. 강사는 하단하며 시를 외운다. 한 승려가 세 번 예를 올리며 끝낸다. 여기에 복강사(覆講師) 1명이 있는데 강사가 어제 강의한 것을 읽는다. 뜻이 깊은 곳은 강사가 다시 복송하고 뜻을 해석한다.

이상의 법화회 기록을 보면 범패는 당나라 방식이었지만 다른 모든 의식의 음·곡조는 신라방식이었고, 논의·문답방식은 일본과도 같다고 한다. 이 법화원의 강경법주인 신라 성림화상은 오대산과 장안 등지를 20년간 두루 유행하고 법화원에 기거하고 있으면서 엔닌이 멀고 험한 강남의 천태산으로 가려는 것을 강북의 오대산으로 여정을 바꾸도록 종용한다. 이때의 중국 상황은, 강남의 천태는 쇠퇴하고 소위 6조 담연 이후 120년간 제2의 천태암흑기에 들어간 기간이었다. 이에 비해 강북의 오대산에서는 지원(志遠)과 현감(玄鑑)이 천태교관을 홍포하고 있을 때이다.

이 적산법화원은 당에서 신라 방식의 법화회를 개최하고 있었는데, 신라 일일강의식(一日講儀式)과 신라 송경의식(誦經儀式)이 상당히 의례화되었음을 알 수 있다. 신라법화회가 보여 주는 것은 단순히 개인적 차원이 아니라 사부대중을 총괄하는 대중법회가 신라에도 개설되었음을 추측케 한다. 그리고 이 법회가 일정한 의식을 갖는 정규 법회형식을 가지고 있음을 보여 주는데, 이는 신라에 이미 오랜 세월 동안 법화행자들에 의해 법화신앙이 유포되고 있었고 이들은 신라적 특색을 가진 법화신앙 법회를 계승하고 있었음을 시사한다.

2. 원효(元曉)의 법화사상

신라의 『법화경』 연구는 통일 초기부터 활발했다. 현재 목록에 나타난 것만도 13부나 된다. 원효의 『법화경종요』 1권, 『법화경방편품요간』 1권, 『법화경요략』 1권, 『법화약술』 1권이 있고 경흥(憬興)의 『법화경소』 16권, 순경(順璟)의 『법화경요간』 1권이 있다. 또 도륜(道倫)의 『법화경소』 3권, 태현(太賢)의 『법화경고적기(法華經古迹記)』 4권, 현일(玄一)의 『법화경소』 8권, 그리고 의적(義寂)의 『법화경론술기(法華經論述記)』 3권, 『법화경강목(法華經綱目)』 1권, 『법화경요간(法華經要簡)』 1권, 『법화험기(法華驗記)』 3권 등이 있다. 이 중에서 상하 두 권으로 해석한 의적의 『법화경론술기』가 현재 남아 있다. 그리고 원효의 『법화종요』도 남아 있다.

원효(617~686)의 전기는 『삼국유사』 의해(義解) 4, 『송고승전』 4, 「고선사(高仙寺) 서당화상탑비명(誓幢和尙塔碑銘)」에 보인다. 원효의 사상적 특징은 어느 한 종파에 편향되지 않은 포괄성에 있다. 인도의 용수처럼 모든 대승불교인이 존중하는 인물이 원효이다. 그는 신라 진평왕 때부터 신문왕대까지 생존한 신라 황금시대에 활약한 불교인이다. 그의 스승에 관한 기록은 거의 없는데 오직 낭지(郎智)법사를 존경한 것으로 되어 있다. 낭지법사는 『법화경』 강론자였으므로 원효도 『법화경』을 그에게서 학습하였을 것으로 짐작된다.

원효의 『법화종요』는 『법화경』의 대의를 개론화한 것이다. 내용분류는 6문으로 나뉘는데 대의(大意)·경종(經宗)·전용(詮用)·제명(題名)·교섭(敎攝)·문의(文義) 등이다. 이 분류법은 천태의 오중현의(五重玄義)와 유사하다. 천태는 『법화현의(法華玄義)』 10권을 통석(通釋)과 별석(別釋)으로 나누고, 통석은 칠번공해(七番共解)라고 하고 별석에서 오중현의라 하여 상세한 해석을 하고 있다. 오중이란 석명(釋名)·변체(辨體)·명종(明宗)·논용(論用)·판교(判敎)를 말하는데, 이 해석방식은 지의의 독자적 분류방법이다. 이 오중현의는 경의 제목을 해석하는 석명(釋名)에 중점을 두고 '묘법연화경' 이라는 제목을 해석하고 있다. 이에 비해 원효의 『법화종요』는 이름 그대로 요약서이므로 형식은 천태의 오중현의와 유사하나 내용에 있어서는 독자적인 데가 있다. 원효가 천태의 해석을 어느 정도 의거하였는지는 알 수 없으나 그의 『열반경종요』 끝부분에 "천태 지자대사는 선(禪)과 혜(惠)가 다 융통하여 온 세상이 존경하니 범부·성인이 모두 측량하기 어렵다"고 한 것을 보면 그는 천태대사의 명성과 저작에 일찍이 접하지 않았을까 생각된다.

『법화종요』에서 나타나는 원효의 법화경 사상을 대략 살펴보면 다음과 같다. 첫째, 방편과 진실은 둘도 아니고 다르지도 않다. 부처님이 이 세상에 출현하신 본뜻은 성문·연각·보살의 삼승의 가르침을 열어 방편을 나타내는 데 있으나, 이 삼승방편은 일승진실과 다르지 않고 법성실제(法性實際)가 세간과 차별이 없다. 둘째, 『법화경』의 근본사상은 일승실상(一乘實相)이다. 일승실상이란 실천주체로서의 일불승인(一佛乘人 : 能乘人)과 그 일불승인에게 실현되는 법[所乘法]으로 나눌 수 있다. 이 때 능승인은 사람만이 아닌 모든 중생을 포괄한다. 모든 중생이 불성이 있으므로 성불하기 때문에 그것을 일불승인이라 표현한다. 무성유정(無性有情), 즉 생명이 있거나 없는 모든 것도 모든 중생에 포함한다. 따라서 법상종에서 주장하는 오성각별설(五性各別說)은 부정된다.

그 다음 소승법(所乘法)은 사일(四一), 즉 네 가지의 일승으로 분류한다. 이 분류법은 천태나 법운(法雲)의 방법과 유사하다. 그러나 구체적 해석은 일치하지 않는다. 사일이란 이(理)·교(敎)·인(因)·과(果)이다. 그 내용을 보면 ①일승리(一乘理)라고 함은 일법계, 법신, 여래장을 말하고 그 모습은 불변한다. ②일승교(一乘敎)란 모든 부처님의 가르침은 모든 중생을 일체지(一切智)에 이르도록 함이다. ③일승인(一乘因)은 모든 중생의 본래적 불성인 성인(性因)과, 선행(善行)에 의한 불성인 작인(作因)으로 나눈다. ④일승과(一乘果)는 불신(佛身)에 대한 해석이다.

원효에게서는 삼신설(三身說)의 전형은 볼 수 없고 단지 과보를 본유과(本有果)와 시기과(始起果)로 나눈다. 본각(本覺)과 시각(始覺)의 의미이다. 본유과는 법불보리(法佛菩提), 시기과는 보불보리(報佛菩提)와 응화보리(應化菩提)로 설명한다. 이 해석은 세친의 『법화론』에 나오는 세 가지 보리의 개념이 인용되고 있지만, 천태와 길장(549~623)이 이것을 삼신설에 대응시키는 것과는 대조적으로 그는 3종의 숫자 개념이나 신(身) 개념을 도입하지 않고 부처님을 해석하며 보리(지혜)에 머물고 있다. 그리고 법불보리인 본유과를 해석하는 데서 세친이나 천태처럼 여래장이라고 하지 않고 실상의 개념으로 파악한다. 즉 법불보리를 "일승의 진리에 나타나는 하나의 법계이고 그 한 법계는 평등한 진리이며 거기 나타나는 일과체(一果體)"라고 해석한다. 이 법불보리는 불가득한 것이이므로 진제도 속제도 아닌 절대진리 몸 그 자체로 파악한다. 이에 대해 시기과의 보불보리는 인행(因行)에 의해 과보로 나타나므로 구체적인 불신(佛身)이다.

이상과 같은 원효의 법화경관은 남북조시대 중국의 불교학자들과 같이 해석하고 있으나 천태의 해석을 그대로 답습하지는 않고 있다. 오히려 어려운 『법화경』 사상을 일목요연하게 이해시키고 있는 점에서 『법화종요』는 특이하다고 본다. 원효는 『법화경』의 보편적 진리를 신라사회에 홍포하는 데 기여한 바 크다. 그는 부처님 가르침에 차별이 있었음은 방편일 뿐 기실은 진실을 나타내려는 목적이 있었다는 것, 그 진실이란 모든 중생에게 불성이 본래 갖춰져 있고, 또 모든 중생은 반드시 성불한다는 가르침임을 일찍이 통일신라기에 널리 홍포하고 있는 것이다.

二. 천태사상의 전개

1. 고려 초의 천태학

후삼국을 통일한 고려가 대두하는 시기에는 법화신앙에 대한 자료가 별로 없다. 그러나 전래사실을 알려 주는 기록은 남아 있다. 중국 천태종 역사서인 『불조통기(佛祖統紀)』 22에는 오대(五代) 시절인 후당(後唐) 청태(淸泰) 2년(935)에 사명(四明)의 사문 자린(子麟)이 후백제와 고려에 와서 지자대사의 천태교법을 전했다고 기록하고 있다. 자린이 돌아간 시기는 모르지만 돌아갈 때 고려에서는 사신으로 이인일(李仁日)을 파견했다고 한다. 이 때는 고려 태조 18년으로 후삼국의 통일을 이룩한 시기이다. 이는 25년 뒤에 중국에 파견되는 제관(諦觀)의 행적을 감안할 때 조금 이상하기는 하지만 같은 『불조통기』의 작자가 수집한 자료이므로 믿지 않을 수 없다.

이보다 후대의 기록이지만 고려 민지(閔漬)가 찬한 『국청사 금당주불 석가여래 사리영이기(國淸寺金堂主佛釋迦如來舍利靈異記)』에 법사 능긍(能兢)이 태조에게 "당나라에 회삼귀일(會三歸一)의 묘법연화경과 천태 지자(天台智者)의 일심삼관(一心三觀)의 선법이 있다 …이 법을 널리 유행시킨다면…" 하고 글을 올리고 있다. 이 두 기록의 연대를 정하기는 어렵지만 고려 태조대에 천태교법에 대한 관심이 있었고 또 교법이 전해졌음을 짐작하기는 어렵지 않다. 이 『영이기』에서는 "수나라의 천하통일을 위해 천태산에 회삼귀일의 법문인 묘법연화경을 널리 펴면 천하가 통일될 것이라고 주궁궤정(周弓几正)이란 신하가 수문제(隋文帝)에게 권고했다"고 상기시키고 있다. 고려가 후삼국을 통일한 것을 수(隋)가 중국을 통일한 것에 비견하고 그 통일이념으로 회삼귀일과 일심삼관 사상을 원용하려 했음을 알 수 있다.

신라 이래 축적되어 왔던 천태교관의 성과를 기반으로 하여 자린의 전교활동, 능긍 등의 천태 이해로 천태교학은 고려 초에 홍포되고 있었다. 이어서 제관·의통(義通)·덕선(德善)·지종(智宗) 등이 천태교관을 학습하였다고 전한다. 이들에 의해 천태교학은 상당한 수준에 이르렀을 것이고, 따라서 당말·오대의 전란으로 일실된 천태교적을 구하려고 오월왕(吳越王) 전홍숙(錢弘俶)이 광종 10년(960)에 고려에 사신을 보낸 일은 사실로 받아들일 수 있다.

고려 초 천태학의 수준이 상당하였으리라는 추정은 고려가 제관법사를 통해 천태교적을 오월(吳越)에 보낸 사정을 볼 때 충분히 가능하다. 고려는 그 때 『지론소(智論疏)』『인왕소(仁王疏)』『화엄골목(華嚴骨目)』『오백문론(五百門論)』 등은 중국으로 유출됨을 금지했다. 그리고 제관에게 가지고 간 천태전적을 중국 승려에게 테스트해 보고 그에 답하지 못하면 다시 가지고 귀국하라고 당부한다. 고려는 왜 화엄에 대해 '교리는 있으나 관법(觀法)이 없다'고 비판한 『화엄골목』과, 오성각별설(五性各別說)을 주장한 법상종 자은 규기의 『법화현찬(法華玄贊)』을 비판한 『오백문론(五百門論)』은 대외 반출을 금지했을까. 당시의 법상종과 화엄종의 호교적 의지가 이렇게 반영되었으리라 생각된다. 이 때 어려운 점을 테스트하도록 시킨 것도 제관의 천태교법에 대한 이해 수준을 짐작케 한다.

제관이 중국에 있을 때 천태종에서 활약한 스님으로 의통(義通)이 있다. 그의 사적은 『불조통기』『불조역대통재(佛祖歷代通載)』 등 중국 고승전에 의해 알 수 있다. 의통(927~988)은 속명이 윤유원(尹惟遠)이고 외모가 특이했다. 947년에 오월(吳越)에 건너가서 천태 덕소(天台德韶)가 거주하던 운거사(雲居寺)에서 법을 깨달았다. 다시 나계 의적(螺溪義寂 ; 919~987)의 문하에 가서 일심삼관(一心三觀)의 본지를 증득하고 원돈법(圓頓法)에 대한 신념을 굳혔다. 그의 명성은 사방에 떨쳤으나 법을 사명 지례(四明知禮)에게 넘기고 귀국길에 오른다. 도중에 군수 전유치(錢惟治)가 "중생을 이익케 하는 것이 어찌 고려에서만 가능한가"하며 극력 만류하여 그곳에 머무르게 되었다.

의통은 그곳에서 고승휘(顧承徽)의 사택을 기증받아(968) 전교원(傳敎院)을 세웠다. 그리고 송조로부터 보운존자(寶雲尊者)라는 당호를 받았다. 의통이 교관을 편 것은 20년간이었는데 그의 문하에는 지례(知禮)·준식(遵式)을 비롯한 유명한 제자가 여럿 있다. 그는 산가파(山家派)의 기수였던 사명 지례(四明知禮)를 배출하였으므로 형계 담연 이래로 제2의 암흑기를 맞고 있던 천태교단을 중흥한 인물이다. 그에 관한 자료로는 종효(宗曉)의 『보운진조집(寶雲振祖集)』이 있다. 그의 저술로 『관무량수경소기(觀無量壽經疏記)』와 『광명현찬석(光明玄贊釋)』이 있었으나 전하지 않는다. 그의 제자인 지례의 『금광명문구기(金光明經文句記)』 및 『금광명경현의습유기(金光明經玄義拾遺記)』 등에서 스승 의통의 강의내용이 필록 수정되었으므로 의통의 학문적 역량을 짐작할 수 있다. 또 지례의 『관무량수경묘종초(觀無量壽經妙宗鈔)』도 아마 의통에게 들은 강의가 반영되었음에 틀림없다. 의통은 늘 "나는 정토로써 고향을 삼는다. 모든 사람이 왕생할 것이므로 다 나의 고향 사람이다"고 말했다는 것에서 그의 사상의 일단을 짐작할 수 있다. 의통은 고려로 귀국하지 않고 62세로 그 땅에서 입적한다. 천태 제13조의 계맥을 잇는 정통 천태의 산가파의 중심 인물로서 천태 중흥의 기틀을 마련하였다.

의통과 동시대의 인물로 덕선(德善)과 지종(智宗)이 있지만 덕선의 자료는 더 보이지 않으므로 지종의 행적을 통해 고려 천태교판의 유행을 알아본다. 지종(930~1018)의 위치는 아주 중요하다. 실천적으로 천태교관을 고려에 전하고 활동한 인물이기 때문이다. 지종의 자는 신칙(神則)이고 속성은 이씨로서 전주의 명문가 태생이다. 8세 때 고려 태조의 환대를 받았던 사나사(舍那寺)의 인도 마가다국 홍범(弘梵)삼장의 제자가 되었다. 홍범 삼장이 귀국하자 광화사(廣化寺) 경철(景哲)의 문하로 들어가 영통사 관단(官壇)에서 구족계를 받았다(946). 24세 때 승과에 합격하고 오월(吳越)에 유학하였다(959). 오월에 가서 처음에는 영명 연수(永明延壽 ; 902~975)선사와 선문답을 나누고, 다시 국청사 나계 의적(螺溪義寂)에게 『대정혜론(大定慧論)』으로 천태교학을 수학하였다(961). 그리고 지종은 당시 찬녕(贊寧)과 임식(任埴) 등의 초청에 의해 약 2년 동안 전교원에서 『대정혜론(大定慧論)』과 『법화경』을 강의하였다. 지종이 천태교학을 강의할 때 명성이 상당히 높아 청중이 담장처럼 둘러칠 정도로 많이 모였다고 한다.

11년 만에 귀국할 때(970) 광종은 역경승 구마라집과 중국불교 홍포승 마등을 맞이하듯 그를 크게 환영하였다. 그 후 지종은 역대 왕의 귀의를 받는다. 그는 선종 최고의 법계인 대선사(大禪師)에 오른 뒤 적연(寂然)이라는 법호를 받았다. 현종 9년 원주 현계산 거돈사(居頓寺)로 옮겨 89세에 입적하였다. 왕은 그를 국사로 추증하고 시호를 원공(圓空)이라 하였다.

이상과 같이 지종은 영명 연수 문하에서 다시 천태종의 나계 의적 문하로 옮겨 천태교관을 익히는데 『대정혜론』으로 배웠다고 한다. 아마도 천태의 독특한 관법인 『마하지관』을 학습하지 않았나 생각된다. 영명 연수의 불교는 융합적인 불교로서, 그는 천태 덕소(天台德韶 ; 891~972)에게 배우고 후에 국청사에서 법화참법을 닦기도 하였다. 그러나 지종은 연수를 떠나 다시 천태교관을 익히고 또 그것을 강의한 뒤 귀국한 것이다. 귀국 후에는 제자로 경윤(慶允)이 있으며 그가 말년에 있었던 거돈사는 대각국사 의천이 천태종을 개창할 때에 천태 6산문의 하나가 된다. 지종이 천태교관을 들여온 것은 고려 천태종 개립의 기반이 되었다.

2. 제관과 『천태사교의』

1) 『천태사교의』의 성립배경

의통(義通)과 지종(智宗)이 유학승으로 중국에 건너갔던 것에 비해 제관(諦觀)의 경우는 그 동기가 전혀 다르다. 제관법사는 고려의 천태불교 전적을 중국으로 역수출하기 위해 일종의 문화사절로 오월(吳越)에 갔다. 제관에 관한 기록으로는 대각국사의 「신창국청사계강사(新創國淸寺啓講辭)」, 「대각국사문집(大覺國師文集)」 3, 최자(崔滋)의 「만덕산백련사원묘국사비명(萬德山白蓮社圓妙國師碑銘)」, 그리고 임존(林存)의 「선봉사대각국사비명(僊鳳寺大覺國師碑銘)」에 그 이름이 보일 뿐이다. 중국 기록으로는 『불조통기』 10의 「제관법사전」에 상세히 기록되어 있다.

중국의 당말(唐末)·오대(五代)시대는 정치적으로 혼란한 가운데 불교에 대한 억압 정책 또한 우심하여 불교의 존립위기마저 감돌게 했다. 모든 종파는 쇠퇴하여 존재가 희미할 때, 그래도 오직 선종만은 번영하였다. 그것은 강북과 장안(長安)을 비롯한 도시불교가 큰 타격을 받은 데 비해, 선종 특히 남종선(南宗禪)은 강남이나 산악에 주로 근거하고 있었기 때문이었다. 국가나 권력자들의 보호를 받은 불교는 심한 타격을 입었으나 서민대중과 함께하던 선종은 비교적 타격을 덜 입어 살아남을 수 있었던 것이다. 경·론과 주석서에 바탕한 종파는 피해가 크고 문자(文字)를 세우지 않은 종지의 불교는 피해가 적었다. 따라서 선종만이 이 시대에 번영할 수 있는 여건에 있었다. 수차에 걸친 폐불사건 때문에 대부분의 경론과 주석서가 불타 버렸으므로 치밀한 교학은 자연 쇠퇴할 수밖에 없고, 불심(佛心)만 귀하게 여기며 경론도 자유로이 해석하는 선종이 발전하고 있었다. 이와 같은 당말·오대불교의 상황은 교법이 체계적인 천태교학에 대한 요구를 충족시킨 제관법사의 『천태사교의(天台四敎儀)』를 탄생시킨 배경이 되고 있다.

오월에서 고려의 천태전적을 구하려 한 동기를 알려주는 자료는 두 가지가 있다. 그 하나는 천태 12조인 나계 의적(螺溪義寂)이 천태교의의 산일을 막고 교법을 정리하기 위해 법안종의 덕소(德韶)선사에게 협조를 의뢰하였다는 것이다. 당시 남방은 법안종이 교세를 떨치던 때이고 천태종과 밀접한 관계를 가지고 있던 덕소는 충의왕(忠懿王)과 교분이 두터웠기 때문이다. 그 두 번째는 불심 깊고 학구적인 충의왕이 천태교적을 솔선하여 수집한 것으로 되어 있다. 『선종영가집(禪宗永嘉集)』을 읽던 충의왕이 '동제사주(同除四住)'라는 글에 의문을 품어 의적스님에게 문의한 데 연유한다. 의적은 "이것은 원교의 수행계위에 대한 설명인데 그 책은 전란으로 모두 산일되었다"며 "고려나 일본에 있는 책을 구한다면 불법을 중흥시키는 발판이 될 것"이라고 대답하였다. 현재 제관의 『천태사교의』에서는 이 '동제사주'라는 말을 영가(永嘉)대사 말씀을 인용하여 상세히 설명하고 있다. 따라서 충의왕이 천태전적을 구하게 된 동기와 제관이 중국에 건너간 것은 밀접한 관계가 있다. 이상과 같이 제관이 중국으로 건너가게 된 배경에는 의적법사의 천태교학 진흥의 염원과 충의왕의 구법 의지, 그리고 덕소선사의 호법 의지 등이 상호 작용한 것으로 보인다. 제관이 오월에 간 사정을 간단히 훑어보기로 한다.

제관이 광종 11년(960)에 오월에 갈 때 고려는 천태교적을 보내면서 전술한 4종의 책인 『지론소』 『인왕소』 『화엄골목』 『오백문론』 등은 국외유출을 금지하였다. 그러면서 가지고 간 천태교적을 시험하여 그들이 이해하지 못할 경우 도로 가지고 귀국할 것을 당부하였다. 그러나 제관이 나계에 도착하여(961) 의적의 강의를 듣자 단번에 마음이 감복되어 의적의 제자가 되어 나계에 머물렀다. 10년이 흐른 어느 날, 앉은 채로 그는 입적하였다.(971) 나중에 낡은 상자에서 광채가 나므로 열어보았더니 『천태사교의(天台四敎儀)』가 있었다는 것이다.

이 기록에서 제관이 중국에 갈 때 오월은 교학수준이 높지 않다고 인식한 고려는 제관에게 시험해 볼 것을 당부한다. 제관도 고려의 상당한 천태학자였음을 짐작케 한다. 따라서 그는 『천태사교의』를 저술할 수 있는 역량이 있는 학자임을 알 수 있다. 그럼에도 그가 앉은 채 입적했다고 기록이 남은 사실은 그가 단순한 교학자만이 아닌 관문(觀門)의 실천자였음을 의미한다.

2) 『천태사교의』의 특징과 유전

『천태사교의』는 천태학 입문서로서 중국·한국·일본에 널리 유포된 아주 작은 책이다. 그러나 소책자인 데 비해 그것을 해석한 주소(註疏)가 73종, 그 주소에 대해 다시 해석한 말소(末疏)가 130종에 이르고 있어 이 책이 동양 3국의 불교학계에서 차지하는 역사적 위치를 보여준다. 이 『천태사교의』는 방대하고 난해한 천태 교학체계의 정수를 체계화한 것이다. 이 책은 오대(五代)불교의 역사적 요망에 의해 나타난 교학적 산물로서 천태교학의 쇠퇴를 벗어나 중흥을 선도한 것으로 그 의미가 크다. 원래 이 책은 상·하 두 권이었는데, 상권은 천태교관인 오시팔교에 의한 교의 전개이고, 하권은 남북조 여러 학자들의 교판설을 열거했기 때문에 일반적으로 호응을 받지 못하여 유행하지 않고 있다.

이에 대한 주석서로는 송(宋)시대의 산외파(山外派) 스님인 종의(從義 ; 1042~1091)의 『천태사교의집해(天台四敎儀集解)』 3권이 있다. 이것은 인악(仁岳 ; 992~

1064)의 과문(科文)을 기본으로 하고 있으나 준식(遵式 ; 964~1032)도 이를 활용하고 있다. 이 밖에 남송(南宋)시대 원수(元粹)의 『사교의비석(四敎儀備釋)』 2권이 있고 산가파(山家派)인 원(元) 몽윤(蒙潤)의 『사교의집주(四敎儀集註)』 3권이 있다. 이 주석만 보더라도 당초부터 산가·산외파의 기초 교과서로서 평가받고 있었으나, 이것에 지나치게 의존한 결과 명대에 와서 과문이 소홀히 다루어졌다는 이유로 지욱(智旭)에 의해 비판되었다.

우리나라에서는 고려시대 국청사(國淸寺)를 창건한 선종(宣宗) 6년(1089) 해인사에서 대각국사 의천이 중각(重刻)한 것이 있는데 현재 4장만 남아 있다. 그리고 종의의 『집해』가 조선시대에 간행된 것이 현재 전한다. 의천이 주석한 3권은 현재 전하지 않으나 고려의 천태교학은 이것에 의해 이해되었다. 일본에서도 1419년 간행된 이래 15회 이상 간행, 유포되고 근래까지도 격렬한 논쟁을 수반한 활발한 연구가 계속되었다.

이 『천태사교의』의 내용과 특징을 말한다면 우선 이 책은 명광(明曠)의 『팔교대의(八敎大意)』보다 5시의 개념을 뚜렷이 밝혀 주고 화법사교에서 장교에 대한 해석이 상세하다. 이 장교의 해석이 상세한 이유는 바로 오월국 불교계에 교학적 이해가 부족하였기 때문이라고 보인다. 그리고 원교를 해석하는 데서 '동제사주(同除四住)'에 대한 설명이 상세하다. 이것은 충의왕의 이 술어에 대한 의문에 직접 답하기 위해 이 저서가 저술되지 않았나 하는 추측을 가능케 한다.

내용을 보면 오시팔교의 근거를 『법화경』「신해품」과 『열반경』의 5미, 그리고 『화엄경』의 삼조(三照)의 비유를 중심으로 설명하고 있다. 즉 화엄·녹원·방등·반야·법화열반시 등 오시의 이름을 설명하는 것이다. 그리고 교화형식을 분별한 돈교·점교·비밀교·부정교의 화의4교에 대해 약술한다. 그 다음 이 책의 대부분의 지면을 차지하는 것으로서 석존교법의 내용을 정리, 체계화한 것인데, 즉 장교·통교·별교·원교의 화법4교를 서술한다. 내용은 각 4교마다 교리와 수행계위의 차례를 간명하게 말한다. 이어서 관문(觀門)에 대해 해설하는데, 『마하지관』의 25방편과 10승관법을 간략히 서술하면서 4교 각각에 대응시켜 이해할 것을 언급한다. 그러나 이 관법을 4교에 대응시키라는 촉구를 소홀히 한 나머지 명(明)의 지욱(智旭)은 이 『천태사교의』가 관법을 생략하고 있다고 비판하고 있다.

이 책은 방대한 『법화현의』에서는 초학자가 이해하기가 어려운 4교의 개념을 정확히 심어 준다. 장교의 서술은 아함불교, 아비달마 불교의 개념을 한문 문화권의 불교인이 쉽게 파악할 수 있도록 그 골격을 설명한다. 원교에서는 천태교학의 골격을 요령 있게 설명해 줌으로써 『법화현의』보다 유통이 더욱 성행한 것이다.

『천태사교의』의 구성

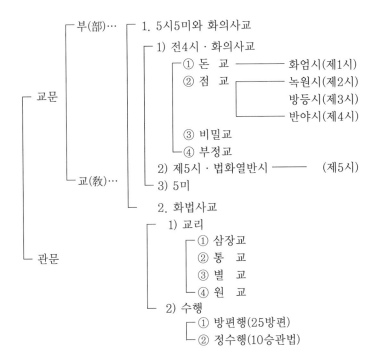

이 구성도표에서 보는 바와 같이 천태교학은 교문과 관문을 새의 두 날개처럼 쌍수(雙修)하는 것이 요체이다. 이 교학의 배경은 지의가 북지의 혜사 문하에서 『법화경』에 의해 선문(禪門)을 체득하고 또 금릉의 불교계에서 교학을 학습하고 강의한 데서 연유한다. 그러므로 천태삼대부 가운데 『법화문구』와 『법화현의』는 교문의 이론적 근거가 되고, 『마하지관』은 관문의 사상기반이 된다. 그래서 천태교학은 교·관 두 문이 수레의 두 바퀴와 같이 서로 의존관계에 있다고 보고 불법의 실상을 파악하고 있다. 『천태사교의』는 양적으로 워낙 축소된 것이므로 서술이 간명하지만, 교문을 밝힘에 있어 중국 불교인의 일반적 불교 해석학이었던 교상판석(敎相判釋)에 의해 설명하고 있다. 형계 담연 이래 단편적으로 천태교판으로 인식되기 시작하던 교판술어인 오시팔교는 제관에 이르러 극명하게 정형화되어 천태사상을 종합, 체계화하였다.

중국불교의 대표적 교판이 천태교판인 것은 바로 이 오시팔교 때문이다. 이런 점에서 제관의 『천태사교의』는 천태교학의 전개상 역사적 의의가 클 뿐 아니라 중국불교의 교판사상에서도 가장 특색 있는 저술이라고 하겠다.

3. 대각국사 의천과 천태종 개창

한국 천태종사에 있어 의천(1055~1101)은 그 분기점에 위치한다. 전술한 바와 같이 삼국시대 통일신라기와 고려 초에 천태교학이 이미 도입되었으리라는 것은 충분히 짐작된다. 그러나 다른 종파에 비해 천태교학은 아주 쇠미한 상황이었다. 의천은 천태교관의 개강과 천태종 개립의 필요성을 인식한다.

의천의 전기는 영통사(靈通寺)의 「대각국사비」와 선봉사(僊鳳寺)의 「해동천태시조 대각국사비(海東天台始祖大覺國師碑)」, 그리고 「흥왕사묘지」 등에 기록되어 있다.

의천은 고려 문종 9년(1055) 넷째 왕자로서 불심 깊은 인예왕후 이씨를 어머니로 태어났다. 그의 이름은 후(煦)이고 자가 의천(義天)이다. 대각국사는 시호이다. 정미년 (1067) 7월 우세(祐世)라는 법호와 함께 승통(僧統)의 법계에 올랐다. 광종 이후 고려의 제도정비는 승과의 정립을 가져오고, 따라서 승려의 사회적 신분도 상당히 높은 것이었다. 고려왕조는 왕자 출가가 법적으로 승인되고 있었으므로 그의 출가는 경이로운 일은 아니다. 물론 여러 왕자 중 스스로 출가의지를 낸 것은 의천의 비범성에 연유한다. 그는 화엄종 출신의 왕사인 경덕국사 난원(爛圓)에게 출가하였으나 스승이 곧 입적하였다.

그 후 그는 스승을 정하지 않고 현수(賢首)의 교관을 비롯하여 돈교, 점교, 대승, 소승, 경율, 논, 장소에 두루 관심을 갖는다. 이 밖에 불교 이외에 도교나 제가백가의 여러 학설에 이르기까지 섭렵하지 않은 바가 없었다. 이것은 그가 특정 분야의 교학이나 또 불교만에 편중되지 않는 폭넓은 지식을 학습하였음을 의미한다. 그는 입송(入宋)하기 전부터 천태교관에 관심을 표명하고 있다. 즉 그는 숙종이 아직 등극하기 전 인예왕후에게 함께 갔을 때, "천태 삼관(三觀)은 최상의 진승(眞乘)인데 아직 우리나라에 종문(宗門)을 세우지 못하였습니다. 제가 뜻하는 바가 있습니다."라고 자신의 의지를 모후에게 고하였더니 인예태후도 함께 따라 기뻐했다고 한다. 이 때 숙종도 외호할 것을 발원하였다. 그리고 의천은 입송 후에 중국에 가서 천태종 개립 의지를 발원한다.

의천은 정원(淨源)법사의 초청을 받고 송나라에 도착한 후 많은 학승들과 교제하고 교학을 논의하였다. 화엄종·천태종·율종·선종·범학(梵學) 등 폭넓은 분야에 걸쳐 교류하며 연찬에 정진하였다. 송 철종의 환대와 배려에 의해 맨 처음에는 화엄법사 유성(有誠)과 교류를 갖는다. 그와는 현수와 천태 교판의 같은 점과 차이점, 그리고 양종의 오묘한 의취 등을 문답했다. 이어서 상국사(相國寺)의 원소(圓炤)선사 종본(宗本)을 참방하고 흥국사(興國寺)의 서천삼장(西天三藏) 천길상(天吉詳)을 만나 인도의 일을 상세히 익힌다. 다시 항주에서 화엄 좌주(座主)인 정원법사의 강단에 들어가니 법사는 의천의 법기가 비상함을 알고 감탄한다. 이 지역에는 여러 종파의 장로들이 많이 모여 있었으므로 이들과 여러 종문의 교의를 많이 익혔다. 이 곳에서 자변 종간(慈辯從諫)대사에게 천태종의 경론을 강의해 주기를 청하고 여러 사람들과 함께 청강한다. 그리고 법을 전하는 신표로 손 향로와 여의주, 그리고 시를 한 수 받는다. 자변 종간법사는 지례(知禮)의 대표적 제자인 사명삼가(四明三家) 중에서 남병 범진(南屏梵臻)의 문하이다. 의천은 또 정원법사로부터 신표로 향로와 불자(拂子)를 받는다. 의천은 천태종 산외파인 고산 지원(孤山智圓) 등 50여 인의 고승과 교류를 하고 귀국하는 길에 천태산 지자대사탑에 참배하고 다음과 같이 발원하였다.

일찍이 대사께서 오시팔교로써 동쪽으로 흘러온 석존의 말씀을 판단·

해석하였는데 후세 학자들이 모두 이에 의지하였습니다. 저희 조사이신 화엄소주(華嚴疏主=청량 징관)께서도 '현수대사의 오교(五教)는 천태대사의 교법과 같다'고 했습니다. 우리나라에도 제관법사가 대사의 교관(教觀)을 해외에 유통시켰으나 지금은 끊어졌습니다. 이제 제가 분발하여 도를 묻고 스승을 찾았는바 전당(錢塘)의 자변(慈辯)대사 강석에서 대사의 교관을 이어 받고 대략을 알았습니다. 이에 제가 고국에 돌아가면 목숨 바쳐 선양하여 대사께서 중생을 위해 가르침을 베푼 노고에 보답하고자 서원합니다.

의천은 천태대사 탑 아래서 이와 같이 천태종 교관을 기필코 홍포하겠다는 발원을 하고 귀국하였다. 귀국하여 왕에게 올린 글에서 자은·현수·천태종지·남산율종의 신표를 전수받고 귀국했다고 보고하였다.

귀국 후 의천은 국청사를 창건하고 천태교관[三大部]을 강의하며, 천태종 개종을 위해 국가의 선발 시험에 천태종 승려를 참여시켜 인재를 양성한다. 의천이 귀국한 고려는 천태종을 개립하기에는 법상종·화엄종·선종이라는 기성 교단의 교세가 상당한 힘을 가지고 있었다. 송에 가서 모든 종파의 교학을 섭렵한 의천은 화엄교학의 우월함을 인식하고 있었다. 그는 '징관의 글을 꿈에 예시받았다'고 영통사 비문에 전하고 종파관념에 사로잡히지 않고 오히려 징관의 '현수와 천태는 크게 같다'는 사상에 공감을 표시하고 있었다.

청량 징관의 사상적 배경은 종합불교에 있다. 그는 6조 형계 담연 문하에서 천태교관을 수학한 제자로서 천태교학에 깊이 힘입고 있다. 그의 『화엄경소』는 천태삼관(天台三觀)에 의해 『화엄경』을 해석한 것이다. 의천이 입송하기 전에 '천태교관은 최고의 진승(眞乘)'이라고 태후에게 사뢴 것은 이에 의한 것이라고 볼 수 있다. 징관은 현수의 제자이다. 현수의 『기신론의기(起信論義記)』는 천태지관을 원용하고 원효의 『기신론소』에 크게 힘입고 있다. 징관은 그러나 화엄에 의해 모든 불교를 통일하려는 종합불교를 지향했다. 그러나 "징관의 『화엄경』 주석은 천태 성악설, 일심삼관, 일념삼천 등을 인용하고 있으나 그의 화엄은 교도 관도 이미 잃어버렸다"고 『불조통기』의 저자 지반(志磐)에게 비판을 받고 있다.

의천은 징관을 통해 천태교학을 이해하면서도 원효사상에 크게 공감하였다. 의천은 고려 천태교학의 원조를 신라 원효에게서 찾고 있다. 천태종 본산인 국청사를 창건하고 천태강의를 시작하면서 "수백 년 동안 여러 종파가 경쟁하며 퍼졌으나 오직 천태 일가만이 전통을 잇지 못하였다. 옛날에 원효보살이, 나중에는 제관법사가 법을 드날렸다"고 말한다.

원효는 일찍이 회삼귀일(會三歸一), 즉 삼승의 가르침은 일승에 귀입한다는 『법화경』을 연구했다. 그의 화쟁(和諍)사상은 『법화경』의 회삼귀일사상에 힘입고 있다. 의천은 고려불교를 개혁하려는 운동의 사상적 기반을 원효에 두고 있다. 의천은 분황사 원효의 제문에서 "해동보살만이 백가의 서로 다른 논쟁을 화합하고 지극히 공정한 논리를 얻었다"고 한다.

이와 같이 의천의 천태종 개립에는 사상적으로 원효의 화쟁사상이 그 기반을 이루고 있다. 그러나 현실적으로는 형왕 숙종과 모후 인예태후의 의지가 상당한 촉진제가 되었을 것이다. 인예태후는 이미 선종 9년(1092) 백주(白州) 견불사(見佛寺)에서 천태종 예참법을 1만 일 동안 시설하고 있었다. 뿐만 아니라 국청사 창건도 인예태후의 발원으로 시작되었던 것이다.

국청사가 완공된 후 숙종 2년(1097)에 천태종은 본격적으로 승선(僧選)을 시행하고 숙종 6년(1101)에 승선의 대선(大選)을 시행함으로써 명실공히 제도적인 종단의 면모를 갖춘다.

고려 천태종의 형성에 대하여는 많은 역사적 연구가 있다. 당시 고려에는 법상종, 화엄종, 선종이 있었고 이 종파들은 국사·왕사들이 배출되고 그 중에서 선종은 천태종 개립에 기반이 되었다. 선종에 대한 의천의 의식이 선종 납자들을 천태종으로 이끈 요인이 되었을 것이다. 신라 말부터 도입되기 시작한 선은 고려 초에는 지방 호족들의 비호 아래 교세가 확장되고 있었다. 의천 자신은 화엄가로 출발하였으나 전술한 대로 모든 불교를 폭넓게 받아들였다. 따라서 불교의 본지는 단순한 불교체계만도 아니고, 또한 그것의 실천만을 주장하는 조사선만도 아님을 깊이 인식한다. 의천은 당시에 상당한 교세를 떨치고 있던 조사선에 대하여 상당히 비판적이었다. 『원종문류(圓宗文類)』 21의 발문에 있는 계주(戒珠)의 「별전심법의(別傳心法議)」에서 "옛날 선은 가르침에 의해 들어갔는데 지금의 선은 가르침을 떠나 선을 말한다. 가르침을 떠난은 그 이름에 집착하는 것이고, 실상을 떠나는 것이다"고 기술하고 있다. 여기서 말하는 '지금의 선'이란 바로 중국에서 형성된 '문자를 세우지 않고 가르침 밖에 달리 전한다(不立文字 敎外別傳)'의 소위 조사선인 것이다.

모든 교학, 나아가 외도의 학문까지 섭렵하되 불교의 정통성을 확립하려던 의천으로서는 이 조사선을 도저히 수긍할 수 없었다. 의천의 천태교단에 당시 달마선문의 선승들이 대거 참여하게 된 것은 이상과 같은 의천의 선에 대한 견해가 작용했으리라고 짐작된다. 그의 「선봉사 비문」에는 오산문(五山門)의 학도 1천 명이 천태 강설장에 들어왔다고 하고, 또 「운문사 원융국사비문」에는 선문의 60 내지 70퍼센트가 천태종으로 옮겼다고 한다. 아마도 이들 대부분은 천태교관과 밀접한 교의를 가진 법안종(法眼宗) 계통의 선승들이었을 것이다.

그러나 의천이 비판한 것은 선승만이 아니다. 『원각경(圓覺經)』을 강의하면서 그는 "교를 배우는 이는 자기 안의 마음을 버리고 밖의 문자만 구하려 하며, 참선하는 이는 인연을 버리고 오직 마음만을 밝히려 한다. 다 치우친 것이다"라고 하였다. 규봉 종밀(圭峰宗密)의 교선일치(敎禪一致) 사상을 의거하고 있는 것이지만, 종밀은 선종 승려로서 화엄종의 징관의 제자가 되어 제5조가 되었다. 징관은 화엄에서 선을 흡수하고 종밀은 선에서 화엄으로 개종하여 교선일치사상을 완성시켰다. 의천은 이들의 사상에 크게 공감하고 있다. 그러나 고려의 화엄종의 성격으로서는 실천성이 강한 선종사상을 도입할 기반이 없었다. 또한 선종 측에서도 전향하여 화엄 5조가 된 규봉의 사상을 받아들일 수가 없는 것이다.

여기에 의천의 천태종 개립의 사상적·현실적 당위성이 있다. 천태 지자대사는 선사이다. 북지의 선과 남지의 교학을 융화하여 교관체계를 확립한 것이 천태교학이다. 방대한 천태 삼대부 가운데 『마하지관』은 관문, 『법화현의』는 교문을 상설하고 있다. 또 이 교학은 『법화경』의 일승사상을 근간으로 하고 있다.

의천의 『신편제종교장총록』에는 규봉의 교선일치설의 대표적 저술인 『선원제전집도서』도 수록되어 있지 않다. 이는 그의 사상적 기반이 반드시 종밀의 교선일치사상일 수가 없음을 시사한다. 의천이 저술한 불교사상 초유의 장소 목록인 『신편제종교장총록(新編諸宗教藏總錄)」 3권은 총 1,010부 4,759권이다. 그 중에서 법화경소와 천태장소가 99부 375권, 그 중 천태지관 법문에 관한 저술이 20여 부나 된다.

의천은 숙종 6년(1101)에 입적하였다. 그의 문도는 「선봉사비문」에 117명으로 기록되고 있다. 그의 직제자로는 덕린(德麟)·익종(翼宗)·경란(景蘭)·연묘(連妙) 등이 있고 선사 익종의 제자에 대선사 교웅(教雄 ; 1076∼1142)이 있으며, 교웅의 제자에 원각국사 덕소(德素 ; 1119∼1174)가 있다. 그의 문하에는 선사, 삼중대사 등 다수의 승선 합격자들이 있고 문인이 1,200이었다 한다. 따라서 12세기 말까지 이 덕소가 이끌던 천태교단은 상당한 교세를 펴치며 활동하였으리라고 추정된다.

4. 요세(了世)의 보현도량과 백련결사

1) 요세의 행적

고려의 천태교단은 대각국사 의천 이후 원각(圓覺)국사 덕소(德素)에 의해 거대한 규모로 유지된 것으로 보인다. 그러나 구체적 활동상은 찾을 수 없다. 요세(了世)가 출가할 당시 천태종은 지방에까지 교세를 펼치고 있었던 듯하다. 요세(1163∼1245)에 관한 중요한 자료인 「백련사 원묘국사 중진탑비(白蓮社圓妙國師中眞塔碑)」에 의해 그의 행적을 간추려 보면 다음과 같다.

요세는 고려 의종(毅宗) 17년(1163) 신번현(新繁縣), 지금의 경남 의령군에서 그 지방 관리인 서필중(徐必中)의 아들로 태어났다. 12세 때 강양현(江陽縣=합천)에 있는 천락사(天樂寺)에서 균정(均定)법사 문하로 출가하였다. 균정은 요세에게 천태교관을 가르쳤다. 그 후 23세에 승선에 합격하였다(1185). 요세는 그 때부터 오직 천태종지를 익히는 데 뜻을 두고 모든 강의에 두루 참석한 결과 몇 년 안 되어 천태의 본뜻에 통달하여 일가를 이루게 되었다. 36세 되던 해 봄 서울(개경)에 있는 고봉사(高峯寺)에서 법회를 열었는데, 그 때 많은 고승들의 이견이 속출하였으나 요세의 한 마디에 모두 굴복하였다고 한다.

요세는 그 해 가을 도반 10여 명과 함께 서울을 떠나 전국 명산을 순력하다가 영통산(靈洞山) 장연사(長淵寺)에서 법회를 열고 처음 개강, 강설을 하였다. 이 때 보조 지눌(普照知訥)이 그에게 수선(修禪)을 권하는 시를 보냈다. 그는 시를 받고 마음이 흡족하여 지눌에게 가서 함께 선법을 익히는 법우가 된다. 이 때는 지눌이 거조사(居祖寺)에서 정혜결사(定慧結社) 운동을 펴는 때였으므로 요세는 거기서 조계선의 수행법을 충분히 익혔을 것이다. 38세 때인 신종 3년(1200), 지눌이 정혜사를 송광산 길상사(吉祥寺)로 옮길 때 함께 동행한다. 그러나 도중에 남원(南原) 귀정사(歸正寺)에서 현각(玄恪)의 법화경 강설 요청을 받고, 지눌과 헤어져 거기 머물렀다. 요세는 가끔 도중에 지자(智者)의 대중이 묘종(妙宗)을 강의하는 꿈을 꾼다.

그 후 화장암(華長庵)에서 참선하고 용암사(龍巖寺)에서 주석하다가 46세(1208) 때 전남 월출산(月出山) 약사사(藥師寺)의 한 방에서 좌선하며 천태묘관(天台妙觀)을 터득한다. 그리고 "천태묘해(天台妙解)를 터득 못하면 영명 연수(永明延壽)의 120가지 선병(禪病)을 벗어날 수 없다"는 확신을 가진다. 요세는 지눌과 함께 한 조계선의 참선생활에서 해득하지 못하였던 의문을 천태묘관에 의해 자각한 것이다.

이 자각적 확신은 요세의 구도 행적에서 하나의 전환을 의미한다. 지눌이 정혜결사에 참석할 것을 시를 보내 권고할 때 36세의 그는 천태교학의 강사일 뿐이었다. 즉, 천태교관의 진수를 파악하지 못한 단계인 것이다. 그런데 지눌의 권고를 받고 조계선 참구생활을 하였으나 10년 동안 그의 의문은 풀리지 않았고 또한 영명 연수(904~975)의 선법도 그를 해방시키지 못한다. 그가 말하는 '120병'의 연수선사는 중국 선종의 5가7종 중 법안종에 속한다. 법안 문익(法眼文益)의 제자에 천태 덕소(天台德韶)가 있고 그 문하가 연수이다. '120병'이란 그의 『선종유심결(禪宗唯心訣)』 1권에 있는 것으로 깨달음을 방해하는 삿된 견해를 열거한 것이다. 중국 법안종은 천태종과 밀접한 관계를 맺고 있고, 고려 초부터 천태종 개종에 이르기까지 고려 선종의 중요한 종파이다. 따라서 요세의 이 자각적 깨달음의 상황이 시사하는 것은 고려 천태종에 줄곧 법안종 종풍이 깊이 연관되고 있었음을 의미한다.

지눌의 조계선으로서는 '연수의 120병' 해결은 불가능하다고 요세는 생각하였다. 지눌의 조계선은 일반적으로 돈오점수(頓悟漸修)로서 결연한 지해력을 가진 상근기

수행자가 닦는 철저한 자력(自力) 법문이다. 그런데 요세는 이 선법과 결별한 것이다. 그 후 요세는 약사사에 머무르며 묘종을 강의한다. 사명 지례(四明知禮)의 『관무량수경소묘종초(觀無量壽經疏妙宗鈔)』를 강의하다가 '이 마음으로 부처가 되고[是心作佛] 이 마음이 바로 부처[是心是佛]'라는 구절에 이르자 저도 모르는 사이에 파안대소한다. 이는 요세의 두 번째 깨달음이라고 생각된다.

지례가 62세에 지은 『관무량수경소묘종초』 4권은 천태 정토교학의 정의를 체계화한 것인데 이는 천태 산외파의 고산 지원(孤山智圓) 등이 천태지관 을 잘못 이해한다고 지은 것이다. 지례는 정토 삼부경 가운데 『관무량수경』이 천태염불의 입장에서 가장 순수하게 원교를 설명해 준다고 보고 『관경』의 16관 중에서 제8관인 '상관(像觀)'을 해설하는 데서 '시심작불 시심시불'의 교설을 설명한다. 이는 지례의 약심관불설(約心觀佛說)이다. 이는 단순한 유심론이 아니기 때문에 지례의 제자 인악(仁岳)이 그의 곁을 떠난 중요한 사상이다.

요세는 이 때부터 약사사에서 대중을 이끌고 맹렬하게 참회법을 닦는다. 매일 53불에 12번씩 예배 정진하였다. 이 참회행의 53불 신앙은 과거7불 신앙과 함께 신라 때부터 진표(眞表)율사가 행하던 참회법을 요세도 전승하고 있었던 것이 아닌가 짐작된다. 이 때 선객들은 요세의 참회행을 보고 그를 서참회라고 불렀다고 한다.

이때 강진에 최표(崔彪)·최홍(崔弘)·이인천(李仁闡) 등이 찾아와 그에게 만덕사(萬德寺) 옛터로 옮길 것을 간청한다. 그는 제자 원형(元瑩)·지담(之湛)·법안(法安) 등에게 공사를 감독하도록 하여 80여 간을 완성한다(1211~1216). 다시 고종 8년(1221) 대방(帶方=남원) 태수 복장한(卜章漢)의 청으로 관내의 백련산(白蓮山) 도량에서 몇 년간 머물다가 다시 만덕산(萬德山) 도량으로 옮긴다(1223). 이 때가 61세 되는 해이다. 고종 15년(1228) 유생 여러 명이 서울에서 와 문하에서 득도하니 이 가운데 두 명이 후에 백련사 제2세인 천인(天因)과 제4세인 천책(天頙)이다. 이들과 함께 고종 19년(1232)에 보현도량(普賢道場)을 개설하고 법화삼매를 닦으며 정토에 날 것을 서원한다.

그의 법화도량(法華道場)은 보현도량이라고 하며 법화삼매를 수행했는데, 천태의 『법화삼매참의(法華三昧懺儀)』에 의거하였다. 그것은 법화참회 도량이기도 하다. 모이는 대중은 1천여 명에 이르렀고 이들은 독경을 하며 성황을 이루었다. 그에게 출가한 제자는 38명이고 그가 개창한 가람은 5개소이다. 고종 23년(1236)에 백련결사(白蓮結社)를 결성하니 결사에 동참한 이가 위로는 왕으로부터 서민에 이르기까지 다양하였다. 그 이름이 등록된 사부대중도 3백여 명이며, 멀리서 인연 맺고 동참한 이도 무수히 많았다. 요세는 평소의 생활이 수행자의 모범이 되었는데 오직 옷 세 벌과 발우 하나만 소지하고 밤에는 등불을 켜지 않는 철저한 출가 수행자였다. 그는 일과로 참선을 하는 여가에 『법화경』을 송경하고 준제신주를 1천 번, 나무아미타불을 1만 번 염송하였다. 천태삼대부의 핵심을 추려서 『천태삼대부절요(天台三大部節要)』를 지어 판각하니 후진이 많이 이용했다. 그러나 현재는 이 판본을 볼 수 없다.

고종 24년(1237)에는 선사(禪師)의 법계를 왕에게 받는다. 임종 6일 전 원효의 「증성가(證性歌)」를 읊었다. 임종에 즈음해 제자 천인(天因)이 "임종에 있는 정(定)의 마음이 곧 정토(淨土)인데 다시 어디로 가시렵니까"라고 하니 스승은 "부동(不動)하는 생각 그 당처에 현전하니 나는 감이 없이 가고, 그는 옴이 없이 온다. (부처와 중생의) 감응도교는 실로 마음 밖이 아니다"라고 답하였다. 가부좌하고 서쪽을 향해 입적하니 83세였고, 원묘국사(圓妙國師)라는 시호를 하사받았다.

2) 보현도량의 개설

원묘 요세는 임진년(1232) 4월 8일 보현도량을 개설하고 법화삼매를 닦으며 정토에 태어날 것을 기원하며, 참선하고 『법화경』을 독송하고 준제주를 염송하였다. 이 요세의 수행모습은 천태 사종삼매(四種三昧)의 실천이 외형으로 나타난 모습이다. 요세가 개설한 법화도량은 보현도량이다. 이 보현도량이란 전술한 대로 『천태지자대사별전』에 보이는데, 혜사선사가 지의에게 개설한 도량이다. 혜사는 그 때 『법화경』의 사안락행(四安樂行)을 설한다. 즉 보현도량이란 『법화경』 「보현보살권발품」 28에 의해 경을 독송하는 유상행(有相行)을 말한다. 또 사안락행이란 같은 『법화경』 「안락행품」 14에 의해 참선하는 무상행(無相行)을 말한다. 유상행은 『법화경』 독송을 하는 수행이고 무상행은 『법화경』의 수선을 말한다.

그러나 요세의 보현도량은 혜사의 사상이 보다 잘 체계화된 『법화삼매참의』에 의거하고 있다고 비문은 말해 준다. 따라서 이 보현도량이란 혜사의 법화도량의 이름을 빌려 법화참법을 실행한 도량이다. 이 혜사의 보현도량에서 백제 현광(玄光)이 법화삼매를 증득하고 귀국한 적이 있다. 그러므로 그 도량이 계승되었으리라 추정할 수도 있으나 전승기록은 보이지 않는다. 따라서 요세의 도량은 천태의 『마하지관』의 실천도량이라 본다. 보현도량의 성격을 구명하기 위해서는 우선 『마하지관』 제2권의 사종삼매(四種三昧)를 밝힐 필요가 있다. 사종삼매는 상좌삼매(常坐三昧)·상행삼매(常行三昧)·반행반좌삼매(半行半坐三昧)·비행비좌삼매(非行非坐三昧)이다.

①상좌삼매는 좌선을 수행의 기본으로 하고 ②상행삼매는 『반주삼매경(般舟三昧經)』에 기반을 두고 있는데 불립삼매(佛立三昧)라고도 한다. 여산(盧山)의 혜원(慧遠 ; 354~416)이나 정토교의 담란(曇鸞 ; 476~542) 등이 행한 것이다. ③반행반좌삼매는 방등삼매(方等三昧)와 법화삼매로 나뉘는데, 방등삼매는 『대방등다라니경(大方等陀羅尼經)』을 기반으로 하고 법화삼매는 『법화경』 「보현보살권발품」과 『보현관경(普賢觀經)』에 의거한다. 이 가운데 법화삼매는 『법화삼매참의(法華三昧懺儀)』로 정리되었다. 여기서 『법화삼매참의』에 의해 수행법을 요약해 본다.

먼저 한가하고 조용한 곳을 도량으로 하고 그 도량에 높은 자리를 마련하여 도량을 장엄하고 『법화경』 1부를 안치한다. 기간을 3·7일로 정하고 수행자는 몸을 정결히 하고 도량에 들어가 널리 시방의 불·법·승 삼보에게 몸·마음·입의 삼업을 공양하고 봉청한다. 그리고 삼보에 예불하고 찬탄하며 육근(六根)을 참회하는데 여기에는 육근참회·권청·수희·회향·발원이 있다. 그런 다음 법좌를 걸으며 도는데 꽃을 뿌리고 향을 사르며 『법화경』을 송경한다(「안락행품」 1품만을 송할 때도 있다). 그리고 좌선하여 실상을 정관(正觀)한다.

이와 같은 반행반좌행법이 만덕산 보현도량에서 행해졌음은 천인(天因)의 글에서 나타난다. 그리고 천책(天頙)이 지은 『보현도량기시소(普賢道場起始疏)』에서도 이 법화도량의 정신과 행법을 읽을 수 있는데 요약하면 다음과 같다.

모든 중생은 아무리 보잘 것 없는 미물이라도 불성을 갖추고 있고 부처님은 그 모든 중생을 성불시키기 위해 방편을 설하셨는데, 법화경은 최상 (제호) 법문이다. 이제 만덕사의 존숙(尊宿)께서 사명청규(四明淸規)를 본 받아 교관(敎觀)이 발흥하도록 정진할 것을 서원하고 자비를 베푸사 보현 도량을 개설하여 미륵정토를 기약한다. 이제 3·7일간 법화삼매를 일심으 로 부지런히 육시(六時)에 닦으면 육근이 청정해지고 법화경의 한 구절에 서도 보리의 수기를 받는데, 삼매를 닦으니 찰나에 돈(頓)으로 성불하며 상 아가 여섯인 흰 코끼리를 탄 보현보살이 3·7일 중에 머리에 현전한다. 그 러니 법화경과 인연 맺어 법화경의 구제를 끝내 입도록 하자.

이 『보현도량기시소』에서 상아가 여섯 개인 흰 코끼리를 타고 보살이 현전한다는 것은 『법화삼매참의』의 제5 수증(修證)의 상(相)을 밝히는 대목에서 보면, 수행자를 상·중·하의 삼근(三根)으로 나눌 때 이 가운데 상근의 중품(中品)인 수행자가 득견 하는 내용이다. 이것은 보현보살의 현전을 중시하는 사상으로 법화삼매의 목적의 하 나이다. 이 신앙은 천태 지의가 혜사선사로부터 대소산에서 전수받은 초기사상에 속 한다. 지의는 천태산 입산 후의 후기 저술인 『마하지관』에서 사상적으로 현저한 발전 을 보인다. 유상행(有相行)을 중시하는 혜사로부터 일대전환을 하는데, 특히 육아백 상(六牙白象)을 탄 보현보살이 현전하는 것을 감응하는 것이 지의의 법화삼매에서는 중요한 의의를 갖지 않는다. 『마하지관』에서는 이 보현보살의 현전을 상징적으로 해 석한다. 즉 육아백상은 보살의 무루(無漏)한 6신통으로 본다. 수행자가 주체적으로 궁 극에 도달하는 정신능력을 상징한 것이 육아백상이라는 것이다. 만덕산 보현도량은 이상과 같은 『법화경』 신앙이 실현되었음을 알 수 있다.

3) 백련결사와 정토신앙

원묘 요세는 보현도량을 개설한 지 4년 후인 고종 23년(1236) 만덕사 보현도량에서 백련사(白蓮社)를 결사한다. 「백련결사문(白蓮結社文)」에 의하면 "부처님의 영원한 생명에 대해 알지 못하다가 후5백세에 부처님 수명의 본지를 열어 놓으심을 듣고서 수승한 인연을 결성한다"고 하였다. 이는 『법화경』「여래수량품」에 근거한 사상으로, 비록 단편의 글이지만 백련사 결사의 사상적 기반이 무엇인지 알려 준다. 보현도량 개설 후 만덕사의 수행방법은 법화참법 신앙이 그 기반이 된다. 법화참법을 실현하는 도량은 아미타정토에 태어남이 하나의 목적이다.

요세가 의거한 『법화삼매참의』의 정수행(正修行) 방법에서 초기단계인 제7장의 참회육근의 발원법에는 다음과 같은 내용이 있다.

> 우리 비구 ○○는 생명이 다할 때 정념(正念)으로 곧바로 극락에 왕생하
> 여 아미타불을 받들어 모실 것을 지극한 마음으로 발원합니다.

우리는 앞 절에서 보현도량의 수행내용을 보았다. 그 보현도량의 수행목적의 하나로 상아가 여섯 개인 흰 코끼리가 현전하는 것이 있었다. 수행 도중에 있는 이들은 "정념으로 정토에 왕생하여 아미타부처님을 받드는 것"이 목적으로 되어 있다. 법화삼매를 수참하는 보현도량에서는 이 정토에 태어나는 것이 한 과정으로 설정되고 있다. 이것이 중생의 끊임없는 정진을 촉구하는 수행도량의 면모인데, 고려 말의 만덕사는 외침의 혼란 속에서 이 염불정토신앙이 부각되어 백련사를 결사하게 된다.

『보현도량기시소』에 의하면 요세는 사명청규(四明淸規)를 본뜬다고 하였으므로 이 백련결사는 사명 지례의 정토염불 결사가 한 모델이 된다고 보겠다. 물론 요세가 참여한 바 있는 보조 지눌의 정혜결사가 모임으로서는 상당한 실천적 동기를 부여했다고 하는 견해도 충분히 받아들일 수 있다. 그러나 요세는 보조가 제창한 정혜사(定慧社)의 정혜쌍수(定慧雙修)는 종교적 실천성이 약하다고 본 것이다. 요세가 모델로 한 사명 지례는 그의 『묘종초』 뿐 아니라 많은 저술이 고려 보운 의통(寶雲義通)의 사상에 힘입고 있음을 전술한 바 있다. 의통은 "나는 정토를 고향으로 삼는다"고 하며 고려로 돌아오지 못하고 송에서 타계한 고려 출신의 천태종 13조이다. 그의 제자에 자운 준식(慈雲遵式)과 사명 지례(四明知禮)가 있다.

지례는 의통을 계승한 제14조로서 6조 형계 담연 이후 천태종이 산가파(山家派)와 산외파(山外派)로 나누어져 7년간 논쟁할 때 정통 산가파의 입장에서 천태종을 지켜

낸 중흥조로 일컬어진다. 그는 사명의 연경사(延慶寺)에 거주하며 당시의 천태교단에 새로운 분위기를 고취했다. 1009년 연경사에서 처음 염불시계회(念佛施戒會)를 개설하고, 출가·재가·남·여 1만 명이 모여 매일 염불 1천 번을 외우고, 또 1019년에는 법화참법을 닦으며 정토왕생을 서원한다. 그의『관무량수경묘종초』는 천태지관 사상에 기초한 것으로『마하지관』을 강설할 때 지의가『반주삼매경』을 해설한 것과 같은 방식으로『관무량수경』을 강설했다.

그는 선도(善導)계의 사상(事相) 염불사상에서 진일보하여 이관(理觀)이 16관의 본질이며 능관(能觀)의 관법이 일심삼관(一心三觀)이고 구체적으로『마하지관』의 십승관법(十乘觀法)이라고 한다. 그는 소관(所觀)인 아미타불의 의보(依報=정토)와 정보(正報=불신)도 일경삼제(一境三諦), 구체적으로는『마하지관』의 부사의경인 일념삼천(一念三千)이어야 한다고 보고 있다. 따라서 아미타불의 의보와 정보가 단순히 객관적 실재라고 생각하는 사관(事觀)으로서의 염불사상에서 나아가 주객불이(主客不二)의 실상 진리를 체증하는 원돈(圓頓)의 이관(理觀) 속에 천태염불의 본질이 있다고 본다. 그래서 정토삼부경 중『관무량수경』이 천태염불의 입장에서 가장 순수하게 원교를 설명한다고 보고『관무량수경』의 16관 중에서 제8관인 '불보살상관(佛菩薩像觀)'을 해설하면서 '이 마음으로 부처가 되고[是心作佛] 이 마음이 바로 부처[是心是佛]'라는 교설이 이를 말해준다고 한다.

지례의 정토관을 '약심관불설(約心觀佛說)'이라 한다. 즉 마음에 의거하여 다른 경계를 관한다는 것인데, 부처의 의보·정보를 관하는 관불(觀佛)의 경우 반드시 먼저 그 마음을 비추고, 이 의보·정보의 경계는 나의 마음을 떠나지 않음을 알아야 한다는 뜻이다. 마음·부처·중생의 셋은 차별이 없다. 그러나 마음을 관하는 것은 쉽지만 바로 아미타불을 관하기는 어렵다는 것이다.『관경』의 '관불(觀佛)'은 단지 부처를 관하는 것이 아니고 곧 '마음에 의거하여 부처를 관하는 것'이므로 관불이라 해도 그렇게 어렵지 않다고 한다.

그의 '약심관불(約心觀佛)'의 '약심(約心)'이란 아미타불을 마음에 의거하여 관하지만 궁극에는 마음·부처·중생 모두가 절대라고 하는 삼처구법(三處具法)설을 본 뜻으로 하는 것이므로 유심론(唯心論)과는 같지 않다. 결국 이 사상은 천태염불의 정통이 되었다. 지례의 제자인 신조 본여(神照本如; 982~1051)는 지례의 동문인 자운 준식의 정토신앙을 계승하여 백련사를 결사하고 문인들과 함께 서방원생의 실천행을 닦았다. 이것은 만덕산 백련사의 백련결사에 사상적 동기를 부여했으리라고 짐작된다.

요세가 임종에 즈음해서 원효의 '증성가'를 창하고 임종시에는 천인(天因)에게 답한 임종게를 앞에서 보았다. 그는 이 두 게에서 모두 마음과 부처는 궁극적으로 하나임을 인식하고 있다. 이와 같은 정토신앙을 가진 백련결사의 구성원을 보면 고려 사회의 모든 계층이 포함된다. 사부대중으로 구성된 결사자는 비천한 출신으로부터 고귀한 왕과 지식인에 이르기까지 신분의 고하를 가리지 않고 완전히 개방된 민중불교 운동이었다. 이들 이름이 기록된 입사자만도 3백 명이 넘었으며, 경전 독송자는 전후 1천 명에 이르렀으니 백련결사운동의 성격을 충분히 인식할 수 있다. 이 결사자 중에는 시문을 남긴 지식인도 상당수 보이고 있다. 그 때 실질적인 핵심인물은 유생 출신인 천인(天因)과 천책(天頙)이었다. 고려 천태종은 요세에 이르러 대각국사 의천의 개종 이후 교학연구와 더불어 실천교단으로서의 새로운 면모를 갖추게 된 것이다.

요세는 고려 말 불교계의 핵심인물로서 천태교단을 교·관 쌍수의 실천을 통해 이끌어 간 천태 중흥조라고 말할 수 있다.

5. 천인(天因)의 법화참법 실천

1) 천인의 행적

천인(天因)은 요세의 백련사(白蓮社)를 계승한 제2세 법주이다. 그의 행적은 임계일(林桂一)의 「만덕산 백련사 정명국사 시집서(萬德山白蓮社靜明國師詩集序)」와 전술한 최자(崔滋)의 「만덕산 백련사 원묘국사비명(萬德山白蓮社圓妙國師碑銘)」에서 볼 수 있다.

천인의 속성은 박씨이고 천인은 그의 이름이다. 희종 1년(1205)에 연산군에서 출생하고 고종 18년(1221)인 17세에 진사가 되어 성균관에 들어가 시험에 제1석을 하였으나 다른 시험에서 뜻을 잃고 23세(1228) 때 허적(許迪), 신극정(申克貞) 등의 유생과 함께 만덕사(萬德寺) 요세(了世)에게 입문하였다.

그 후 송광산 혜심(慧諶 ; 1178~1234)에게 조계선의 요령을 체득하고 다시 만덕산으로 돌아와 요세의 가르침에 따라 『법화경』을 독송한다. 이 때 보현도량이 개설되자(1232) 그도 함께 참여한 지 2년 후, 지리산 · 비슬산 등으로 유행하며 수행하다가 다시 돌아와 요세의 천태교관(天台敎觀)을 전해받는다. 요세가 그에게 백련사의 법주를 물려주려 하자 사양하고 상주(尙州)의 공덕산(功德山=四佛山)으로 피신한다. 이 공덕산에는 미면사(米麵寺=白蓮寺)로 불리는 옛 절이 있었는데 옛부터 "원효스님이 이 절에서 법화경을 강의했다"고 전한다. 이 절은 태수 최자(崔滋)가 중창하였는데(1243) 이를 동백련(東白蓮)이라 하고, 호남(湖南)의 만덕산(萬德山) 백련사(白蓮社)는 남백련(南白蓮)이라 한다. 이 때 만덕사 승려들이 많이 참석하는데 이 동백련의 법주는 천책(天頙)이 된다.

천인은 고종 32년(1245) 만덕산 백련사를 계승하여 제2세 법주가 된다. 고종 34년(1247) 몽고군의 침입으로 상왕산(象王山) 법화사(法華社)로 피난한다. 이듬해 그는 법주의 자리를 원환(圓晥)에게 물려주고 "내가 간 후 탑이나 비를 세우지 말라"고 유언하였다. 만덕산 남쪽 용혈암(龍穴庵)에 주석하다가 8월 4일 제자들에게 이별을 고하며 "대장부의 하늘을 찌를 듯한 기염은 어디에 쓸 것인가"라고 말한다. 이 때 시자가 "사토정경(四土淨境)이 현전하는데 어느 땅으로 유희하시렵니까. 미심합니다"라고 하니, 천인은 "오직 하나 성경(性境)일 뿐이다"라고 일렀다. 그리고 '시방에 무량한 광명의 불국토'를 게송으로 읊고 입적하니 44세였다.

천인은 그의 글을 채록함을 원치 않았으나 말년의 유고가 3권의 저술로 남았다고 한다. 그러나 현재는 볼 수 없다. 다만 단편적인 시 · 제문 · 소문이 『동문선』에 남아 있고 현재 『만덕산 백련사 제2대 정명국사후집(萬德山白蓮社第二代靜名國師後集)』에 「귀의문」「미타찬게」「묘법화경총찬」「묘법화경별찬28품」이 전한다.

2) 천인의 법화참법의 전개

천인은 요세의 백련사 법화참법도량의 실질적 승계자이다. 그는 법주의 소임도 사양하고 저작을 남기지 않으려는 태도를 보여 세속을 초월한 고고함을 엿볼 수 있게 한다. 그러나 그의 글에서는 천태법맥에 대한 깊은 자각이 보인다. 법맥이 쇠미한 것을 반성하고 다행히 요세가 출현하여 종문의 중흥을 이룩했다고 찬탄한다. 그리고 『법화경』의 묘법(妙法)이 부처님의 일대사인연(一大事因緣)으로 개현되었음을 다행스럽게 여긴다. 그는 요세의 법화도량에서 천태의 사종삼매 가운데 반행반좌삼매가 정통적으로 매일 6시(주·야 각 3시)에 실행되고 있음을 요세의 「제문(祭文)」에서 고하고 있다. 사종삼매는 전술한 대로 상좌·상행·반행반좌·비행비좌삼매이다.

①상좌삼매는 『반야경』에 의하는데 방법이 참회와 결합된다. ②상행삼매는 전술한 바와 같다. ③반행반좌삼매는 방등삼매와 법화삼매인데 전술한 바와 같이 방등삼매는 『방등다라니경』에 의거하고 법화삼매는 『법화경』의 정신에서 닦는 행법이다. 협의의 유상행(有相行)의 법화삼매는 『법화경』을 일심으로 독송하므로 수행이 성취되면 보현금강색신(普賢金剛色身)을 감응(感應)한다. 보현보살이 금강저(金剛杵)를 가지고 현전하므로 안근(眼根)이 청정해지고 석가·칠불(七佛)·시방삼불(十方三佛) 등 여러 부처님을 감응하고 지심으로 오체투지하여 예불참회함으로써 세 가지 다라니를 체득한다. 그리고 무상행(無相行)이 있는데 안락행(安樂行)으로 모든 형상 안에서 행·주·좌·와·음식·어언이 심묘한 선정이 된다. 이를 수자의삼매(隨自意三昧)라고도 하는데, ④의 비행비좌삼매는 이 수자의삼매이다. 수자의삼매는 특정한 수행형식이 없이 모든 대승경의 삼매·참회의 행법과 통한다. 수행내용도 네 가지 움직이는 마음(미생·욕생·생·이생)에 의해 마음을 관한다. 공(空)과 유(有)를 쌍조(雙照)하고 삼제(三諦)가 완연하여 불지견(佛知見)을 갖추며 바르게 중도(中道)에 들어가는 지관에 귀착시키는 것으로, 이는 『마하지관』의 정수(正修)장에서 말하는 천태 독자적 행법이다.

이는 궁극적으로 앞에서 본 3종의 여러 참법을 지관행법으로 귀일시키는 것이다. 천태교학의 실천적 특색은 예불참회와 운심(運心)과 실상을 정관(正觀)하는 것이 기본요건이 된다. 법화참법이란 형식적으로는 예불참회로서 작법참(作法懺)과 선정과 행도(行道)와 송경(誦經)의 형식으로 이룩된다. 내용으로는 무생참(無生懺)인데, 무생참이란 운심(運心)·운상(運想)으로 이관(理觀)이다. 『법화삼매참의』에서 「좌선실상정관」이란 이 무생참과 사참회(事懺悔)를 함께 설명한 것이다.

천인은 요세의 백련결사를 계승하며 천태교관과 법화참법을 정통으로 봉행하고 있다. 그가 지은 「법화참법예문」(이하 「예참문」)은 『법화경찬(法華經讚)』에 「미타찬(彌陀讚)」과 함께 서두에 수록되어 있다. 이 『법화경찬』은 백련사의 제2세 법주로 부촉받고 법화참법을 행하던 때에 예참문(독송)으로 저작된 것이다. 이것이 『만덕산 백련사 제2대 정명국사후집』에 수록된 것으로, 내용은 『법화삼매참의』를 대본으로 한 약본이라 할 수 있는데 요약하면 다음과 같다.

> 석가모니불과 법화경의 제불·보살과 삼보 전에 귀의·예불하고 발원합니다. 무시 이래의 업장이 농후하며 근성이 하열한 ○○가 다행히 정법을 만나서 삼보의 대자대비한 위신력으로 내가 지은 업장을 지금 참회하여 영원히 다 멸제하고 작은 선은 더욱 증장되어 모두 다 회향하여 극락세계 아미타불국에 새로 불력을 만나 큰 지혜를 성취하고 무생인(無生忍)을 깨달아 널리 중생을 구제하고 열반락을 증득하기 발원합니다.

이상의 천인의 「예참문」은 극락세계의 아미타부처님 나라는 궁극적인 세계라기보다 법공(法空)의 지혜인 무생인을 깨쳐 열반락을 증득하기 위한 과정일 뿐이다. 여기서 우리는 요세를 계승한 백련사 정토신앙의 성격이 무엇인지 뚜렷이 알 수 있다.

이 「예참문」에 있는 「미타찬」에서는 법성신(法性身)과 우리의 몸과 마음과 불토가 하나인 일원청정(一源淸淨)이라 한다. 이는 '약심관불(約心觀佛)' 설의 심(心)·불(佛)·중생(衆生)의 삼처구법(三處具法)설에서 진일보한 사처구법(四處具法)설이다. 천인이 시자와 임종시에 나눈 대화내용이 있다. 시자가 "사토정경(四土淨境)이 현전한데 어느 땅에 유희하시렵니까?" 하고 물었을 때 그는 "오직 하나의 성경(性境)일 뿐"이라고 답하였다. 지의의 『유마경소』에 있는 4종 정토설(범성동거토·방편유여토·실보무

장애토·상적광토)로서 "마음이 맑으면 국토도 깨끗하다"는 것과도 상통한다. 그리고 오직 하나일 뿐 다른 것이 아니라고 하는 것은 일심삼관(一心三觀)의 능관(能觀)과 일념삼천(一心三千)의 소관(所觀)이 궁극적으로 초월적인 하나의 경지임을 나타낸 것이다. 따라서 백련사가 계승한 천인의 법화참법은 대승의 십승관법을 닦고 공·가·중의 일심삼관을 닦아 정진하였다고 『원묘제문』에 보인다. 그러므로 원돈지관의 이관을 살펴보고자 한다. 이 관법은 먼저 25방편, 즉 ①오연을 갖춤 ②오욕을 경계함 ③오개를 버림 ④오사를 조절함 ⑤오법을 행함이 선행 조건이 된다. 그리고 대상(所觀)이 있음을 전제하는데 이는 십경으로 ①오온·십이처·십팔계 ②번뇌 ③병환 ④인과 ⑤정신적 혼란(마사) ⑥선정 ⑦삿된 소견 ⑧증상만 ⑨성문·연각승 ⑩보살이다.

이 십경의 기초는 ①의 오음인 색·수·상·행·식 중에 식음인 마음이 관법의 핵심이 된다. 다음 십경에 대하여 주체적으로 관하는[能觀]법이 십승관법이다. 즉 ①일심삼관, 일념삼천의 부사의경을 관함 ②보리심(자비심)을 일으킴 ③진리에 마음을 두고[止] 실상을 바르게 확인하는 태도[觀] ④법에 대한 집착을 대치함 ⑤수행과정의 반성을 통해 진전·방해를 인식함 ⑥37조도품을 닦음 ⑦6바라밀을 통해 탐·진·치·파계·방일·산란심을 없앰 ⑧종교적 반성을 함 ⑨인내하여 도를 성취하려는 굳은 의지 ⑩최후의 장애인 깨달음의 경계에도 집착하지 않은 것[無法愛]이 그것이다.

이와 같은 원돈지관뿐 아니라 천인의 법화도량에서는 천태교문, 즉 오시팔교의 교상판석에 대한 이해도 가지고 있다. 따라서 천태교관을 실천하는 정통적 도량이었음을 알 수 있다.

6. 천책(天頙)의 불교사상

1) 천책의 출가 동기와 저술

만덕사 보현도량은 백련사(白蓮社)를 결성하여 사부대중을 정신적으로 안심입명케 하였다. 그 주법을 요세(了世), 천인(天因), 원환(圓睆) 등이 이어 가면서 제4세는 진정 천책(眞靜天頙)이 계승한다. 그의 행적을 『호산록(湖山錄)』과 『만덕사지(萬德寺志)』에 의해 간략히 구성한다.

그의 속성은 신(申)씨로 고려조의 개국공신인 신염달(申厭達)의 11대손이다. 신염달은 신라 말부터 상주(尙州)지방의 귀족이다. 그는 신라왕의 외손이었고 고려 서원경주(西原京主)로 봉해졌었다. 그 가문의 후손이 천책의 조부이다. 천책은 휘이고, 몽차(蒙且)는 자이며, 속명은 극정(克貞)이다. 진정국사(眞靜國師)의 시호는 정확히 알 수 없으나, 그의 『호산록』에 '제4대 진정국사' 로 되어 있으므로 진정 천책(眞靜天頙)으로 부르기로 한다.

그의 출생년은 기록이 없다. 그러나 「원묘국사비문(圓妙國師碑文)」에 고종 15년(1228)에 "유자(儒者) 여러 명이 득도했다" 하였고, 또 『호산록』 하에도 그는 "뜻을 같이하는 사람 두 명과 함께 천리길을 걸어 만덕산 벽지에 도착했다"고 하였으므로 그가 출가한 것은 이 해라고 하는 설을 따른다. 그 때 그들의 나이 23세라고 하였으니, 천책도 같은 동년배일 것이다. 그렇다면 천책의 출생년은 희종 1년(1206)이 된다.

천책은 7, 8세부터 독서를 하여 15세에 진사가 되고 약관 20세 전후에 과거에 급제한다. 그러나 유가의 공부란 헛된 이름만 남기고 아무 득이 없다고 느낀다. 그리고 불은(佛恩)에 보답키 위해 출가하여 불법을 배울 뜻을 백부에게 밝혔더니, 백부는 "좋은 일이다. 그러나 불법은 마음에 있는데 하필 출가할 이유가 있느냐"며 만류했으나 입산 출가의 결심은 변치 않았다. 만덕산에 가서 연율(蓮律)스님에게 삭발하고 처음에는 조사선의 '달마가 서쪽에서 온 뜻' 을 참구한다. 이는 요세가 보조에게, 그리고 천인이 혜심에게 조계선의 요령을 터득한 것과 비슷한 행적이다. 그러나 후에 금자(金字) 『법화경』을 필사하면서 법화사상의 진수를 깨닫는다. 청하(淸河) 최상국(崔相國)이 천책에게 『법화경』을 필사하게 한 것이 그에게 『법화경』의 본뜻을 깨우치게 하였다.

그는 『법화경』을 필사하면서 모든 부처님이 오직 한 가지 큰 인연 때문에 이 세상에 출현하시고, 또 방편을 버리고 무상도(無上道)를 설하셨음을 비로소 인식한다. 입산한 지 4년 되던 해(1232)에 요세가 보현도량을 개설할 때, 천책은 「보현도량기시소(普賢道場起始疏)」를 지어 널리 일불승(一佛乘)의 정신을 펴고 다시 4년 후(1236) 스승의 명에 따라 「백련결사문(白蓮結社文)」을 짓는다. 이 밖에도 천책은 스승을 대신하여 답서를 대필한다. 고종 29년(1241) 최자(崔滋)의 초청으로 상주(尙州) 사불산(四佛山=功德山)을 순례하고 그의 후원으로 대승사(大乘寺)를 중수한다. 그런 후 갑진년 8월 공덕산 백련사(동백련)의 초대 법주가 된다(1244).

그 때까지 출가 후 14년 동안 그는 불교에 대한 폭넓은 이해를 쌓는다. 선종에 대해 남종의 혜능, 북종의 신수 등 조사선지와 화엄·기신·유가유식·율종, 그리고 불교의 대승·소승·돈설·점설에 이르기까지 모든 학설을 연찬한다. 이것은 그가 『법화경』뿐 아니라 종파를 초월한 불교 일반의 융합적 사상을 인식하게 되는 과정인 것이다. 그가 공덕산 동백련의 법주를 하게 된 지 1년 후 천인은 만덕산 남백련(南白蓮)의 주맹이 된다(1245). 천책이 동백련에서 얼마나 주법하였는지는 불확실하다. 아마도 몽고군의 침략이 재개되었을 때 이 남·동백련사도 심한 전화를 입게 되어 그도 피난길에 올랐을 것 같다. 천인은 완도에 있는 상왕산(象王山) 법화사(法華社)에서, 천책은 남해의 한 암자에서 피신한다(1247). 이 때 신도의 원조는 끊어지고 사찰은 경제적으로 상당히 곤란한 지경에 이른다. 백련사 제3대 원환이 백련사를 계승한(1248) 이후 그의 입적 연대가 미상이므로 천책이 언제 만덕산 백련사에서 주법하였는지 알 수 없지만, 그가 제4대 백련사 법주임은 분명하다.

그 후 10여 년의 행적은 미상이고, 고종 46년(1258)에 조계산 탁연(卓然)과의 교류가 있었다. 4년 후(1262) 「법화수품찬」을 짓고, 원종 5년에서 6년(1266)까지 백련사에 입사한 임계일과 시를 주고받으며 중앙과 지방 관료·지식인들과 시문의 교류를 갖는다. 이 때 백련사 결사운동이 활발하게 전개되었을 것이다. 원종 8년(1268) 김승제(金承制)와 『법화전홍록(法華傳弘錄)』을 논의하고 2년 후 태수 김서(金帽)에게 글을 보내고(1270), 7년 만에 상서 이영(李穎)에게 시를 보낸다(1277).

그 이후 연대는 미상이나 만년에 백련사 주변의 용혈암(龍穴庵)에 주석하여 '용혈대존숙(龍穴大尊宿)'이라 불렸다. 그가 입적한 해도 정확한 연대는 확정되지 못하고 추정이 있을 뿐이다.

천책의 저술로는 『호산록(湖山錄)』『실부록(室薄錄)』『해동전홍록(海東傳弘錄)』『선문보장록(禪門寶藏錄)』 등이 있다. 이 가운데 『호산록』은 현재 서사본이 발견되어 있는데 상·하 4권 중 하의 3·4권이 송광사에 보존되어 있다. 내용은 천책의 시문뿐 아니라 백련사를 중심으로 활동한 사람들의 시문도 수록되어 있다. 『실부록』은 어떤 내용인지 알 수 없고, 『해동전홍록』 4권은 요원(了圓)의 『법화영험전(法華靈驗傳)』에 11편이 인용, 수록되어 있을 뿐이다. 삼국·고려시대 법화신앙에서 나타난 기이한 이적을 수록한 것으로 서문은 임계일(林桂一)이 썼을 것으로 보인다.

『선문보장록』에 대하여는 일찍부터 일본학자 다카하시(高橋亨) 등에 의해 저자가 만덕산 진정 천책이 아니라는 의문이 제기되었다. 『만덕사지』에서는 제4 진정국사조에서 진정의 휘가 천책이라 하는데 이는 『동사열전(東師列傳)』도 답습하고 있다. 이근거는 『선문보장록』 서문의 끝에 '진정대선사 천책(眞靜大禪師天頙)' 이라고 작은 글자로 쓰여있는 데 있다. 진정이란 법명은 일찍이 판각유행한 『동문선』(靑丘風雅에도 있음)에서 쓰고 있고, 『호산록』에서도 '진정국사' 라고 두 권 모두에 나와 있다. 『호산록』은 고려 정오(丁午)의 발문(1307)을 붙인 판본이 일찍 유행하였으므로 『동문선』(1478)에서 이를 인용한 것으로 추정된다. 따라서 '진정(眞淨)' 보다는 '진정(眞靜)' 이타당하다고 보인다. 진정 천책은 법화영험 설화인 『해동전홍록』을 편집한 적이 있음을 앞서 보았다. 이 『선문보장록』도 저술이라기보다 편찬이라는 점에서 『해동전홍록』과 비슷한 성격을 갖는다. 『선문보장록』은 당시의 송광산 조계선 계통과는 다른 경향을 갖고 있는 어록으로서, 신라·고려에 유행하던 선가의 사상을 알려주는 내용을 모은 것이다. 이 중에는 중국에서는 찾을 수 없는 선종의 특이한 사상이 담겨있다. 이것은 일찍이 다카하시가 저자에 대한 문제 제기를 하였으나, 한국적 특수성을 가진 선사로서 재조명되어야 하리라고 본다.

이 책 뒤에 붙은 발문에 나오는 '내원당 연곡주 노보암대선옹(內願堂鷰谷住老呆庵大禪翁)' 은 혹 서문의 저자 '진정 천책(眞靜天頙)' 과 동일인이 아닐 수도 있다는 가설을 제기할 수도 있다. 만약 이 두 사람이 동일인이 아니라면 '노보암대선옹' 이 천책이 편찬하여 서문을 부친 『선문보장록』에 공감하는 바가 있어 가필하여 이혼(李混)의 발문을 붙여 개간했으리라고 짐작할 수 있다.

2) 천책의 통합적 불교사상

천책의 사상은 요세의 보현도량에서 이룩된 법화참법을 계승한다. 백련결사는 외국의 침략 위협 속에서 사부대중이 참여한 민중불교의 성격을 가지는 신행단체이다. 민중이 참여한 불교가 지향하는 길은 복잡한 이론보다 종교적 실천을 수반하는 신앙체험에 중점을 둔다. 천책 자신은 고려사회의 지식인 출신이었지만 입산 후 이미 종교인으로서 신행단체의 지도자였다.

『법화경』의 묘한 뜻을 터득한 그는 법화참법의 민중신앙결사를 지도하면서 법화영험담을 채록, 유포하여 민중에게 신앙의 의지처를 보여 주지 않을 수 없었을 것이다. 종교지도자, 즉 시대의 정신적 지도자가 끊임없는 오랑캐의 압제 아래 있는 민중의 불안을 극복해 줄 수 있는 방법은 오직 실천에 의한 신앙의 현전화에 있기 때문이다. 그러나 민중이란 반드시 초자연의 기적만을 추구하는 우매한 범부만은 아니다.

사부대중의 민중 가운데는 심법(心法)을 계발하여 불국정토를 실현하려는 상근기(上根機)의 혜안을 가진 이도 있게 마련이다. 사부대중이 참여하는 민중불교의 실천적인 하나의 맥이 정토신앙이고 선불교이다. 정토불교나 선불교는 모두가 실천불교이다. 민중불교는 실천을 수반하지 않고 이룩될 수 없다. 법화참법을 통한 천태지관도 실천불교이다. 백련사의 법화도량에서는 정토신앙과 선이 무리 없이 실행되고 있었다. 그러나 대승ㆍ소승 불교뿐 아니라 돈ㆍ점설까지 어느 불교의 범주에도 국집함이 없이 모두 망라하여 연찬한 폭넓은 불교인이었다.

천책의 노년의 거취가 알려지지 않는다는 것은 필경 어느 한적한 암자에 은둔하며, 교학과 선 어느 곳에도 치우치지 않고 선관(禪觀)을 수행하였기 때문이리라 추측된다. 말년에 이르러 천책은 진정선사(眞靜禪師)로 호칭될 수도 있다. 만덕사에는 선에 밝은 천태승들이 있었다. 그러므로 그의 사상적 전환이라고 하기보다는 진정 천책의 삶에 있어 사상의 일환으로 보고싶다. 이것은 천태종의 이단이라기보다 융합불교적 성격을 갖는 것이다. 당시 중국 남송의 천태종도 남병 범진(南屛梵臻)의 제자인 자변 종간(慈辯從諫)의 문인이 중심이 되어 선에 심취하고 있었는데, 이들에게는 천태법문을 선적으로 실증하려는 노력이 싹트고 있었다. 선관의 실천이 중요함을 인식하고 있을 때이다. 따라서 고려 천태종에도 선서(禪書)를 이해하려는 전 단계적 움직임이 대두될 가능성은 없지 않다.

『선문보장록』의 내용은 선 관계 어록을 채록한 것이나, 그 서문에서 밝힌 편찬의도에 주의할 필요가 있다. 첫째는 선·교에 대한 개념을 밝히는 것(상), 둘째는 선에 대한 교학의 지나친 편견을 시정하려는 것(중), 셋째는 불법홍통을 위해 임금과 신하가 승신할 것(하) 등 상·중·하 3권으로 나뉜다. 이 책의 첫머리에 "석가모니께서 선의 등불을 가섭의 마음에 붙이고 교의 바다를 아난의 입에 쏟아 부었으니, 선·교는 과거로부터 있어 왔다"고 하는 것은 당시의 선·교의 갈등을 해소하려는 의도가 보인다. 선사의 어록이 담겨 있는 책에서 "교를 현교·밀교·심교로 나누고 심교란 달마의 심륜(心輪)"으로 본다는 것은 교가적 식견이지 선가의 입장은 아니다.

그는 『호산록』에 실린 「독대장주암청전문(讀大藏住庵請田文)」에서 "선은 부처님 마음이요 교는 부처님의 말씀이다. 여래의 마음과 입은 서로 어긋나지 않는다. 또 부처님의 말씀과 마음이 경이 되고, 패엽에 쓴 가르침이 모두 부처님 마음이다"라고 하면서 경전의 중요성을 역설한다. 이는 규봉 종밀(圭峰宗密)의 말에 근거한 것이지만 천책이 피난지에서 경전 독송을 하고 있을 때 쓴 글이다. 그에게는 선에 대한 관심이 끊임없이 제기되고 있었다. 『호산록』의 「연경법석소(蓮經法席疏)」에서도 보현도량의 모습을 볼 수 있는데 『법화경』을 독송하는 입과 마음이 하나가 되는 불가사의함을 "선할 때 송(경)하고 송(경)할 때 선한다"고 말한다.

이와 같은 그의 선에 대한 관심의 일단이 『선문보장록』이라는 선 관련 서적의 편집으로 연결되었으리라고 본다. 당시에 선종은 보조 지눌의 조계선이 상당한 교세를 가지고 있었는데, 천책은 선·교의 어느 한편을 강조하려는 호교적 의지보다 선과 교의 갈등을 해소함으로써 사부대중인 남녀·승속이 불법을 편벽되지 않고 바르게 실천하도록 하려고 『선문보장록』을 편찬한 것이다. 『보장록』 말미에는 '니바삼칙(尼婆三則)'을 덧붙여서 여성도인들의 불법 성취를 채록하고 있다. 이는 사부대중이 참여한 백련사의 전통에서 가능한 것이며, 또한 편협성에서 벗어난 천책의 사상적 원숙성을 시사하는 것이다.

7. 운묵(雲默)의 천태교관 사상

1) 운묵의 말법의식

부암 운묵(浮庵雲默)은 고려 충숙왕대의 고승이다. 그가 편찬한 『석가여래행적송(釋迦如來行蹟頌)』의 서문과 발문에 보면 그는 만덕산 백련사에서 스승 천책의 유저를 정리하며 전통을 계승하던 '석교도승통 각해원명 불인정조대선사 이안당(釋教都僧統覺海圓明佛印靜照大禪師而安堂)'의 문하이다. 그의 저술이 충숙왕 15년(1328)에서 17년(1330)에 간행되었으므로 그는 이 시기에 생존했을 것이다.

운묵(雲默)은 그의 법명이고, 자는 무기(無寄), 호는 부암(浮庵)이다. 이안당(而安堂) 문하에서 천태교의를 배워 통달하고 승선의 상상과(上上科)에 합격하여 굴암사 주지가 된다. 그러나 높은 명예를 미련 없이 버리고 금강산과 오대산 등 명승지를 유력하다가 시흥산(始興山)의 탁일암(卓一庵)에 20년 동안 머무른다. 어느 시기인지 분명하진 않으나 이 유력기간 동안 중국 천태산에 올라가 공·가·중의 삼관을 닦고 돌아왔다. 그는 머무르는 동안 『법화경』을 송경하고 아미타불을 염송하며, 불화를 그리고 경전을 서사하는 일을 일과로 하였다. 그러는 동안 새로 입문한 사미승들의 계몽을 위해 『천태사교의(天台四教儀)』와 불전과 조사들의 글을 가려 뽑아 『석가여래행적송』 2권을 짓는다. 그 후 만년에는 시흥산을 떠나 전남 장성군의 축령산(鷲嶺山) 취서사(鷲栖寺)에서 입적한다. 그의 제자들이 석종(石鐘)을 세워 유해를 봉안한다.

부암 운묵이 생존했던 고려 말의 천태종은 출가교단의 초연한 자세를 망각하고 왕권과 밀접하게 결합한 개경의 묘련사(妙蓮寺)로 관심을 집중시키고 있었다. 이에 비해 만덕산 백련사의 수행전통은 원묘 요세 이래 『법화경』에 의해 수행하는 참법도량이다. 그것은 사종삼매의 지관을 바탕으로 하지만 외형적으로 부각되는 것은 예불참회와 정토수행으로 나타난다. 이와 같은 법화참법도량은 전술한 바와 같이 요세, 천인, 천책 등으로 이어지며 사부대중에게 개방된 민중불교적 성격을 가진 참회도량이었다. 그러나 천태종의 중심이 개경 묘련사로 옮겨지면서 이와 같은 대중불교의 종교적 참회행보다 교학적 관심에만 경도되는 경향이 나타난다.

천태삼대부는 요세스님도 『절요』를 지어 유행시켰지만, 묘련사는 천태소(天台疏)에 의한 『법화경』 연구에 관심을 돌리면서 실천 관문에서는 벗어난 귀족불교적 성격을 띠게 된다. 그러나 그들 묘련사의 교학적 경향을 보여 주는 자료는 발견되지 않는다. 묘련사는 최씨 무신정치가 몰락한 이후 등장한 정계의 새 인물 조인규(趙仁規) 가문과 결합한다. 그 가문에서는 대대로 1명씩 출가하고 그들의 활동은 고려·원 양국의 두터운 지원 속에 이루어졌다.

조씨 가문 출신으로 혼기(混其)와 순암 의선(順庵義旋)이 있다. 혼기는 조인규의 형이고, 의선은 조인규의 넷째 아들이다. 이들은 사찰쟁탈전을 벌이며 사원을 점령한 권승(權僧)들이었다. 의선은 원나라와 본국을 넘나들며 주지직 세 개를 겸임할 정도로 정치적 권력의 배경이 막강하였다. 의선의 권력과의 밀착은 그의 일상생활에까지 미쳐 출가인의 고결한 인격은 전혀 볼 수 없고, 부귀영화에 침잠된 세속 교단의 형태를 그대로 노출한다. 그들은 사은(四恩)인 국왕·스승·부모·시주 등의 은혜 중에서 시주(施主)의 은혜를 생각하지 않는 세속인의 모습으로 생활했다. 이 묘련사계의 타락상은 20년 동안 시흥산 탁일암에 주석하며 『법화경』을 송경하고 아미타 염불을 하며 서·화를 일과로 하면서 제자를 기르던 운묵스님과는 너무나 현격한 대조를 이룬다.

운묵은 중국에 불법이 전래한 역사를 『행적송』 하권에서 기술하는데 불교가 겪었던 삼무일종(三武一宗)의 폐불사건을 들어 설명하면서 말법관(末法觀)을 전개한다. 정법·상법·말법의 말법론은 중국에서 일찍이 대두되었는데 특히 천태종의 혜사(慧思)선사는 이를 강하게 의식한 바 있다.

운묵은 불교가 수난당한 법난의 역사를 서술하며 말법관에 입각하여 불교인의 반성을 촉구하고 있다. 그는 법난이란 극소수의 정치적 배불사상가에 의해 저질러졌다고 보지 않고, 오히려 그 원인과 책임을 교단 내 구성원에게 묻고 있다. 비록 불법의 가르침을 받았으나 탐욕심에 차 한 가닥 신앙심도 없는 무리를 비판한다. "사자의 몸에서 나온 벌레가 결국 사자 몸을 먹어버리듯"이라는 비유를 들어 불제자의 파계와 악행으로 불교는 멸할지도 모른다고 경각심을 고취한다. 과거 중국에서 일어난 삼무

일종의 법난의 역사적 교훈을 가지고 그가 처해 있던 시대를 고발함으로써 교단의 자각을 촉발시키고 있다. 추측컨대 그의 말법의식은 『법화경』의 「보현보살권발품」 28에 근거한 발상으로서, 당시 그가 처했던 고려 말의 묘련사계 천태종의 부패한 귀족불교에 대한 자각적 고발이라고 보겠다.

2) 운묵의 천태 교선(教禪)일치 사상

운묵의 사상은 『석가여래행적송』 2권(이하 『행적송』)에서 볼 수 있다. 『행적송』은 신참 사미승들을 위해 저술한다고 서문에서 밝히고 있다. 시흥산에서 그는 단순히 혼자 수행에만 열중한 것이 아니라 천태종에 입문한 사미들에게 강의도 하였음을 짐작할 수 있다. 『행적송』의 형식은 게송, 즉 시로 되어 있고 시마다 장행석을 붙여 해석하고 있다. 모두 776구의 5언송으로 되어 있는데 시와 해석에서 운묵의 사상이 보인다. 여기에는 인도 원시경전 · 율전 · 부파논소 · 대승경전 · 대승논소, 그리고 중국의 역사서와 천태 삼대부 관계 논서들이 다수 인용되고 있다.

상권의 서술 전개의 기반은 제관의 『천태사교의』에 두고 천태교학의 개념을 명확히 전달한다. 형계 담연 이래 5시8교의 교상판석은 고려에서는 제관 · 의천 · 천인 · 천책으로 계승되어 고려 천태교학의 기본 개념으로 이해되어 왔다. 이 5시8교가 운묵에 이르러 석존 교설의 시간과 내용으로서 교과서적 이해로 정착되었음을 보여 주고 있다. 『천태사교의』에서는 약간의 논리적 복합성을 띠고 있는데 『행적송』 상권에서는 간명해진다. 5시는 화엄 · 녹원 · 방등 · 반야 · 법화열반시의 시간적 개념에 치중하고 있는 특징이 있다. 그리고 화의사교의 돈교 · 점교 · 비밀교 · 부정교의 순서로 해설하고 화법사교는 장교 · 통교 · 별교 · 원교를 설명한다. 이 5시8교의 해설은 입문자를 위해 간명하게 천태교학을 이해시키려는 목적이었음을 쉽게 감지할 수 있다. 따라서 운묵의 사상은 제관 이래의 5시8교적 교학을 전승하고 있다고 할 수 있다. 다음으로 그의 교문은 어떤 것인지 살펴본다.

그는 『법화경』을 송경하며 불화를 그리고 『법화경』을 서사했다. 이것은 법화 정신에 근거한다. 『법화경』 「방편품」에 "불화를 그리고 모래로 불상을 만들어도 그 사람은 성불한다"고 되어 있는 것을 상기할 필요가 있다. 그의 사상을 서민적 염불사상이라고 말할 수도 있으나, 이것도 백련사의 법화참법도량의 『관무량수경』에 근거한 마음에 의거한 '관불(觀佛)', 즉 '약심관불(約心觀佛)' 신앙이라고 하겠다.

운묵의 사상에도 선과의 교류가 보인다. 『행적송』 상권 말미에 서토 24조를 열거한후 다시 보리달마가 28조를 전등한 것으로 들고 있다. 그에게 보인 『전등록』이 있었기 때문에 열거했다고 할 수도 있으나 그의 교관사상 이해에 의문을 던진다. 그의 선교회통사상은 천태지관에 의해 전개되는데 "삼세의 여러 부처님과 모든 보살이 선문으로 들어가지 않는 분은 없다"고 6바라밀의 선정을 해석한다. '견성성불(見性成佛)'이란 "모든 생각을 쉬고 마음을 한 곳에 집중하는 것"이라고 한다. 이 때 한 곳이란 문자도 포함한다. 선가의 교외별전이란 석가여래의 설교는 모두가 '가르침'인데 이를 거부하는 것이라고 비판한다. 그리고 그는 모든 법이 불법 아님이 없으므로 문자도 떠나지 않고 진리는 현현한다고 말한다. 천태 『법화현의』에서는 '경(經)'이라는 한 글자의 해석을 '일제즉삼제(一諦卽三諦)'의 논리로 논증한다.

만약 자(字)·비자(非字)·비자비비자(非字非非字)를 알면 두 변에 떨어지지 않으므로 정(淨)이라고 한다. 정(淨)이면 업(業)이 없으니 아(我)라고 한다. 아는 곧 고(苦)가 없으니 낙(樂)이라고 한다. 고가 없으면 즉 생·사가 없으니 상(常)이라 한다.

여기서 그는 자·비자·비자비비자의 어느 한 쪽에도 집착하지 않으면 상·락·아·정의 경지가 터득됨을 설명한다. 또 "글자는 바로 속제(俗諦)이고 글자 아님은 진제(眞諦)이며, 글자도 아니고 글자 아님도 아님은 바로 일실제(一實諦)이다. 이 일(실)제는 곧 공·가·중의 삼제이며 이 삼제는 곧 일제이다"라고 원융삼제(圓融三諦)의 논리를 '문자·글자'를 푸는 데 사용한다. 이 논리는 다시 "비록 경권이 아니라도 경권을 떠나지 않고 비록 마음과 입[心口]이 아니라도 마음과 입을 떠나지 않는다. 이 두 쪽에 어떤 차별도 있을 수 없다. 그것이 불가사의한 미묘삼관이다"라고 전개된다. 따라서 삼세의 모든 부처님이 이 부사의 미묘삼관에서 나온다고 결론짓는다. 그리고 그는 "글자 하나 구절 하나에 요달할 수 있으며, 삼덕(三德)을 비장하고 독송으로 마음을 훈습하면 곧 심성은 원융삼제를 갖추고서 훈습하게 되는데 어찌 문자를 떠나 진리를 깨달을 수 있는가"라고 반문한다.

여기에서 운묵은 마음[心]과 가르침[敎]이 둘이 아니라는 논리로서 "가르침 밖에 달리 전한다[敎外別傳]"라고 하는 선가의 독특한 마음을 비판하게 된다. 그 마음의 존재란 어떤 것인가 하고 묻고, "세존이 꽃을 들어 대중에게 보임으로써 달리 전한다"고 하지만 이것도 가르침에서 벗어나지 않는 것인데, 가르침을 부정하는 것은 모순이 있다고 반박한다. 심지어 운묵은 가르침의 개념을 극대화하여 "초조 달마가 2조 혜가에게 마음을 가져오라[將心來]"고 한 일화나, 『혈맥론(血脈論)』『관심론(觀心論)』등 선가의 저술도 모두 가르침이라고 주장한다. 운묵의 이와 같은 선관은 당시의 조사선적 선풍에 정면으로 도전하는 것이다. 이 비판은 천태지관의 관심인 일심삼관·원융삼제의 철학을 적용함으로써 교와 선의 회통을 시도하고 있다. 이는 천태의 원돈지관인 것이다.

이상과 같이 조사선에 대한 관심이 고조되고 있었던 이유는 고려 말 불교계에 조사선의 가풍이 압도적으로 유행하고 있었음을 시사한다. 운묵의 『행적송』에서 선종의 서토 28조 보리달마 전등설을 채록하면서도 문자를 담은 경전의 중요성을 역설하는 것을 보면 운묵은 단순히 암증선사가 아니요, 또 문자를 통해 일심삼관(원융삼제)의 관법을 설명하는 것은 그가 어구에 집착하는 문자법사만도 아니었기 때문이다. 운묵의 천태 원돈지관이란 사종삼매 가운데 비행비좌삼매의 관법이라고 보겠다. 경전·문자를 매개로 하지만 그것에 집착하지 않고 실현되는 궁극적 깨달음의 세계가 현현함을 밝힌 그는 천태 원돈지관의 실천자였다고 보겠다.

운묵 이후 천태종의 발전을 볼 수 있는 자료가 없다. 개경의 묘련사계가 천태소자종(天台疏字宗)으로 되고 만덕산의 백련사 계통이 천태법사종(天台法事宗)으로 분파되었을 것이라는 추정이 있으나 불확실하다. 단지 조선 태종 6년(1406)에 이 두 종파가 있었다고 하지만 구체적인 교단형태를 현재로는 알 수 없다.

결 어

   한국에 『법화경』이 전래된 것은 명확한 연대를 추정할 수는 없으나 6세기경에는 고구려·백제에 전래되어 신앙하였고, 특히 백제의 현광(玄光)선사는 혜사(慧思) 문하에서 법화삼매(法華三昧)를 증득하고 귀국하여 제자들에게 전법한 법화행자이다. 그는 천태 지의와 같은 동문으로서 혜사의 『법화경』 수행법인 유상행(有相行)·무상행(無相行)을 전수했으나, 백제에서 교화한 내용으로 보면 현광 자신의 독특한 '삼매'를 가지고 교화한 것 같다. 그러나 한편 혜사의 보현도량이 백제에 전래되었으리라는 추측은 가능하다. 현광 이외에도 혜현법사의 『법화경』 지송신앙은 많은 법화행자를 포용하고 백제의 법화신앙 홍포에 크게 기여했을 것이다.

   신라에서는 일찍이 연광(緣光)이 중국에 들어가 천태 지의의 제자가 된다. 그는 한국 최초로 천태묘관을 깨달은 지의 문하생이다. 그가 귀국할 때의 법화영험설화는 그가 지의 문하에 있을 때 『법화경』 강사로서 상당한 명성을 가졌음을 상징적으로 말해 준다. 신라의 『법화경』 강송은 낭지(朗智)와 연회(緣會)가 『삼국유사』에 나타나고, 그 밖에도 영험을 담은 이야기들이 전한다. 이 중에 연회는 법화참법적 성격의 보현관행자로서의 성격을 볼 수 있다. 대체로 이 시대 법화신앙은 영험적 성격을 띠고 있는데, 이 신앙형태는 불교가 민중 속에 깊이 침투하고 있었다는 것을 시사한다.

   신라에 천태묘법이 연광(緣光)을 통해 전해진 이래 다시 천태 제5조 좌계 현랑의 문인인 법융(法融)·이응(理應)·순영(純英)의 세 분이 있다. 8세기 초에 귀국한 이들의 전법내용은 천태지관이라고 볼 수 있다. 대체로 7세기경 신라에는 『법화경』 신앙이 실천적 관문으로서 유포되었다고 볼 수 있는데 그것은 강의·독송·예참법으로 실행되었다고 본다.

9세기경의 신라에서는 『법화경』 신앙이 개인적 차원이 아니라 대중적 법회를 통해 이룩되었다. 당시의 신라인들이 당나라에 이민생활을 하면서 신앙활동을 한 것이 적산법화원(赤山法華院)이다. 적산법화원의 법화회 성격은 현재 기록이 남아 있어 상세히 알 수 있는데, 약 2개월 동안 『법화경』의 강경과 예참을 하는데 사부대중인 출가·재가·남자·여자 모두가 참여하는 개방된 법화회였다. 이 적산법화원의 법회는 신라 풍속에 의한 특색 있는 것인데 부분적으로 중국이나 일본과 일치한다. 이 법회가 정규법회로서 시행되고 있었다는 것은 신라인의 『법화경』 신앙이 일반적으로 유행되고 있었고 그것이 당나라에까지 유포되었음을 보여 준다.

이상과 같은 대중적 법화신앙과 함께 통일 초기부터 신라에서는 『법화경』 연구가 활발히 전개되었다. 연구서들이 13종이나 기록에 보이고 있으나, 현재로서는 원효의 『법화종요』와 의적의 『법화경논술기』가 남아 있다. 원효의 법화사상은 그의 화쟁사상의 근거가 되고 있다. 『법화경』의 일불승(一佛乘) 사상은 모든 중생이 다 불성을 가지고 있을 뿐 아니라 모두가 다 성불한다는 사상으로서, 법상유식 계통의 오성각별설(五性各別說)을 초극하는 것이다. 그의 『법화종요』는 방대한 분량의 『법화현의』 10권과는 달리 『법화경』의 핵심을 부각시켜 신라인들에게 보편적 진리로서의 불법을 인식시키는 데 기여했다. 불법에 나타난 차별의 모습은 방편일 뿐 궁극적 진리는 누구나 다 성불할 수 있다는 가르침인 대승불교를 그는 선양했다.

이와 같은 신라불교의 기반 위에서, 고려 초의 불교계에는 제관·의통·덕선·지종 등이 국내외에서 활동한다. 의통은 중국 천태종 제13조의 법통을 계승하여 끝내 귀국하지 못하고 산가파의 중심인물로서 천태종 암흑기에 중흥의 기반을 다졌다. 지종은 의통과 동문으로서 의적 문하에서 수학하고 거기에서 천태교관을 강의하고 귀국한다.

이들 유학승들과는 달리 제관은 당말 오대의 쇠퇴한 중국 불교계에 고려 문화사절의 사명을 띠고 건너간다. 의적과 충의왕의 깊은 호교적 의지에 의해 천태교적을 가지고 건너가 그곳에서 10년간 체재하다가 『천태사교의』 2권을 남기고 입적한다. 『천태사교의』는 방대한 천태교관 체계를 요령 있게 5시8교의 교판에 의해 서술한 책으로 중국뿐 아니라 일본불교·천태학계의 교과서로 이용되고 있다.

제관이 귀국하지 않은 고려 초의 천태교관은 명맥을 유지하기 어려운 정도였으나 다행히 문종 때 의천 대각국사와 그의 어머니 인예태후의 발원에 의해 천태종이 하나의 종단으로 개립되는 역사적 전기를 맞는다. 대각 의천은 종파를 초월하여 모든 학문 전통을 다 학습한 학구적 신념이 있는 고려 불교계의 지도자였다. 그는 일찍이 천태교관에 관심을 가지고 고려불교계가 안고 있는 종파적 편견인 교종과 선종의 갈등을 해소하여 고려의 정신적 혼란을 극복하려는 의지로 천태종을 개립하여 제자들을 양성한다. 그러기 위해 그는 중국 송나라의 불교계를 두루 유력하고 화엄·천태·선에 대한 객관적 안목을 갖고 천태종 개립으로 교·관의 사상적 통합을 이룬다. 의천은 또한 많은 장소를 동양 각국에서 수집하여 역사상 초유의 『신편제종교장총록』 3권의 목록을 편찬한다. 여기에는 불교장소 1,010부 4,759권이 수록되어 있는데 『법화경』과 천태 관계 장소가 상당수 수록되었고 특히 천태지관에 관한 자료는 우리의 눈길을 끈다.

의천에 의해 창립된 천태종은 12세기 말까지 덕린·익종·경란·연묘 등의 법손에 의해 대교단으로 발전했다. 특히 익종의 제자 교웅, 그리고 덕소로 이어지는 법통이 천태교단을 이끌어 갔다.

그리고 12세기 말엽 천태교단에는 원묘 요세가 등장한다. 강양현의 천락사(天樂寺) 균정 문하에 입문한 그는 짧은 시일 안에 천태의 일가를 이루고 서울과 지방에서 천태교관의 법회를 개최한다. 보조 지눌과 조계선의 선법을 익히는 법우가 되기도 한다.

요세는 천태묘관에 대한 자각적 확신을 가진 후 조계선과 결별한다. 그 이후의 요세를 지배한 것은 사명 지례(四明知禮)의 『관무량수경묘종초』에 의한 '마음에 의거하여 부처님을 본다'는 약심관불설(約心觀佛說)이다. 이는 단순한 유심론이 아닌 '관불론(觀佛論)'으로서 천태 정토사상이다. 요세는 그 후 참회정진을 하는데 천태의 정통과는 다른 신라 이래의 53불 신앙도 함께 병행하고 있다. 요세가 만덕산에 보현도량을 개설하고 법화참법을 실행한 것은 임진년(1232)의 일이다. 혜사선사의 보현도량에서 법화삼매를 깨달은 천태지의의 법화도량을 개설한 것이다. 이 도량은 『천태법화삼매참의』에 의거하여 사부대중 모두가 참여하는 신앙도량이다. 이 보현도량에서는 다시 백련사 결사운동이 전개된다. 이 결사운동은 보조 지눌의 결사운동이 직접적인 자극이 될 수도 있었을 것이나 그 결사의 방향은 전혀 판이하다. 백련결사운동은 사종삼매 가운데 상행삼매에 해당하는 염불신앙이다. 이는 사상염불(事相念佛) 신앙에서 나아가 이관염불(理觀念佛) 신앙이다. 이관염불은 아미타불의 의보인 국토와 정보인 부처님을 단순한 객관적 실재라고 하기보다 주·객이 둘이 아닌 원돈(圓頓)의 부사의 경계라고 본다. 마음과 부처는 궁극적으로 하나인 세계를 실천하려는 것이 백련사 결사운동의 성격이다.

이 결사운동에는 정명 천인, 진정 천책 등 많은 유가 출신의 동참자가 있었다. 이들은 백련사를 계승한다. 백련사 제2세 천인은 원묘 요세 이후 참법도량을 맡아 실질적 지도를 한다. 그가 남긴 『법화경찬』 서문에 그의 의례문이 보이고 있다. 그의 백련사도 천태의 정토관인 '마음과 부처가 궁극적으로 둘이 아닌 경지'를 실현하는 실천교단이었다. 그러기 위해 십승관법을 닦고 일심삼관을 닦았다. 천인이 계승한 백련결사는 천태지관을 실현하는 참회정진의 신앙결사모임이었다.

천인을 이은 백련사 제3세 원환에 대한 기록은 없다. 제4세 진정 천책도 그 주법한 구체적 기록은 없으나 실질적인 백련사 지도자였다. 천책은 천인과 함께 만덕사 요세에게 입문하고 요세의 명에 따라 『보현도량기시소』, 『백련결사문』을 지어 함께 도량에 동참한다. 상주 공덕산 백련사의 제2세 법주가 되고 나중에 만덕산 백련사의 제4세 법주를 맡는다. 진정 천책은 대각 의천처럼 유학은 하지 않았으나 불교의 폭넓은 학습을 하고 선종의 조사 선지도 연찬한다. 『법화경』의 근본 뜻을 파악한 이후 백련사를 주법하며, 당시의 지방 관료를 비롯한 사부대중들과 활발하게 교류한다. 그의 정확한 생몰연대는 미상이다. 그러나 그의 사상을 알 수 있는 『호산록』이 전하고 있고, 『해동전홍록』은 법화영험전을 엮은 내용으로 몇 편이 전한다. 『선문보장록』의 저술 문제는 일본의 다카하시(高橋亨)가 의문을 제기한(1934) 이래 오랫동안 침묵이 지켜지다가 다시 우리나라에서 논란된 바 있다.

진정 천책은 만덕산 백련사의 주맹자로서 대중들의 정신적 방향을 설정하기 위해 고민한 것 같다. 외세의 침략 속에서 신행단체가 나아갈 길을 열어 주는 일은 지도자의 의무이다. 그것이 법화영험담을 편집하게 만들었고 또한 선문의 어록을 채록하게 하였다고 생각된다. 그리고 『해동전홍록』이 국내의 영험담을 실은 것과 같이 『선문보장록』도 신라의 초기선 도입기의 선교관계 문헌을 수집·편찬한 것이다. 천태교단의 천책이 타종의 사상을 편집할 수 없다는 생각은 천태교관 사상을 지나치게 한계짓는 데서 나오는 것이다. 천책의 『호산록』에 나타난 행적을 보더라도 그의 불교학에 대한 인식은 폭넓은 것이다. 천책과 같은 자유로운 불교인이 종파에 국집하지 않고 한국의 문헌들을 정리한다는 일은 있을 수 있는 일이다. 하물며 천태종은 교와 관을 새의 두 날개처럼 의지하는 교의를 갖고 있다.

만덕산 법화도량은 진정 천책 이후 이안(而安)선사에 의해 유지되고 그 문하에 운묵이 입문한다. 운묵은 만덕산에 머무르지 않고 유력하며 염불수행과 송경에 전념한다. 그가 처했던 고려 말 천태교단은 출가인의 세속에 초연한 고귀한 모습을 보이지 않고 정치권력의 배경을 가지고 탐닉하는 형태를 연출한다. 이 가운데서 운묵은 천태교관을 홍포하려는 노력을 보인다. 『석가여래행적송』 2권은 신참학도에게 천태교학을 가르치기 위해 저술되었다. 운묵의 천태교학은 교문은 5시8교, 관문은 원돈지관인 일심삼관의 관법에 의해 전개시킨다.

운묵의 천태교학이 정통성을 가지고 있음에도 이후의 전개를 알 수 없음이 유감이다. 천태소자종과 천태법사종은 어떤 형태로 나누어졌는지 명확한 근거를 밝힐 수 없다. 조선시대에 이르면 모든 종단이 선종과 교종으로 통합되고 천태종은 선종에 통합되면서 그 특색을 잃게 되기에 이른다.

중국 천태종 계맥

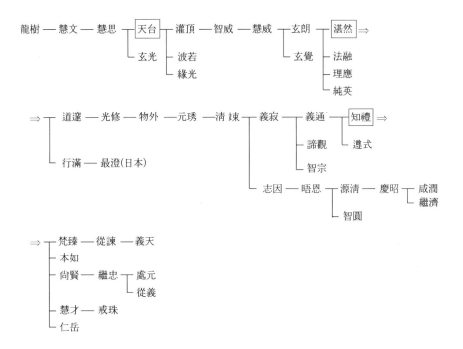

한국 법화 천태종 계보

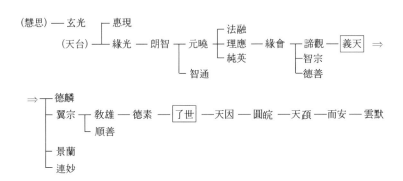

참·고·문·헌

趙明基.『高麗大覺國師와 天台思想』. 경서원, 1991.

李永子.『韓國 天台思想의 展開』. 민족사, 1993.

田村芳朗·梅原猛.『천태법화의 사상』. 李永子 譯. 민족사, 1992.

前田慧雲.『天台宗綱要』. 東洋大學出版部, 1913.

天台宗務廳教學部 編.『台學階梯-教觀講要』. 天台發行所, 1923.

하사마 慈弘.『天台宗讀本』. 天台宗務廳教學部, 1939.

二宮守人.『天台の教義と信仰』. 國書刊行會, 1977.

島地大等.『天台教學史』. 中山書院, 1978(1929).

_____.『教理と史論』. 中山書院, 1931.

福田堯穎.『天台學槪論』. 三省堂, 1954.

_____.『續 天台學槪論』. 文一出版, 1959.

上杉文秀.『日本天台史 (正·續)』. 國書刊行會, 1972(1935).

山口光圓.『天台槪說』. 法藏館,

_____.『天台淨土史』. 法藏館,

藤浦慧嚴.『天台教學と淨土教』. 淨土教報社, 1942.

石津照璽.『天台實相論の研究』. 創文社, 1980(1947).

安藤俊雄.『天台性具思想論』. 法藏館, 1953.

_____.『天台思想史』. 法藏館, 1959.

_____.『天台學』. 平樂寺, 1969.

_____.『天台學論集』. 平樂寺書店, 1975.

關口眞大.『天台小止觀の研究』. 理想社, 1954.

_____.『天台止觀の研究』. 岩波書店, 1969.

_____ 編.『止觀の研究』. 岩波書店, 1975.

_____ 編.『天台敎學の研究』. 大東出版社, 1978.

佐藤哲英.『天台大師の研究』. 百華苑, 1961.

_____.『續 天台大師の研究』. 百華苑, 1981.

佐佐木憲德.『天台敎學』. 百華苑, 1963(1951).

_____.『天台緣起論展開史』. 永田文昌堂, 1953.

玉城康四郎.『心把捉の展開』. 山喜房佛書林, 1975(1961).

日比宣正.『唐代天台學序說』. 山喜房佛書林, 1966.

_____.『唐代天台學研究』. 山喜房佛書林, 1975.

新田雅章.『天台實相論の研究』. 平樂寺書店, 1981.

_____.『天台思想入門』. 日本 第三文明社, 1977.

_____.『天台哲學入門』. 第三文明社, 1977.

池田魯參.『國淸百錄の研究』. 大藏出版, 1982.

_____.『摩訶止觀研究序說』. 大東出版社, 1986.

村中祐生.『天台觀門の基調』. 山喜房佛書林, 1986.

大野榮人.『天台止觀成立史の研究』. 法藏館, 1994.

田村芳朗・梅原猛.『絕對の眞理 天台』.『佛敎の思想』5. 角川書店, 1970.

京戶慈光.『天台大師の生涯』. 第三文明社, 1975.

田村芳朗・新田雅章.『智顗』.『人物：中國の人物』. 大藏出版, 1982.

鎌田茂雄.『天台思想入門』. 講談社, 1984.

鹽入良道・金剛秀 友 編.『佛敎內部における對論』.『佛敎思想史』4. 平樂寺書店, 1981.

稻荷日宣.『法華經一乘思想の研究』. 山喜房, 1975.

雙谷定彦. 『法華經一佛乘の思想』. 東方出版, 1985.

布施浩岳. 『法華經成立史』. 大東出版社, 1938.

金倉圓照. 『法華經の成立と展開』. 平樂寺書店, 1970.

坂本幸男 編. 『法華經の思想と文化』. 平樂寺書店, 1968.

坂本幸男. 『法華經の中國的展開』. 平樂寺書店, 1972.

横超慧日. 『法華思想の研究』. 平樂寺書店, 1975.

_____. 『法華思想』. 平樂寺書店, 1980.

鹽田義遜. 『法華敎學史の研究』. 日本圖書, 1978.

_____. 『法華經の研究』. 日本圖書, 1978.

丸山孝雄. 『法華敎學研究序說』. 平樂寺書店, 1978.

中村瑞隆. 『法華經の思想と基盤』. 平樂寺書店, 1980.

望月海淑. 『法華經における信の研究序說』. 山喜房, 1980.

平川彰 外. 『法華思想』. 『講座大乘佛敎』4, 春秋社, 1983.

關口眞大. 『禪宗思想史』. 山喜房佛書林, 1964.

_____. 『達磨の研究』. 岩波書店, 1967.

_____. 『達摩大師の研究』. 春秋社, 1969.

山內舜雄. 『禪と天台止觀』. 大藏出版, 1986.

宇野精一 外. 『佛敎思想』. 『講座東洋思想』 제6권, 東京大學出版會, 1982 (1962).

찾·아·보·기

ㅊ

천태불교학

초판 1쇄 발행 2001년 3월 22일
2판 1쇄 발행 2006년 3월 24일
6쇄 발행 2021년 3월 10일

지은이 李永子
펴낸이 이주현
펴낸곳 도서출판 해조음
서울시 중구 필동로1길 14-6 203호
전화 (02)2279-2343 FAX (02)2279-2406

값 15,000원
ISBN 978-89-91107-30-4 03220